Introduction to Coaching

코칭학개론

Preparing for the International Professional Coach

Introduction to Coaching

코칭학개론

| 구은미 |

실천 학문 코칭의 개념부터 시작하는 코칭학 개론서

실천 학문을 활용하기 위한
코칭 도서

개인의 삶에 성장과 변화를
부르는 코칭의 이해

:: 머리말

　오늘날 세계는 과도한 경쟁 구도와 심화하는 개인주의, 그리고 날로 커지는 사회경제적 불평등 속에 놓여 있다. 청년 세대는 심각한 취업난에 직면해 있으며, 저출산·고령화 문제는 사회의 지속 가능성에 대한 우려를 낳고 있다. 더불어 온라인 공간을 중심으로 확산하는 허위 정보와 혐오 표현, 사이버 폭력은 사회 구성원 간의 불신과 갈등을 증폭시키며 공동체의 건전성을 위협하고 있다. 이러한 문제들은 특정 국가에 국한되지 않고, 과학 기술의 급속한 발전과 인간 존재 가치의 소외, 그리고 기후 변화, 팬데믹, 국제 정세의 불안정과 같은 예측 불허의 위기와 맞물려 인류 전체가 직면한 보편적 과제가 되고 있다.

　현대 사회의 핵심 과제는 인간의 삶을 중심에 두고 긍정적 발전의 동력을 강화하면서도 부정적 현상을 효과적으로 해결해 나가는 데 있다. 이는 단순히 개별 차원의 대응이 아니라, 인류 전체가 과거의 지혜를 바탕으로 현재의 위기를 분석하고 미래 사회의 지속 가능한 발전을 위한 새로운 사회 시스템과 문화적 가치를 창출해 가는 집단적 노력을 요구한다.

　이러한 변화의 흐름 속에서 개인과 조직, 더 나아가 사회 전체는 상생하며 변화와 성장을 통한 적응력을 높여야 한다. 이때 주목받는 대안 가운데 하나가 바로 '코칭'이다. 이미 기업, 교육, 스포츠, 예술 등 다양한 분야에서 코칭은 개인의 잠재력을 개발하고 조직의 성과를 향상하는 실천적 방법론으로 자리 잡았으며, 리더십 코칭, 라이프 코칭, 커리어 코칭 등으로 세분되며 삶의 여러 영역으로 확산하고 있다.

　그러나 여전히 우리 사회에서 코칭은 상담·컨설팅·멘토링·티칭·트레이닝 등과 혼동되는 경우가 많고, 그 전문성과 가치는 충분히 인식되지 못하고 있다. 사회 전반의 성장 잠재력을 극대화하고 건강한 공동체를 구축하기 위해서는 코칭에 대한 올바른 이해와 사회적 확산이 필수적이다.

개인은 끊임없는 자기 계발의 압박 속에서 진로·관계·행복 등 다양한 과제에 직면하고 있으며, 조직은 성과 창출과 혁신을 위해 구성원의 잠재력을 최대한 발휘하도록 고민하고 있다. 사회적으로도 불확실성은 커지고, 가치관의 충돌과 갈등은 심화되고 있다. 이러한 시대 상황 속에서 단순하고 일방적인 해답 제시는 한계를 가질 수밖에 없다. 개인과 조직이 스스로 잠재력을 발현하고 자율적으로 해답을 찾아나가도록 돕는 새로운 접근이 필요하며, 이 과정에서 코칭의 전문성과 교육적 기반이 그 어느 때보다 요구된다.

코칭은 단순한 지식 전달이 아니라, 개인 내면의 강점과 가능성을 발견하고 스스로 목표를 설정하며 실행하도록 촉진하는 협력적 파트너십이다. 개인에게는 자기 인식의 증진, 잠재력 발휘, 목표 성취, 스트레스 관리와 웰빙 등 다양한 긍정적 변화를 불러오며, 조직 차원에서는 리더십 개발, 팀워크 강화, 의사소통 활성화, 창의성 촉진, 조직 문화 개선을 통해 지속적 성장을 견인한다. 나아가 코칭은 사회 전반에도 영향을 미쳐, 경청과 공감을 기반으로 갈등을 완화하고, 자율성과 책임감을 바탕으로 성숙한 시민 의식을 함양한다.

특히 디지털 시대의 도래와 함께 온라인 코칭 플랫폼과 데이터 분석 기술은 시간과 공간의 제약을 넘어선 맞춤형 코칭을 가능하게 하였고, 더 많은 개인과 조직이 코칭의 혜택을 누릴 수 있도록 새로운 가능성을 열어주고 있다. 이는 코칭이 단순한 기법이 아닌, 미래 사회의 중요한 자원임을 보여준다.

이에 본 도서는 코칭의 본질적 의미와 가치를 탐구하고, 심리학·경영학·교육학 등 다양한 학문과의 융합적 시각에서 코칭을 조망한다. 또한 코치의 역할과 전문성을 강조하며, 코칭이 개인과 조직, 그리고 사회 전체의 성장과 변화에 어떠한 기여를 할 수 있는지를 다룬다. 본 도서를 통하여 독자들이 코칭의 학문적 바탕을 올바르고 깊이있게 이해하여 인간의 삶에 적용하는 이론서로서의 가치를 통찰하는 것에서 시작, 다양한 코칭 기법을 제시하고 있는 기법 도서들과의 연계로 건강하고 성공적이며, 긍정적인 변화의 경험을 응원한다.

저자 구은미

CONTENTS

머리말 ··· 4

PART I 코칭 바로 알기

01 코칭의 의미 ·· 10
02 코칭 정의 ··· 12
03 코치의 의미 ·· 16

PART II 코칭의 원리와 원칙

04 코칭 핵심 원리 ·· 24
05 코칭의 원칙 ·· 30
06 코칭의 특성 구분 ·· 46

PART III 코칭 학문의 토대

07 코칭 철학 ··· 70
08 코칭의 철학적 근간 ·· 74
09 코칭의 학문적 관점 ·· 84
10 코칭 역사 ··· 108

PART IV 적응과 역량

11 적응 124
12 역량 145
13 핵심 역량 158

PART V 코칭의 기법과 기능

14 코칭 기법 222
15 전환 사고(의식) 280
16 코칭 모델 292

맺음말 306
참고문헌 308

PART I

코칭 바로 알기

01 코칭의 의미

 코칭은 코치의 질문을 통해 고객 스스로 다른 사람이 말하는 인생, 다른 사람이 살았던 인생, 다른 사람의 해결책이 아닌 고객 스스로 인생 전반에 걸친 해결방안의 발견으로 삶을 다시 바라볼 수 있게 하는 것이다. 따라서 코칭은 모든 인간의 잠재력과 가능성에 대한 믿음에서 시작된다.
 코칭은 정보의 홍수 속에서 끊임없이 요구되는 다양한 역할을 수행하며 살아가는 현대인에게 필요한 새로운 동반자 역할을 하며, 많은 문제 속에서도 스스로 행복한 삶을 영위하는 방법을 찾도록 해주는 것이다.
 코칭은 코치가 고객의 삶 전 과정에서 성공 경험을 통하여 성공을 이루도록 개발시켜 주며 동시에 코칭은 고객의 인생과 일에 있어 성공과 성장을 격려하는 과정이다. 다시 말하면 훈련을 받은 코치가 고객의 가정, 재정, 일 등 삶 전반에 균형을 이루도록 하는 과정이다(2013. 구은미).
 우리는 스스로 변화하기가 어렵고 두렵다. 따라서 어떻게 피드백을 주고받는가가 중요하다. 코칭은 그 사람을 비판하거나 판단, 조정하지 않으면서 스스로 자신이 원하는 긍정적인 방향으로 변화하도록 피드백을 하는 것으로 코칭은 능동적 자기 학습과 훈련의 과정이며, 개개인의 성장을 위한 기법을 활용하는 과정이다.
 전문 프로 코치는 개인이 자기 잠재력에 도달하여 자신의 삶을 성취하고 더 바람직하게 변화할 수 있도록 돕는다. 즉 코칭이란 "사람은 성공하기 위해 태어난 것이 아니라 이미 성공적으로 태어났다."라고 믿는 관계 내의 윤리적 행위이다(2013. 구은미).

코칭은 개별 고객의 요구에 따라 고객에게 다가가는 법을 최적화하고 경청하며 동행할 수 있도록 훈련을 받은 코치가 고객으로부터 해결 방안과 전략들을 끌어내는 합의된 실행 과정이다. 또한 코치는 고객이 본래 창의적이고 슬기롭다고 믿고 출발하는 것으로 코치의 일은 고객이 이미 갖고 있는 기술, 전략, 창의성을 강화할 수 있도록 후원한다.

코칭이란 고객을 성공하도록 돕고 발전하게 하는 것으로 긍정이든 부정이든 사람들에게 영향을 주며 사람들로 하여금 자신의 잠재력을 찾아 극대화할 수 있도록 돕는 과정이며, 코치의 대상자인 고객과 함께 코칭이라는 관계를 통해 공동의 목표를 가지고 코치는 고객으로 하여금 목표를 이루도록 조력하는 것이다(2009, John Whitmore).

코치는 고객에게만 유익을 제공하는 것이 아닌 코칭 과정에서 코치 스스로 성장과 발전으로 상호 유익을 창출해 내는 과정으로 프로세스 제공자와 이용자 관계를 넘어 상호 협력을 창출해 내는 학습의 과정을 이루어 내는 것이 코칭이다.

바람직한 코칭의 방향은 코칭을 진행하는 코치와 고객의 변화와 성장 그리고 긍정적인 동기를 창출하여 어떤 상황에서도 대처하고 이겨 낼 적응력과 역량을 강화하는 동반 성장을 위한 최적의 관계를 구축하는 과정이다.

코칭은 전문성을 바탕으로 한 코치가 고객의 적응과 성장 및 변화와 안전을 위한 심리적 정서적 지원, 의식적 강화와 확장, 교육적 학습 방향, 실천에 기반한 과정 연출을 위한 많은 방안을 창출하고 제공하는 상호 지지기반 내의 관계를 통한 성장과 변화 기반 수용의 과정이다. 코칭을 통한 개인의 수용력과 자기 긍정, 타인 수용, 적응력 강화와 능동적 자기 성장 과정 시스템을 통하여, 개인, 가정, 조직, 사회, 국가의 성장에 자원을 제공하는 적응 역량 강화 시스템을 만들어내는 것이 코칭이다.

02 코칭 정의

코칭 정의는 다양한 모습으로 그 정의들이 이루어지고 있으며, 그 주요 정의 내용을 정리해 보면 아래와 같다.

⊙ ICF의 코칭 정의

코칭은 개인의 삶과 전문 분야에서 잠재력을 최대한 발휘하도록 영감을 주는, 생각의 폭을 넓히는 창의적인 파트너십 과정"이다.

⊙ 한국코치협회(KAC) 코칭 정의

"개인과 조직이 잠재력을 극대화하여 최상의 가치를 실현할 수 있도록 돕는 수평적 파트너십"이다.

이 정의는 코칭의 본질과 목표를 명확하게 제시하며, 단순한 지시나 조언을 넘어선 상호 협력적인 관계의 중요성을 강조한다. 코칭은 단순히 문제 해결을 위한 도구가 아니라, 개인과 조직의 성장과 발전을 위한 지속적인 여정에서 필수적인 지원 체계로 기능한다.

⊙ T. G. 크레인(2002)

코칭은 개인적인, 또는 대인 관계상의 효율성을 높이기 위해 알고 있는 무언가를, 자신감을 가지고 실행하도록 돕는 일이다.

⊙ 게리 콜린스(2004)

코칭은 한 개인이나 그룹을 현재 있는 지점에서 그들이 바라는 더 유능하고 만족스러운 지점까지 나아가도록 인도하는 기술이자 행위이다.

⊙ 혼다 가쯔지(2003)

코치나 팀 관리자 등이 팀원의 과제와 목표설정을 도와주고 적극적인 자세로 수행에 필요한 주의 사항을 전달하면서 격려하고, 도전의 의지를 촉구함으로써 현재의 업무 성과를 개선하여 회사에 대한 공헌도를 높이는 동시에 장래의 가능성을 끌어내는 방법이다.

⊙ 엘리자베스 하버라이트너 외(2002)

새로운 리딩모델을 찾는 시대적 요청에 부응하는 특별한 기본자세와 테크닉이다.

⊙ 에노모토 히데타케(2003)

코칭은 개인의 자아실현을 서포트하는 시스템이다.

⊙ 스즈키 요시유키(2003)

코칭은 상대의 자발적 행동을 촉진하기 위한 커뮤니케이션 기술이다.

⊙ 마샬 쿡(2003)

코칭은 스스로 보고 배울 수 있도록 돕고, 참여를 통하여 성과를 높이도록 하는 것이다.

⊙ 미국훈련개발협회(ASTD: American Society of Training & Development)

좋은 업적과 지속적인 책무, 적극적인 인간관계를 이끌어 내고 도전하는 기업풍토를 조성하는 것이다.

⊙ 피터 블러커드(2003)

효과적인 행동, 목표성취, 개인적 만족도의 증대를 위한 학습과 개발의 촉진제이다.

⊙ 국제비즈니스코치협회(WABC: Worldwide Association of Business Coaches)

비즈니스 코칭은 비즈니스 조직, 정부 조직 및 기관에 있는 사람들과 의미 있는 대화를 하는 프로세스이다(2013, 구은미 외).

이처럼 코칭에 대한 정의는 다양하다고 할 수 있으나 내용상의 주요 요지를 종합해 보면 하나의 의미로 귀결되고 있다.

코치는 개별 고객의 요구에 대해 다가가는 법을 최적화하고 경청하며 관찰하도록 훈련받아 고객으로부터 해결 방안과 전략들을 끌어내려 노력한다. 또한 코치는 고객이 본래 창의적이고 슬기롭다고 믿고 출발하는 것으로 코치의 일은 고객이 이미 가지고 있는 기술, 전략, 창의성을 강화할 수 있도록 후원한다(정진우, 2009).

즉 코칭이란 다른 사람에게 성공하도록 돕고 발전하게 하는 것으로 긍정이든 부정이든 사람들에게 영향을 주며 사람들에게 자기 잠재력을 찾아 극대화할 수 있도록 돕는 작업이며, 코치의 대상자인 고객과 함께 코칭이라는 관계를 통해 공동의 목표를 가지고 코치는 고객으로 하여금 목표를 이루도록 조력하는 것이다.

코칭은 코치가 자기 학습 과정의 깨달음과 경험을 바탕으로 삶의 여러 과정에서 성공의 실천을 이루어가는 동시에 고객의 인생과 일에 있어 성공하도록 격려하고 동기를 부여하는 과정이다. 다시 말하면 교육과 훈련을 받은 코치가 고객의 가정, 재정, 일 등 삶 전반에 균형을 이루도록 협력하는 과정이다.

코칭은 그 사람을 비판하거나 판단, 조정하지 않으면서 스스로 자신이 원하는 긍정적인 방향으로 변화하도록 피드백을 하는 것으로 코칭은 교육을 통하여 학습의 과정에 실천 훈련을 병행하는 과정이며, 개개인의 성장을 돕는 것이다. 전문성을 가진 프로 코치는 고객이 자기의 잠재력에 도달하여 자신의 삶을 성취하고 더 바람직하게 변화할 수 있도록 돕는다. 우리는 스스로 변화하기가 어렵고 두렵다. 따라서 어떻게 피드백을 주고받는가가 중요하다.

이러한 코칭에서 정의된 내용을 다양한 분야의 많은 학자들의 코칭에 대한 정의를 종합하고 이 시대에 부합하는 정의를 재정리하였다.

코칭은 코치가 고객 스스로 인생의 해답을 찾도록 돕는 과정으로, 모든 인간의 잠재력과 가능성에 대한 믿음에서 시작하는 관계이며 코치와 고객이 함께 성장하고 개인을 넘어 가정과 조직 전반의 성장을 도모하는 적응 역량 강화 시스템을 만드는 것으로 정의할 수 있다.

03 코치의 의미

1. 코치의 의미

(1) **조력자:** 코치란 고객 앞에서 경청, 관찰, 지지, 격려함으로 고객 스스로가 문제를 해결하고 목표를 이루어 결국 자기 삶에 챔피언이 되도록 돕는 전문가로, 코치는 모든 사람이 창조적이며 스스로 풍부한 자원을 소유하고 있다고 믿기 때문에 고객 스스로가 전략과 해결책을 찾도록 자극을 준다(정진우, 2005).

(2) **동기 부여자:** 코치는 고객이 이미 소유한 기술과 자원, 창조성 등이 더욱 빛날 수 있도록 돕는 일을 하며 코치는 개인에게 강력한 동기를 부여하여, 스스로 문제를 발견하고 해결하여 행복한 미래를 설계하고 구체적으로 행동하고 책임지도록 지원한다.

(3) **지원자:** 코치는 더 많은 일을 더 효과적으로 수행하고 싶은 사람, 자신의 재능과 능력의 수준을 더 높이고 싶은 사람, 더 행복하고 성공적인 삶을 살기 원하는 사람에게 더 빠른 효과를 창출하도록 지원한다.

(4) **촉진자:** 코치는 문제들을 제거하는 역할을 하는 것이 아니며 다만 고객을 이 보 전진하게 해주며, 우리가 만나는 많은 부정적인 상황들을 도전과 기회로 받아들일 수 있게 도와 고객도 결코 알지 못했던 자신의 내부에 존재하

는 지혜와 자원들을 끌어올림으로써 이를 극복할 수 있게 도와 고객이 새롭게 자신감을 얻게 되어 새로운 도전에 맞설 수 있게 한다.

(5) **파트너:** 각각의 고객과 함께 협력하여 고객의 인생과 직업 경력 면에서 결실을 거두고 삶을 변화시킬 수 있도록 격려하는 것으로 코치는 그들의 삶의 메커니즘 과정에서 계속 노력하는 한 언제나 원하는 자리에 있게 될 확률을 높인다.

(6) **전문가:** 고객이 무엇을 해야 하는지 깨달을 수 있게 해주며, 두 손을 자유롭게 쓸 수 있게 해주는 것으로 때로는 고객이 바라는 것에 고객보다도 더 열심히 관심과 노력을 기울이는 전문가가 코치다.

(7) **지지자:** 고객이 가치 있게 여기는 것과 인생의 목적을 알아가도록 도우며, 고객이 그러한 것에 충실할 수 있도록 지탱해 주고 격려해 주는 전문가로 코치는 언덕 꼭대기에 깃대를 붙잡고 서서 자신에게 돌진하라고 손을 흔들어 주고, 고객의 승리를 기뻐해 주며, 실패를 통해서 배울 수 있도록 돕는다.

(8) **소통가:** 최대한 고객의 말을 경청하고 경청을 통해 얻은 정보를 바탕으로 대화하고 직관력을 발휘할 수 있도록 전문적 훈련을 받아 고객이 충만한 삶을 살도록 도와주는 전문가다.

(9) **전략가:** 코치가 하는 일은 전략을 짜고 필요하다면 개인적인 관심을 기울이기도 하면서 팀이 생산적으로 운영될 수 있도록 하는 역할을 하는 전문가다.

(10) **협력자:** 전문 코치는 고객의 개인적인 삶과 일에서 만족스러운 결과를 만들어내는 것을 도울 수 있도록 설계된 지속적인 협력을 제공하며, 나아가 코치는 고객의 성과와 삶의 질 향상을 돕는다.

(11) **후원자:** 코치는 개별 고객의 요구에 대해 고객에게 다가가는 법을 최적화하고 경청하며 관찰할 수 있도록 훈련을 받아 고객으로부터 해결 방안과 전략들을 끌어내려고 노력한다. 또한 코치는 고객이 본래 창의적이고 슬기

롭다고 믿고 출발하는 것으로 코치의 일은 고객이 이미 갖고 있는 기술, 전략, 창의성을 강화할 수 있도록 후원한다.

즉 코칭이란 고객의 성공을 돕고 발전하게 하는 전문가로 고객에게 미치게 되는 영향은 고객이 자기 잠재력을 찾아 극대화할 수 있도록 돕는 행위자로 코칭의 대상자인 고객과 함께 코칭이라는 관계를 통해 공동의 목표를 가지고 코치는 고객으로 하여금 목표를 이루도록 한다.

2. 코치의 자세

코칭은 단순한 조언을 넘어, 고객의 내재된 잠재력을 발현시키도록 돕는 전문적인 과정이다. 이를 바탕으로 코치의 자세와 역할을 심층적으로 정의할 필요가 있다.

(1) 코치의 근본적인 자세

① 존재에 대한 신뢰

코칭의 모든 과정은 고객에 대한 깊은 신뢰에서부터 시작되며 코치는 고객을 본래부터 창조적이고 풍부한 자원을 가진 존재라고 믿는 생각에만 머무르지 않고, 코칭의 모든 과정에 영향을 미치는 핵심적인 인식과 자세이다.

② 챔피언십에 대한 믿음

코치는 고객이 결국 자신의 삶에서 챔피언이 될 것이라고 믿으며 이 믿음은 고객이 좌절할 때도 포기하지 않고, 끊임없이 격려하고 지지하는 원동력으로 코치는 고객이 넘어지더라도 스스로 일어설 힘이 있음을 알고, 그 힘을 발휘하도록 돕는 전문가다(정진우, 2009).

③ 지혜와 능력에 집중

고객의 자원 발굴자로서의 코치는 고객이 이미 가지고 있는 기술, 자원, 창의성이 더욱 빛을 발할 수 있도록 도우며 마치 고객에게 연장을 쥐여주고 빛을 비춰주어 스스로 무엇을 해야 할지 깨닫게 하는 것처럼, 코치는 고객의 내부에 숨겨진 지혜와 능력을 끌어내는 데 집중하는 전문가다.

④ 협력의 조력자

고객의 협력자로서 일방적인 가르침이 아닌 코치와 고객이 함께 목표를 만들어가는 지속적인 협력관계로 고객보다 더 많은 관심과 노력을 기울이는 과정에서 코치는 문제 자체를 제거하는 것이 아닌 고객이 문제를 도전과 기회로 받아들이도록 조력하는 전문가다.

3. 코치의 핵심 역할

코치의 역할은 코칭 전문가로서 고객의 성장을 촉진하기 위한 다양한 실천적 행동을 보인다.

(1) **경청과 관찰:** 코칭의 가장 기본적이고 강력한 도구는 최대한의 경청과 관찰이며 코치는 고객의 말뿐만 아니라, 미묘한 비언어적 신호까지 놓치지 않으려 노력하는 코칭 전반의 과정을 통해 코치는 고객의 내적 상태를 파악하고, 고객 자신도 모르거나 인지하지 못한 생각과 감정까지도 깨닫도록 돕는 전문가다(정진우, 2009).

(2) **동기 부여 및 책임감 부여:** 코치는 고객에게 강력한 동기를 부여하여 열정을 일으키고, 스스로 목표를 설정하고 행동에 대한 책임을 갖도록 돕는 코칭 과정을 통하여 고객의 요구와 포부를 탐색하고 고객 스스로 목표를 재정

립하도록 지원하는 구체적인 과정의 진행자다.

(3) **실행 계획 지원 및 점검:** 코칭은 막연한 이야기에 그치는 것이 아니라 구체적인 행동과 결과를 위하여 코치는 고객이 새로운 기술을 배우거나, 프로젝트를 진행하거나, 경력을 개발하는 과정에서 구체적인 계획의 수립을 도와 정기적인 매 세션 과정을 함께 점검하고 조정하는 피드백 전문가다.

(4) **갈등 해결 및 브레인스토밍 촉진:** 조직 현장에서 코치는 팀 내의 갈등을 완화하고, 브레인스토밍을 통해 새로운 아이디어를 창출해 내는 과정에 열린 마음으로 대화를 진행하여 문제에 대한 창의적인 접근이 쉽도록 격려함으로써 팀의 연합과 생산성을 높이는 전문가다.

4. 코칭 과정에서 코치의 가치

(1) **행동을 통한 성장:** 코칭의 진정한 가치는 단순히 문제를 해결하는 결과에만 국한된 것이 아니라, 그 과정 전체를 아우르며 코치는 고객이 스스로 탐구하고, 자신의 강점을 발견하며, 스스로 결단을 내리도록 이끄는 이 과정을 통해 얻은 고객의 경험은 다른 문제에도 적용하게 하는 강화자다.

(2) **무한한 가능성 발견:** 코치는 고객이 자기 안의 무한한 가능성을 발견하도록 도우며 고객의 무의식 속에 존재하는 지식과 자원을 활용하여, 고객도 미처 알지 못했던 잠재력을 끌어내는 전문가다.

(3) **행동으로 증명되는 성공:** 코칭의 성공 여부는 결국 고객의 행동 변화를 통해 판단되며 코칭을 통해 고객이 구체적인 목표를 향해 나아가고, 긍정적인 변화를 만들어낼 때, 코치의 전문가로서 가치가 증명된다.

이처럼 코치는 고객의 삶과 커리어에서 만족스러운 결과를 만들어내도록 지속적으로 협력하며, 고객이 목표를 이루도록 돕는 조력자이자 전문가이다.

이러한 것을 가능하게 하려면 코치는 전문가로서 사명을 가지고 자신의 달란트를 나누는 기여와 봉사에 기반한 실천이 병행되어야 한다.

5. 기여와 봉사, 그리고 전문가로서의 사명

코치의 역할은 단순히 업무를 수행하는 것을 넘어, 고객의 삶에 긍정적인 영향을 끼치고 성장을 돕는 '기여'와 '봉사'의 정신에 기반하는 마인드를 가져야 한다.

(1) 고객이 꿈을 실현하는 데 헌신하고 고객 내부에 존재하는 지혜와 자원을 끌어올려 자신감을 얻게 한다.

(2) 코치는 단순히 좋은 의도를 가진 사람이 아니라, 고객의 삶을 실질적으로 변화시킬 수 있는 전문적인 역량과 사명감을 갖추어야 한다.

(3) 전문 코치는 고객의 삶과 일에서 만족스러운 결과를 제공하여 심리적 지원을 넘어, 고객의 성과와 삶의 질 향상이라는 전문가로서의 사명을 갖는다.

(4) 코치는 고객의 요구에 가장 효과적으로 다가가는 방법을 끊임없이 탐색하고, 경청 및 관찰 훈련을 통해 고객이 자신의 노력으로 성공에 도달하는 시간에 헌신한다(정진우, 2005).

PART II

코칭의 원리와 원칙

04 코칭 핵심 원리

코칭은 모든 인간의 잠재력과 가능성에 대한 믿음에서 출발하여 개인의 발전과 불확실한 미래에 대한 가능성을 꿈꾸게 하고 원하는 목표와 비전을 이룰 수 있도록 돕는 인간의 잠재력에 대한 근본적인 믿음과 철학을 바탕으로 한 총체적인 성장 시스템이다.

이는 고객이 개인적, 직업적 잠재력을 최대한 발휘할 수 있도록 사고를 자극하고 영감을 불어넣는 창의적인 협력관계를 핵심으로 하고 있으며 이러한 접근 방식은 리더가 조직의 목표를 달성하기 위해 구성원의 성장과 학습을 촉진하는 일련의 행동으로 나타나기도 하고, 변화와 성장을 추구하는 사람들과 함께 미래를 디자인하는 인간관계로 정의되기도 한다.

코칭은 다른 전문 분야와 구별되는 독자적인 정체성을 지니고 있으며 고객을 교정해야 할 대상으로 보지 않고, 성장의 주체로 바라보는 근본적인 철학에서 출발한다는 점에서 다른 전문 분야와는 명확히 구분되는 패러다임이 코칭의 모든 과정과 기술을 정당화하는 근간이 된다.

1. 코칭의 보편적 원리

(1) ICF의 CRW 원칙은 코칭의 가장 중요한 출발점으로 고객에 대한 깊은 신뢰를 바탕으로 모든 사람이 본래 창의적이고(Creative), 풍부한 자원을 가지고 있으며(Resourceful), 그 자체로 온전한 존재(Whole)라는 ICF(국제코치연맹)의

CRW 원칙을 핵심 전제로 한다.

① 창의성(Creative)

고객은 고정된 문제 해결 방식에 갇히지 않고, 새로운 아이디어와 통찰을 스스로 만들어낼 수 있는 존재이며, 코치는 강력하고 효과적인 질문을 통해 고객이 내면의 창의성을 발휘하도록 촉진하는 역할을 수행한다.

② 풍부한 자원(Resourceful)

고객은 외부의 조언이나 지시가 아니어도 자기 내면에 필요한 지혜와 자원을 이미 갖추고 있는 이 세상에 무능력한 사람은 없다는 코칭의 기본 원칙을 반영하여 고객이 가진 강점을 기반으로 미래를 설계하는 데 집중하며, 문제를 해결하는 데 필요한 해답과 아이디어를 이미 내면에 갖추고 있다는 인간의 존재에 대한 신뢰를 전제한다.

③ 온전함(Whole)

고객은 결핍되거나 불완전하여 치료나 교정이 필요한 대상이 아니며 이미 그 자체로 완전하고 잠재력을 지닌 인격체로 코칭은 이러한 고객의 강점과 가능성을 기반으로 목표와 비전을 실현하도록 돕는다.

이러한 고객에 대한 믿음이 코칭의 모든 프로세스를 설명하며 만약 고객을 불완전하거나 결핍된 존재로 본다면, 코치는 해답을 가르치거나 조언을 제공하는 역할을 하게 될 수 있다.

코칭은 고객이 이미 모든 것을 가진 존재로 믿기에 코치의 역할은 지시가 아닌 촉진과 동반자로 전환되며, 이는 코칭이 지속적인 자기 주도성을 끌어내는 근본적 원칙을 가지고 있음을 의미한다.

고객에 대한 근본적인 믿음은 자연스럽게 코치와 고객 간의 관계를 규정하는 핵심 원칙인 수평적 파트너십을 형성하게 하고 코칭 관계는 코치가 일방적으로 지시하거나 가르치는 상하 관계가 아니라, 코치와 고객이 대등한 입장에서 협력하는 관계를 기본으로 한다.

코치가 고객의 생각과 의견을 존중하며 함께하는 생각의 동반자(Thinking Partner) 역할을 수행하는 관계의 핵심은 상호 존중과 신뢰를 바탕으로 한 안전한 환경을 조성하는 데 있다.

개방적이고 진솔한 소통은 고객이 자신의 감정이나 어려움을 솔직하게 표현할 수 있는 심리적 안정감을 제공하며, 이는 코칭의 다른 모든 요소가 효과를 발휘할 수 있는 기반이 되어 코치는 자신의 지위나 권위로 고객을 이끄는 대신, 진정성 있는 태도와 협력적인 관계를 통해 긍정적인 영향력을 미친다.

이러한 수평적 파트너십은 고객의 잠재력을 전적으로 믿는다는 CRW 원칙에서 비롯된 필연적인 결과로 고객이 스스로 문제를 해결하고, 해답을 내면에 갖추고 있다고 믿기에 코치는 지시할 필요가 없고, 고객은 코치와 동등한 위치에서 대화의 주체로 참여하게 되며 고객이 스스로 답을 찾고 책임지는 경험을 통해, 코칭 관계가 종료된 후에도 자율적으로 성장할 수 있는 내면의 힘을 강화하게 된다.

이러한 내용을 토대로 코칭의 기본 원리와 원칙을 제공한다.

2. 코칭의 기본 원리

(1) **고객 중심의 해답 발견:** 코칭은 코치의 질문을 통해 고객이 다른 사람의 해결책이 아닌, 스스로 인생 전반의 해결 방안을 발견하고 삶을 다시 바라보게 돕는다.

(2) **잠재력에 대한 믿음:** 코칭은 고객이 본래 창의적이고 슬기롭다고 믿고 시작하며, "사람은 성공하기 위해 태어난 것이 아니라 이미 성공적으로 태어났

다"라고 믿는 관계 속의 행위다(구은미, 2013).

(3) **상호 성장 관계:** 코칭은 코치와 고객 양방의 변화와 성장을 도모하고, 코치 역시 코칭 과정에서 성장하는 상호 유익을 창출하는 자기 학습 과정이다.

(3) **비판 없는 피드백:** 코칭은 상대를 비판하거나 판단하지 않으면서, 스스로 원하는 긍정적인 방향으로 변화하도록 피드백을 제공하는 관계이다.

(4) **삶의 균형과 성공:** 훈련받은 코치는 고객의 가정, 재정, 일 등 삶 전반에 균형을 이루도록 돕고, 인생과 일에서의 성공과 성장을 격려한다.

(5) **현대인을 위한 동반자:** 코칭은 정보의 홍수 속에서 다양한 소임을 수행해야 하는 현대인에게 필요한 새로운 동반자 역할이다.

(6) **공동 목표 달성을 위한 조력:** 코치와 고객은 공동의 목표를 가지고 관계를 맺으며, 코치는 고객이 목표를 이루도록 돕는 조력자 역할을 한다.

(7) **적응력 및 역량 강화:** 코칭은 어떤 상황에도 대처하고 이겨 낼 적응력과 역량을 강화하는 최적의 관계를 구축하는 과정이다.

(8) **자기 코딩을 위한 자각:** 고객이 자기 시스템을 만들어 적용하기 위한 최적의 퍼즐을 만들고 맞추기 위한 자각 인식을 지원하는 파트너 관계이다.

(9) **여지(틈)를 인식:** 코치와 고객 상호 관계 내에 여지(틈)를 인식하게 하고 읽어 나가는 협의 관계이다.

3. 코칭의 3가지 핵심 영역

코칭은 고객의 삶을 일, 건강, 관계 등 분리된 영역이 아닌, 총체적인 관점에서 다룬다. 특히 고객의 삶에서 깊이 탐구해야 할 세 가지 핵심 영역으로 '실현', '균형', '과정'을 강조한다.

이 세 영역은 각각 독립적인 목표가 아니라, 유기적으로 연결되어 고객의 전인적인 성장을 돕는 세 축을 이룬다.

(1) 목적 있는 삶의 발견: 실현(Fulfillment)

- 실현은 외부적인 성공의 척도를 넘어, 고객의 심리적 양분을 채우는 가치 있는 삶에 관한 것으로 고객이 자신의 잠재성 발휘를 통하여 삶의 목적과 비전을 명확히 하도록 돕는 것을 목표로 한다.
- 고객이 진정으로 가치 있게 여기는 것에 관하여 규명하여 개인의 행동과 선택의 나침반 역할을 하게 하며 고객의 목표를 이루는 삶의 가치에 질서를 부여한다.

(2) 삶의 조화로운 설계: 균형(Balance)

- 균형은 직장, 건강, 재정, 관계 등 삶의 중요한 영역에서 만족도를 평가하고, 더 폭넓은 시각을 통해 조화로운 선택을 하도록 돕는 것이다.
- 코칭은 삶의 각 영역이 서로 연결되어 있다는 점을 이해하고, 어느 한 영역에서의 성장이 다른 영역에 미치는 영향을 총체적으로 다루게 되며 여기서 균형은 고정된 상태가 아니라 끊임없이 움직이며 변화에 맞춰 조정해 가는 동적인 개념으로 적용된다.

(3) 온전한 삶의 여정: 과정(Process)

- 과정은 고객이 삶의 모든 여정에 깊이 참여하고 온전히 살아갈 수 있도록 돕는 영역으로 여기에는 불편하고 어려운 감정(슬픔, 분노 등)까지도 허용하고 탐색하는 것이 포함된다.
- 코칭은 변화를 싫어하고 현상 유지를 원하는 내면의 목소리인 그레믈린(Gremlin)을 인식하여 고객이 그레믈린의 속박에서 벗어나 자신의 목표에 집

중하도록 지원함으로써, 삶의 과정 자체를 긍정적으로 만든다.

이 세 가지 영역은 서로 연결되어 코칭의 총체적 접근을 완성하게 하고 실현은 장기적인 목표와 가치에 초점을 맞추고, 균형은 그 목표를 추구하는 과정에서 삶의 여러 측면이 조화롭게 유지되도록 하는 상황 관리를 다루며 과정은 그 목표와 상황 속에서 발생하는 감정적, 심리적 경험을 온전히 받아들이고 학습하는 내면 관리를 포함한다.

이러한 유기적인 연결은 코칭이 외적 성과뿐만 아니라 고객의 내적 만족과 삶의 태도까지 아우르는 통합적인 접근임을 보여준다.

05 코칭의 원칙

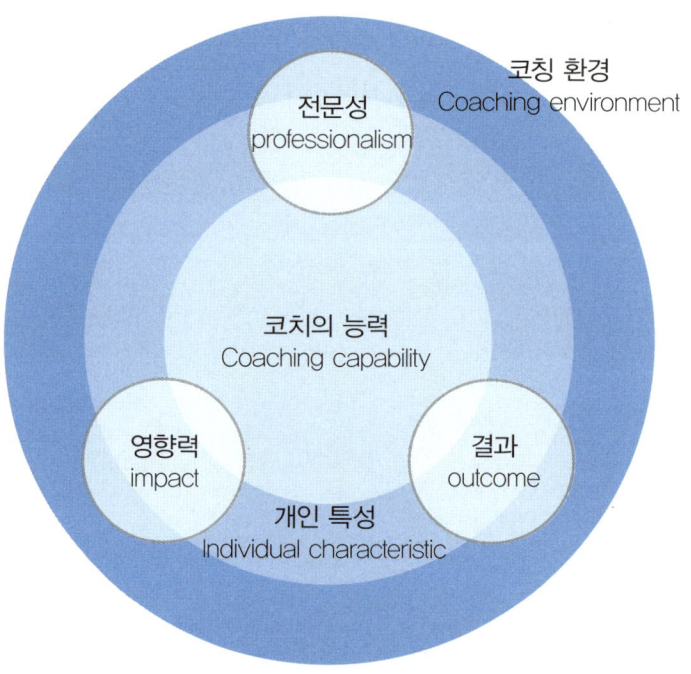

그림 1. 코칭의 3원칙 의미(구은미, 2017 재인용)

코칭은 코치의 능력(Coaching capability), 코칭 환경(Coaching environment), 개인 특성(Individual characteristic)으로 구분하여 진행된다.

코치의 능력은 전문성(professionalism)과 영향력(impact), 결과(outcome)로 나뉜다.

코칭 환경은 주변인, 사회변천 등으로 판별되며, 개인 특성은 고객의 성격적 특성뿐만 아니라 나이, 성별, 교육 수준, 사회경제적 지위 등 객관적이고 구체적인 정보 등을 포함하여 나눌 수 있다. 이러한 원칙은 역동적으로 함께 작용할 때 코칭 고객이 획기적인 성공을 이룰 수 있게 돕고, 목표를 실현할 수 있게 만든다.

1. 코칭 원칙 1: 코치의 능력(Coaching capability)

(1) 전문성(professionalism)

전문성이란 고객에 대한 기본적인 이해를 바탕으로 코치로서 자세, 마인드, 철학, 가치관, 기준과 범위, 진실성 등으로 윤리를 지키고, 동의를 구하고, 신뢰를 구축하는 능력이다.

① **윤리**
- 코칭에 있어서 윤리는 법적 도덕적 가치 규범과 함께 스스로 생각하고 자유롭게 활동할 수 있도록 하여 보다 나은 삶을 누릴 수 있도록 함으로 전문가의 책임과 의무 및 진실성까지 아우르는 의미이다.
- 코치는 코칭 고객에게 항상 진실하고 최선을 다하며 성실하고 늘 코칭 고객의 발전과 성장을 위해 어떤 상황에서도 헌신할 수 있어야 한다.
- 코치의 존재 이유는 오로지 고객 존재의 안녕을 위한 것이며, 코치는 그 어떤 경우에도 고객에 대한 존중과 인정, 지지, 격려의 자세를 유지하고 약속은 생명과 같이 유지되어야 하며, 자신의 위치를 남용하거나 권위적이지 않아야 한다.

② **동의**
- 코칭을 시작하는 도입에서 종료까지 모든 과정에 동의를 구하고 코칭에 필요한 모든 정보나 대답은 고객에게 요청하며, 질문과 피드백도 먼저 동의를 구한 후 이루어져야 한다.

- 고객에 대한 궁금증이나 불일치의 발견, 고객에게 민감한 부분에 이르기까지 코칭 전반에 모든 순간과 코칭이 종료되는 마지막 순간까지도 고객으로부터 동의를 구해야 한다.
  동의를 구하는 것은 코치가 보내는 협력의 메시지, 존중의 메시지, 인정과 믿음의 메시지가 된다.

③ 신뢰 형성
- 신뢰 형성은 일방에서 이루어지는 것이 아니라 양방에서 상호 존중과 신뢰가 바탕이 되어 안전함을 제공하고 서로 친밀한 관계, 서로의 존재에 대한 편안함, 긍정적이고 생산적인 관계라는 믿음에서 시작된다.
- 신뢰 형성은 코치와 고객 서로에게 긍정적인 영향을 주고받으며, 상대방과 나의 경계나 장애 요소가 없이 서로 같은 방향을 바라보고, 같은 이야기를 하고 동일한 마음과 에너지가 공유되는 상태로 코치는 전적으로 고객을 지지, 신뢰하며 믿음을 주고 믿는 것으로 고객과 코치 상호 성장을 가능하게 한다.

(2) 영향력(impact)

코치가 고객에게 끼치는 영향력 이상의 의미로 코치의 질문, 피드백, 에너지 공유, 긍정 key-word, 지지와 격려, 존중과 공감 등의 많은 요소들이 고객 스스로 자신에 대한 존재가치를 높이고 명료하고 창의적인 사고를 하며, 자존감과 도전의지의 강화로 고객의 자아실현 가능성을 극대화하기 위해 더불어서 함께하고 경청과 질문, 효과적인 대화로 자각 인식과 사고의 확장을 창출시키는 능력이다.

① 더불어, 함께(윈-윈)
- 코칭 과정 전반에 있어 고객에게는 자신을 믿고 지지해 주는 누군가와 함께

한다는 느낌과, 안정적이고 편안하며 자연스러움과 여유를 제공하고 코치 스스로는 솔직하고 유연하고 자신감 넘치는 태도로 허심탄회한 관계를 유지한다.

- 개방적이면서도 유연하고 자연스러운 코칭은 코치로서의 자신감을 가지게 하며 온전히 고객에게 집중하게 하여 상호 성장에 바탕이 되는 원-원의 효과를 경험한다.
- 더불어서 함께한다는 것은 물적 공유와 정신적 공유가 함께 이루어지는 것이며, 고객이 가지는 사고, 감정, 의식 등의 수준을 공유하고, 고객에게 긍정적이고 활기찬 에너지를 많이 전달함과 동시에 어떠한 상황에서도 솔직함과 명확한 분별이 있어야 한다.

이러한 것들은 고객이 더욱 많은 열린 사고의 확장으로 자신에 대한 많은 가능성을 열어 효과적으로 도전하게 한다.

② **적극적 경청**
- 하나의 감각기관을 통하여 전달되는 내용의 단순한 정보 인식을 넘어 코치는 자신의 모든 감각을 동원하여 고객에게 집중하고 몰입하여 고객의 말과 그 안에 숨어 있는 건전한 의도와 욕구, 전달하고자 하는 분명한 의미를 알아차리는 것이다.
- 적극적인 경청은 신뢰를 두게 되고 지속적인 코칭 관계의 토대가 되며, 모든 감각을 열고 코칭에 집중하여 고객 자신조차 듣지 못하고 느끼지 못하는 부분까지 알아차리는 것으로 단지 듣고 수용하는 소극적인 태도를 넘어 적극적으로 몰입하여 상황을 파악하고 확인 할 수 있는 고도의 경청 기법이다.
- 적극적인 경청은 상대방의 언어 패턴을 이해하고 패턴 내의 의도를 파악하여 고객이 사용하는 단어, 말투, 신체 언어를 분별하고 외면과 내면의 일치 또는 불일치까지 알아차려 확인하고 점검하는 피드백 과정을 통해 고객의 존재감

과 성취도를 높이고 관계에 긍정적인 영향을 미쳐 고객 스스로 자신의 상태를 인지하는데 명료함을 제공한다.

③ 강력한 질문

- 코칭에서 질문은 고객에 대한 정보 탐색과 함께 존재의 가능성에 문을 열개 하기 위하여 아주 공손하게 노크하는 것과 같다.
- 질문을 얼마나 효과적으로 잘하느냐에 따라 고객은 자신에게 필요한 정보를 보다 많이 찾아 문제를 해결하는 관건이 된다.
- 질문은 고객 스스로 더 많은 정보를 탐색하고 생각하게 하여 문제 해결의 대안들을 다양하게 모색하는 효과를 가지며, 이 과정에서 고객은 새로운 시각과 새로운 사고의 전환을 경험하게 한다.
- 코치의 적극적인 경청은 효과적이고 강력한 질문을 가능하게 하고 이러한 질문에 답하는 과정에서 고객은 자기 말에 관한 내용의 정리로 스스로 깨달음을 얻게 된다.
- 코치가 고객의 답에 대한 story의 불일치를 찾아 인지하는 것은 고객에 대한 많은 정보의 획득으로 이어져 그에 관한 효과적이고 강력한 질문을 가능하게 하여 고객 스스로 더 많은 내용의 정리로 고객 스스로 자신의 자각 인식에 한 걸음 더 다가가게 한다.
- 강력한 질문은 고객으로부터 해답을 끌어내고 고객의 key-word를 사용하는 열린 질문과 광범위한 질문은 자유로운 사고를 돕고, 생각의 지평을 넓히게 한다.

④ 효과적 대화

- 코칭 상황에 맞추어 고객의 언어를 사용해 효과적으로 의사소통을 한다. 코치의 언어가 아니라 고객의 언어를 사용할 때 고객은 코칭 과정에 더욱 적극적으로 참여하게 된다.

- 경청과 질문을 통해 대화의 주도권을 고객이 가지고 있다고 느끼게 하여 자신의 이야기를 좀 더 자유롭게 하면서 고객 스스로 자신에 대한 정보를 더 많이 노출할 수 있는 시스템을 제공해야 한다.
- 고객의 이해를 돕기 위해 예시나 비유 적절한 은유를 사용하는 것도 효과적이다.
- 고객이 원하는 것과 원하지 않는 것, 고객이 가지고 있는 여러 궁금증, 자신도 무엇인지 잘 모르고 있다고 생각하는 것들에 대해 다른 관점에서 재구성하도록 분명하고 직접적인 의사소통을 한다.
- 코치가 보고, 듣고, 느낀 것들에 대하여 전달하고 확인하여 고객의 의도나 의제를 명확히 하는 과정은 고객이 자신의 모습을 객관적으로 관찰하고 숙고할 수 있게 한다.

⑤ **자각 인식**

- 고객이 자신의 주변과 환경을 돌아보고 숙고할 수 있는 시간과 생각의 틈을 제공하는 자각의 과정을 돕는다.
- 고객 자신의 성장과 발전의 장애 요소를 찾고 가능성에 대한 더 많은 정보를 활용하여 의식 확대를 경험하게 하는 것은 새로운 사고와 믿음, 가치관과 신념에 대한 구조적 변화의 틀을 제공하게 된다.
- 고객 의식과 무의식의 관심사, 자신과 세상에 대한 인식 패턴, 주변 해석의 차이점, 사고. 감정. 행동 간의 불일치를 확인하게 하여 바람직한 행동을 강화하고 원하는 것을 이루어 성공을 경험할 수 있도록 동기를 부여하는 과정을 통하여 지금까지와는 다른 시각으로 주변을 바라보고 이해할 수 있게 한다.
- 코칭을 통해 고객이 자신과 환경에 대해 자각하고 수용하도록 도와 고객 스스로가 변화에 주도적으로 참여하게 한다.
- 자신이 취합한 정보를 정확하게 평가하고 통합하는 과정을 통하여 의식적으

로 자신의 사고와 행동을 발전 방향으로 이끌어 바람직한 결과를 창출하게 한다.

(3) 결과(outcome)

코칭은 고객이 원하는 결과를 만들기 위한 크고 작은 성과에 관한 경험을 통하여 새로운 도전에 필요한 에너지를 동원하게 한다.

동원된 에너지는 고객이 자신의 목표 발견에 주도적으로 움직이게 하며, 목표 실행을 위한 다각적인 실행안의 수립 그리고 실행을 통한 결과물을 만들어내는 능력으로 코칭의 최종 목적은 결과물의 창출이다.

① 행동 목표 설정

- 코치와 함께 코칭을 통하여 수집된 정보를 종합하고 정리하여 고객은 개인적으로 직면해 있는 과제들을 실제로 실행할 수 있는 행동 계획으로 설계하는 과정이다.
- 고객은 코치와의 대화를 통하여 합의된 내용 중 드러난 목표에 초점을 두어 새로운 행동을 설계하고 고객의 다양하고 폭넓은 생각 중 성장을 도울 수 있는 목표와 해결책을 열거하여 우선순위 목표를 찾아 해결 방안에 관한 결정을 내리도록 한다.
- 고객의 개발할 점과 보완할 점을 구분하고 각각의 필요한 부분과 관심사 등을 총체적으로 통합하여 목표를 설정한다.
- 고객의 깨달음과 새로움의 발견에 대한 존중으로 코칭은 적당한 속도를 유지하고, 고객이 자신의 고정된 틀을 탈피하여 도전할 수 있는 여지(틈)와 에너지를 생성하게 한다.
- 코치의 지속적이고 일관된 지지와 격려로 고객은 과제에 책임을 지고 이행하는 책임감의 강화를 도우며, 진정 원하는 것이 무엇인지를 깨달아 고객이 자

신의 목표 발견과 방향성을 가지게 된다.

② **계획 수립과 세부 실행 계획**
- 고객이 찾은 목표를 토대로 실행 방안을 구체화하고 실행이 가능한 행동을 찾도록 도와 행동 계획을 실행하기 위한 단계적인 계획을 수립하여 실질적인 코칭의 성과를 도출해 낸다.
- 실행할 수 있는 폭넓은 시스템 구축으로 실행에 대한 경험을 보다 많이 확보하여 성공한 점을 축하하고, 미래의 성장 가능성에 끊임없이 도전할 수 있도록 하는 지지와 격려를 통해 더욱 신뢰감 있는 관계를 구축한다.
- 고객의 실행 경험을 통해 가장 효과적이고 지속적인 배움과 성장의 에너지를 창조하여 결과를 창출하는 행동을 고객이 도출해 내게 한다.
- 코칭은 고객의 실천을 격려하여 실천을 통해 얻은 교훈으로 학습 능력을 더 강화하여 고객의 잠재된 자원과 가능성에 대한 집중력을 높여 또 다른 도전을 할 수 있게 한다.
- 고객은 행동의 실천으로 배우게 되고 배움을 근거로 더 많은 행위를 실천하여 자신의 변화 가능성을 더 많이 신뢰하게 되어 자기 삶에 주도적이고 능동적인 도전과 노력을 통한 성장과 변화를 만들어내게 된다.

③ **실행 점검 및 상호 책임**
- 고객이 코칭 시간에 약속했던 실천 계획의 내용을 바탕으로 스스로 성취를 경험한 것과 그렇지 않은 것, 배운 것, 이후에 깨닫게 된 것 등에 대해 고객과 함께 점검하고 정리하여 수정하거나 보완할 수 있는 대안을 논의하여 명료화한다.
- 코치와 고객이 합의된 목표와 계획의 실행 정도에 관하여 확인하고 이를 통해 격려와 지지는 물론 지원과 협력 방안 등을 구상하여, 상호 책임 시스템을 구축하고 구축한 내용의 실행력 강화로 고객이 자신이 원하고 추구하는

계획을 향해 나아가게 한다.
- 코치는 고객이 스스로 정한 목표를 이루고 보다 긍정적이고 발전적으로 나아가도록 지지와 격려를 아끼지 않으며, 매회 코칭을 통한 고객의 진전을 점검하고 동기를 부여하는 전문가로 고객이 목표를 이루는 데 헌신한다.
- 상호 책임은 자발적으로 결정하고 추진할 때 강력한 힘을 발휘한다.
- 코치는 고객이 자신의 성장을 위해 실행하고 책임질 수 있는 지원과 협력의 환경을 제공하여 고객이 부정적이고 불편한 상황에서도 자신에 대한 믿음과 확신으로 자기 삶에 주어진 과제에 책임감을 가지게 한다(구은미, 2017).

2) 코칭 원칙 2: 코칭 환경(Coaching environment)

(1) 주변인

① 주변인의 영향과 관계의 역동성

사람들은 자의든 타의든 어떤 가치관과 신념, 행동 경향성 및 개인 고유 key-word를 지향하는가에 따라 영향을 주기도 받기도 한다.

② 평정심과 수용의 태도

코치는 자신이 가지는 사람에 대한 기준과 틀에서 자유로워야 하며, 고객에 대한 관용과 진행에 대한 여유로움으로 수용의 범위를 넓히고, 무엇보다 자신의 감정과 사고의 상태를 실시간으로 점검하여 평정을 유지하면서 고객에게 나타나는 예외의 역동성까지 흡수하여 보이거나 보이지 않는 환경까지도 최적의 환경이 될 수 있게 한다.

③ 주변 피드백이 만드는 관계 형성 패턴

가족이나 친구 그리고 또 다른 사회의 누군가로부터 받는 다양한 피드백은 부정이건 긍정이건 개인의 생활양식에 영향을 미치게 되고 이러한 주변으로부터 받은 영향은 관계 형성 패턴에 영향을 미치어 일정 부분 일관된 관계의 패턴을 결정 짓게 한다.

④ 자기 인식과 외부 피드백의 충돌

자신과 전혀 연관성이 없는 제3의 누군가에 의한 피드백만으로도 개인의 자기 신념과 가치관 및 행동양식에 영향을 미치게 되어 자신이 보고 느끼는 상태와 주변인으로부터의 피드백의 상충하는 결과는 심리적으로나 정신적으로 혼란과 부적응 및 생활의 일탈을 가져오게 하고 자아의 불일치로 심리적 균형을 잃어 위기를 경험하게 된다.

⑤ 긍정적 코칭 관계와 자기 인식

코치도 고객에게는 새로 등장하는 주변인 중 한 사람으로 코칭 환경에서 주변인으로 고객에게 미칠 영향은 적지 않다.

코치는 심도 있는 질문을 통해 고객이 말하는 내용의 의도를 탐색하거나 고객이 자기만의 의미를 만들고 있는 고객 상태를 점검하여 고객의 입으로 소감을 정리하게 한다.

⑥ 긍정적 잠재력 발견과 관계 학습

새로운 주변인(코치)과 고객의 경험을 일치시켜 고객이 표현하는 긍정적 잠재 단어를 찾아 피드백하는 과정으로 주변의 관계에 대한 새로운 반응 양식을 학습할 수 있는 환경을 조성한다.

⑦ 고유한 특성과 지혜

환경 조성을 위해 코치는 고객을 무한 가능성의 존재로 존중하고 지지하며, 고객이 가지는 고유의 특성과 지혜에 대한 믿음으로 고객 안에 해답이 있음을 믿는다.

⑧ 주변인과의 최고의 환경 경험

고객에 대한 무한 신뢰를 바탕으로 늘 주변인으로서의 자리를 지키고, 매 순간 고객과 자신의 상태와 상황을 알아차려 고객에게 최고의 시간(Best time)을 경험하는 환경을 제공한다.

(2) 사회변천

① 세계화가 인간 삶에 미치는 전반적인 영향

세계화는 정치, 경제, 사회, 문화, 교육 등 사람들의 삶 전반에 영향을 미치고 있어 그 안에 소속된 사람들의 생각과 생활양식, 가치관, 정서, 개인의 사회화 과정조차도 다양한 모습으로 구현되고 있다.

② 급변하는 사회의 새로운 사회화 과정

다양한 매체의 발달과 정보의 고속화는 변화에 대한 속도를 예측하는 데 제한을 가하고 있으며 예측할 수 없는 빠른 사회 변화 현상은 개인에게 불안과 초조함을 증폭시켜 새로운 형태의 사회화 과정, 변형된 사회화 과정의 한 형태로 나타나기도 한다.

③ 변화 적응적 실행 시스템 구축

코치는 고객의 현재 상태의 탐색을 위한 질문을 통하여 고객이 자기 상태의 균형을 이룰 방안을 함께 찾아 적응적인 실행 시스템의 구축으로 실천할 수밖에 없는 환경을 제공한다.

④ 변화의 두려움보다 인내와 기다림

코치는 고객과의 공통의 이슈를 찾아 공감대를 형성하고 고객의 story에 호기심을 가지며, 고객의 행보에 발을 맞추되 한 보 뒤에서 함께 가는 인내와 기다림은 고객에게 신뢰를 주어 급속한 변화의 환경 속에서도 고객이 자신의 삶을 돌아보는 여유와 여지(틈)를 경험하게 한다(구은미, 2017).

3. 코칭 원칙 3: 개인 특성(Individual characteristic)

(1) 심리

① 심리적 반응 양식의 변화

자기 내면의 역동을 해석하고 받아들여 반응하는 양식은 개인마다 다르게 표현된다.

그러나 최근 개인의 심리적 특성은 개인 내적인 원인과 함께 사회의 다양한 사건에 노출되어 집단으로 제삼자의 감정이나 상태를 이입하여 나타나는 반응 양식이 두드러지게 나타나고 있으며 이는 사회 변동과 이슈를 바라보는 관점을 이해하는 것에서도 다르지 않다(김진규, 2010).

② 감정 조절의 양극화

최근 사람들은 자신의 부정적인 정서 경험을 지나치게 억압하여 우울, 자기소외, 자기 삶에 대한 비관, 자살 시도, 중독, 무기력 등으로 또는 과다 분출하여 공격성, 반사회적 행동, 분노, 폭력, 절도, 음주, 흡연 등 자기들만의 고유한 방식으로 심리적 갈등과 욕구에 대한 행동양식이 양극화된 현상으로 나타나는 경향이 늘고 있다.

③ 복합적 이해와 지지적 관계의 중요성

개인의 심리적 현상을 하나의 원인과 결과로만 해석하거나 정리하고 이해하는 것에는 무리가 따른다.

사람들은 자신을 지지하고 격려해 줄 누군가가 늘 자신의 곁에 존재하여 온전히 집중해 주는 관심을 원한다.

④ 무의식의 탐색과 자기 통제

코치는 고객과의 코칭 관계 속에서 관심과 집중의 경험 제공을 통하여 고객이 자신의 모든 경험에 호기심을 가지고 탐색하고 더 많은 호기심의 유발을 통하여 감정의 불일치는 물론 부정적 사고와 행동의 원인 즉 자신의 무의식 속에 들어앉은 어두운 그림자까지 마주하여 밝은 빛의 방향을 찾아나가는 에너지 창출로 두려움이나 불안을 완화 또는 통제하게 한다.

⑤ 표현 이면의 건전한 의도

고객의 언어로 표현되는 많은 내용을 사실과 연계하여 상태와 감정을 구분하고 표현 이면의 건전한 의도가 무엇인지 찾아 지금까지와는 다른 패턴의 사고 시스템을 학습할 수 있도록 지원한다.

⑥ 자기 신뢰와 주도적인 행동의 원동력

늘 한자리에서 어떤 상황이라도 지지하고 응원하는 코치의 자세는 고객에게 새로움에 대한 도전과 자부심 그리고 열정을 불러일으켜 자신에 대한 신뢰, 사회에 대한 신뢰, 미래에 대한 신뢰로 이어지고 고객의 이런 경험은 자기 삶에 대한 책임의식의 고취로 더욱 바람직하고 의미 있는 행동을 하도록 하는 원동력이 되어 주도적으로 행동할 수 있게 한다.

(2) 인지

① 인지 능력 확장과 자기 결정권

고객의 인지 능력의 확대로 새로운 사고방식을 경험하게 하고 변화와 개혁, 주변 현상에 대한 의문에서 시작하여 논리적으로 생각할 능력의 확장으로 고객은 스스로 판단하며, 결정할 수 있게 된다.

② 자기 주도적 삶의 정립

코칭을 통해 고객은 자신을 포함한 주변의 문제 상황을 인식하고 정의를 내리는 데 필요한 정보를 수집하여 평가하고 결정을 내리는 것이 가능해지고 자신의 미래에 대해 구상하며, 새로운 신념과 가치를 만들어 자신만의 고유한 사고 과정을 정립해 간다.

③ 정보 과다로 인한 인지 기능 저하

고객의 인지 과정에 있어 인지 요소의 과다로 이해되거나 정리되기도 전에 정보를 반복적으로 과다하게 주입되어 오히려 인지의 효과적인 활동을 방해하는 예도 발생한다.

④ 심리적 방어기제와 위장된 행동

사람들은 자기 생각과 의사결정에 대하여 검증 또는 평가받는 것을 싫어하는 것이 아니라 일방적 무시나 소외 비판과 비난의 대상이 되는 것이 두려워 자신의 건전한 의도와 동떨어진 행위나 반응 양식으로 대처하게 되는데 이 과정에서 주변인의 반응을 살피거나 눈치를 보게 되어 자기 생각과 다르게 포장하거나 위장된 모습의 양상으로 반응하기도 한다.

⑤ 인지와 존중의 본질적 연결

인지는 세상에 대한 정보를 어떻게 받아들이고 처리하느냐와 관련된 것으로 사람은 누구나 자신이 하나의 인격체로 받아들여지기를 원하고 주변으로부터 지지받고 존중받기를 원한다.

⑥ 인지 재구조화를 통한 내면 갈등 해소

코치는 고객이 자신과 타인에 관한 판단과 의견을 다스릴 수 있는 능력을 강화하여 고객 스스로 내부적인 갈등의 요소를 인지하도록 하고 사실과 의도를 구분하고 정리 할 수 있게 하는 과정은 고객의 인지 메커니즘 내용을 재구성하여 새로운 인지 구조화의 틀을 제공하게 된다.

⑦ 내면의 목소리 수용과 자기 통제 능력 강화

고객은 지지와 존중의 코칭 관계를 통해 자신의 내부에 있는 패배의 목소리와 방해 요소들에 대해서 진실하고 유연하게 자각할 수 있게 되고, 자신의 강점에 대해 격려 받게 되는 경험으로 자신과 타인에 대한 이해의 영역을 넓히고 수용적이고 통합적인 사고로 자신의 상태를 통제하고 조절하는 능력을 강화하게 된다.

(3) 사회

① 급격한 사회 변화와 관계의 역설

사회화는 통합과 협력을 포함하는 것으로 사회화 과정에서 개인 정체성 탐색은 서로 긴밀하게 연관되어 이루어지는 상호 보완적인 관계이다.

사회 현상과 시스템구조의 급속한 변화는 인간관계에 소홀해지거나 친밀도가 떨어지는 부정적 영향을 미치기도 한다.

② 급변하는 사회가 낳은 행동양식의 양극화

사회 현상의 급속한 변화에 대한 불안과 스트레스는 열등감과 분노로 과잉행동 또는 소극적 행동 등의 양극단의 대처로 바람직하지 못한 행동양식을 선택하게 된다.

③ 현대인의 심리적인 고립과 소속감의 충돌

이 과정에서 사람들은 대인관계에 냉소적이고 자기중심적이며, 타인에 대하여 수용하려 하지 않는 등 감정과 행동 그리고 사고에 이르기까지 균형을 이루지 못하지만, 내면에서는 주변에서 먼저 다가와 관심 가져주기를 기대하고 사회일원으로서 소속감을 느끼면서 사회에 긍정적인 영향을 미치게 되기를 원한다.

④ 자기 정체성과 존재가치 탐색

코치는 고객이 자신의 정체성과 존재가치에 대하여 적극적으로 탐색하고 사회에 어우러지는 새로운 정보를 획득하도록 일관된 방식의 의도와 긍정적인 목표 질문을 통해 스스로 찾아가게 한다.

⑤ 성장을 위한 정보 탐색과 몰입

새로운 방식의 정보 탐색은 정보를 모으는 것에 국한되지 않고 찾아보도록 격려하여 고객이 자신의 성장과 발전에 부합하는 방안을 발견하여 자신의 궤도를 유지하지 못하게 하는 장애 요소를 찾아 해결하고 자기 성장에 더 집중하고 몰입할 수 있는 에너지를 동원하게 한다.

⑥ 성공적인 실행과 사회 적응

고객은 격려와 응원의 상호 협력적인 코칭 관계로 자신이 추구하는 성공 그림을 채워가기 위한 실행 계획을 구체화하고 사회 변화에 적응을 위한 존재가치와 정체성의 통합으로 바람직하고 사회 협력적인 코칭 관계에 적극적으로 참여하게 된다 (2014, 구은미).

06 코칭의 특성 구분

현대 사회는 급변하는 환경 속에서 개인과 조직 모두에게 지속적인 성장과 복잡한 문제 해결 능력을 핵심 경쟁력으로 요구하고 있으며, 이러한 요구에 부응하기 위해 다양한 형태의 전문적 지원 서비스가 활용되고 있다. 각 서비스는 고유한 목적과 방법론을 가지고 변화하는 환경 속에서 개인과 조직이 최적의 성과를 달성하기 위해 각각의 접근 방식들을 명확히 이해하고 구분하는 것이 필요하다.

1. 유사 영역과의 비교 분석

코칭과 유사한 영역으로 인식되기도 하는 컨설팅, 카운슬링, 티칭, 멘토링, 트레이닝의 주요 특징을 심층적으로 이해하고 이들이 코칭과 어떻게 차별화되는지를 제시하여 각 접근 방식의 본질적 특성을 코칭과의 비교를 통해 각 영역의 적합성을 판단하고 효과적으로 활용할 수 있는 실질적인 전략적 선택을 돕고 상호 보완적 활용 가능성에 대한 구분이 이루어져야 한다.

코칭은 개인의 성장과 발전을 돕는 전문 분야로, 다양한 유사 영역들과 비교할 때 그 고유한 특성이 더욱 명확해진다. 코칭의 본질을 깊이 있게 탐색하기 위해서는 코칭과 유사한 개념들의 차이점 및 공통점을 전문적인 관점에서 구체적으로 구분되어야 한다.

(1) 카운슬링(Counseling)

① 정의 및 주요 특징

- **정의:** 카운슬링(상담)은 심리학적 방법을 활용하여 개인의 전인적 발달을 돕는 일련의 과정으로 훈련된 상담자가 내담자의 적응 문제를 해결하고 사고, 정서, 행동과 관련된 문제를 감소시키며 심리적으로 건전하고 사회적으로 효율적인 특성을 학습하도록 돕는 심리적 조력 과정이다.
- **주요 특징:** 일, 내담자의 문제를 해결하고 긍정적인 변화를 촉진하는 것을 목표로 하며, 궁극적으로는 내담자의 전인적 발달을 지향, 특히 내담자의 자기 이해와 문제 해결 능력 향상에 중점을 둔다.

  이, 상담 과정에서 내담자의 감정과 정서가 나타나며 상담자는 이에 민감하게 반응하고 개방적, 수용적 태도를 유지해야 하며 언어적 표현뿐만 아니라 표정이나 몸짓과 같은 비언어적 표현 또한 중요하게 다룬다.

  삼, 인간의 지적, 정서적, 행동적 요인 중 어느 하나만을 강조하지 않으며 모든 것을 하나의 전체 속에서 균형 있게 다룬다.

  사, 내담자가 정보, 조언, 이해, 치료 등을 요청할 때 성립되며 외부의 강요나 강제에 의한 상담은 진행이 제한적일 수 있어 내담자와 상담자가 합의한 목표를 달성하기 위해 함께 노력하는 협력적인 조력 관계다.

  오, 상담은 분명한 구조가 있어 내담자에게 상담자와 내담자의 역할과 한계를 명확히 언급해야 하고 초기, 중기, 종결 단계가 존재하며 이는 내담자가 심리적 조력이 어떤 구조 속에서 이루어지는지 명백히 알도록 돕는다.

  육, 비밀 보장과 전문성 유지가 필요한 경우 다른 전문가와의 협력 등 윤리적 책임이 매우 중요하다.

② 코칭과의 차이점

- 카운슬링과 코칭은 시간적 초점, 대상 및 목적, 개입 수준에서 차이를 보이

고 있으며 카운슬링은 내담자의 과거 경험이나 트라우마 및 무의식적 문제 등 과거 지향적인 측면에서 문제의 근원을 탐색하고 해결하는 데 중점을 둔다. 반면 코칭은 철저히 미래 지향적이며 과거의 행동을 지나치게 언급하지 않고 현재와 미래의 목표 달성에 집중한다.

- 대상과 목적 면에서 카운슬링은 주로 심각한 정신적 문제나 정서적인 고통, 부적응, 갈등을 겪는 사람들을 대상으로 하며 치유적 접근을 통해 심리적 변화를 끌어내는 것을 목표로 하고 이에 반해 코칭은 사람의 잠재력을 개발하고 업무 성과, 진로 계획 등 일상생활의 다양한 주제에서 목표를 달성하도록 돕는 데 중점을 둔다.
- 개입 수준에 있어서 카운슬링은 내담자의 내면 심리적 변화를 통해 근원적인 문제를 해결하는 데 깊이 개입하는 반면 코칭은 클라이언트가 스스로 전략과 해결책을 찾아내도록 돕고 행동으로 옮길 수 있는 결과를 만드는 데 집중한다.
- 개인의 심리적 상태와 문제의 깊이에 따라 적합한 조력 방식이 달라진다는 점은 중요한 분류 기준을 제공하며 심리적 어려움의 정도가 심할수록 심리치료에 가깝고 일상적 적응 문제나 발달적 측면은 카운슬링 영역이며, 심리적으로 건강한 상태에서 잠재력 발휘 및 목표 달성은 코칭 영역이라는 암묵적인 분류 체계가 형성된다.

이는 각 서비스가 독립적이기보다, 내담자의 상태에 따라 연속적인 스펙트럼 내에 존재함을 시사하고 이러한 이해는 각 전문 서비스 제공자가 자신의 역할과 한계를 명확히 인지하고, 필요시 다른 전문가에게 의뢰하는 '윤리적 책임'의 중요성을 강조한다. 예를 들어, 코칭 중 내담자가 심각한 정신적 고통이나 트라우마를 호소할 경우, 코치는 이를 카운슬링이나 심리치료 전문가에게 연계해야 할 필요성을 인지하게 되고 이를 통해 각 분야 간의 상호 보완성과 명확한 경계 설정의 중요성을 시사하며, 잘못된 서비스 선택은 효과를 저해하거나 오히려 문제를 심화시킬 수 있음을 의미, 따라서 서비스 선택 시 개인의 현재 상태와 문제의 근원을 정확히 파악하는 것은 매우 중요하다.

③ 코칭과 카운슬링의 심층 비교: 치료 vs 성장 촉진

코칭과 카운슬링은 모두 대화를 통해 개인의 성장과 발전을 돕는다는 공통점을 갖는다. 또한 문제 해결에 기여하고 자기 성찰을 유도한다는 점에서 유사하나 이 두 분야는 근본적인 접근 철학과 목표에서 뚜렷한 차이를 보인다.

④ 핵심 패러다임: 치료적 개입 vs 성장 촉진

카운슬링은 심리학 분야, 특히 임상심리학 및 상담심리학의 한 분야로 분류되며 그 핵심 패러다임은 치료(Therapy) 및 문제 해결(Problem-Solving)에 있으며 내담자가 겪는 심리적 고통, 부적응, 정신 건강 문제를 진단하고 완화하는 것을 목표로 한다. 프로이트의 정신역동 이론, 로저스의 인간중심 치료, 벡의 인지행동 치료 등 다양한 심리 치료 모델을 기반으로 과거의 경험, 무의식적 갈등 등을 탐색하여 문제의 근원을 해소하는 데 중점을 둔다.

코칭은 주로 조직 심리학, 긍정심리학, 성인 학습, 교육학 등에 영향을 받아 발전했으며 핵심 패러다임은 성장 촉진(Growth Facilitation) 및 잠재력 극대화(Maximizing Potential)에 있다. 코칭은 내담자를 문제가 있는 사람이 아닌 잠재력을 가진 사람으로 간주, 스스로 목표를 설정하고 내면의 자원을 활용하여 달성하도록 촉진하는 데 초점을 맞춘다. 코치는 질문과 경청 등의 기술을 통해 고객의 성장을 돕는다.

⑤ 시간적 지향성: 과거-현재-미래 연속체 vs 현재-미래 중심

카운슬링은 내담자의 현재 문제를 이해하기 위해 과거의 경험 트라우마 등을 깊이 있게 탐색하며 이는 현재 문제의 근원을 찾고 과거의 미해결된 갈등이 현재 행동에 미치는 영향을 분석하여 해소하는 과거를 돌아보고 문제의 원인을 파악하는 회복에 중점을 둔다.

코칭은 고객의 현재 자원(강점, 기술, 경험)을 바탕으로 미래의 목표를 설정하고 달성하는 데 집중하여 과거는 현재의 강점이나 제약을 파악하는 참고 자료로 활용하여 지금 여기서 무엇을 할 것인가와 어떻게 미래 목표를 달성할 것인가에 대한 구체적인 행동 계획 수립과 실천에 초점을 맞춘다.

⑥ 개입의 깊이와 범위: 내적 심리 변화 vs 외적 행동 및 성과

카운슬링은 개인의 심리 내적 구조와 무의식적 동기에 대한 깊이 있는 탐색을 포함하며 개인의 비합리적인 신념을 수정하고 근본적인 인격적 변화를 목표로 개입한다.

코칭은 주로 고객의 의식 수준에서의 인지적 변화와 구체적인 행동 변화, 그리고 외적 성과 달성에 초점을 맞추며 고객이 목표 달성을 위해 필요한 구체적인 기술, 전략을 위한 사고의 확장을 돕는다.

코칭은 개인의 마음속에 숨은 무의식, 잠재의식 등에 담겨있는 것까지 이야기하고 치료하는 카운슬링의 기능과 함께 개인의 삶을 살아가는 효과적인 방법까지도 스스로 발견하도록 돕는 것이라 할 수 있다.

(2) 멘토링(Mentoring)

① 정의 및 주요 특징

- 정의: 멘토링은 개인적 역량과 네트워크를 가진 멘토가 이를 필요로 하는 멘티에게 정서적 지지 및 조언을 제공하여, 멘티의 비전 형성을 돕고 역량을 강화하는 선진화된 사회공헌 프로그램으로 이는 경험이 부족한 초보자와 경험 많은 베테랑 사이에서 이루어지는 발달-향상적(development-enhancing) 관계이다.
- 주요 특징: 일, 멘토링은 일반적으로 몇 개월 또는 몇 년 동안 지속되는 장기적인 관계로 이어지기도 하며 지속적인 지도와 개발에 중점을 둔다.

이, 멘토는 커리어 경로에서 한발 앞서 나가는 선배이자 롤 모델의 역할을 하게 되며 자신의 지식, 통찰력, 그리고 일과 삶의 균형, 리더십 스타일, 윤리적 의사결정과 같은 개인적인 경험을 체계적인 방식으로 공유하여 멘티가 미래의 도전에 맞설 수 있도록 힘을 실어준다.

삼, 멘토링은 특정 목표 달성보다는 멘티의 광범위한 경력 개발 및 지도, 잠재적 진로 탐색, 다른 전문가와의 교류, 새로운 기회 모색 등 인생의 길잡이 역할에 초점을 맞춘다.

사, 멘토는 멘티에게 정서적 지지를 제공하고 직접적인 조언을 주는 경우가 많으며 다만, 조언을 주기보다는 질문을 던짐으로써 존중을 보여주고 멘티의 자신감을 높여줄 수 있다고도 언급된다.

오, 멘토링은 상호 신뢰와 존중 그리고 해당 분야 선임 전문가들의 경험을 통해 배우려는 의지를 바탕으로 구축되는 관계로, 멘토와 멘티 간의 헌신과 열정이 중요하며 약속 지키기, 비밀 엄수 등이 신뢰 관계 구축에 중요한 요소이다.

육, 멘토링 관계의 유지와 발전은 멘토와 멘티 모두의 헌신과 정기적인 상호작용이 필요한 공동의 책임의 관계로 멘티 또한 자신의 실수를 인정하고 건설적 비판을 받아들일 수 있어야 한다.

② **코칭과의 차이점**

- 멘토링과 코칭은 관계 지속성 및 범위, 조력자의 역할 및 경험 공유 방식, 그리고 초점에서 차이를 보이며 멘토링은 일반적으로 장기적이고 광범위한 경력 개발에 초점을 맞추는 반면 코칭은 특정 목표 달성을 위한 비교적 단기적이고 체계적인 대화에 중점을 둔다.
- 조력자의 역할 및 경험 공유 방식에서 멘토는 해당 분야의 전문가이자 선배로서 자신의 경험, 지혜, 조언을 직접적으로 전달하는 롤 모델 역할을 하게 되고 코치는 반드시 해당 분야의 전문가일 필요는 없으며 직접적인 조언보다는 질문을 통해 개인이 스스로 통찰력과 해결책을 찾아내도록 돕는 조력자

역할을 한다.
- 초점에 있어서 멘토링은 지혜와 경험의 공유를 통한 경력 개발 및 지도에 초점을 맞추는 반면, 코칭은 특정 영역의 성과 향상 및 개인의 잠재력 극대화에 중점을 둔다.
- 멘토는 멘티를 멘토의 커리어 패스나 철학 또는 의견을 모사하는 클론으로 만들지 말아야 한다는 지침은 멘토링의 본질에 대한 중요한 지향점을 보여준다. 이 원칙은 멘토링이 단순히 멘토의 성공 경험을 멘티에게 주입하는 것이 아님을 분명히 하고 있으며 오히려 멘티가 멘토의 경험을 바탕으로 자신만의 길을 모색하고 독립적인 사고와 판단력을 기르도록 돕는 것이 진정한 멘토링의 목표이다.
- 이는 멘토링이 조언을 제공하면서도 멘티의 독립성 촉진을 추구한다는 점에서 코칭의 자기 발견 요소와 미묘하게 접점을 가지며 멘토링은 지시와 조언을 포함하나 그 궁극적인 목적은 멘티의 자율적이고 고유한 성장을 지원하는 것으로 지향점은 멘토링이 지식이나 경험의 일방적 전수가 아닌 멘티의 개별성과 자율적 성장을 존중해야 하는 관계임을 강조한다.
- 멘토링 프로그램 설계 시 멘토의 역할에 대한 명확한 가이드라인을 제시하며 멘티가 멘토의 조언을 맹목적으로 따르기보다 비판적으로 수용하고 자신의 상황에 맞게 적용할 수 있는 능력을 기르도록 해야 함을 시사한다.

따라서 성공적인 멘토링은 멘티가 멘토의 그림자에서 벗어나 자신만의 빛을 발하도록 돕는 과정이라고 볼 수 있으며 이는 멘토링의 장기적인 가치는 멘티의 지속적인 자기 주도적 성장이다.

③ 코칭과 멘토링의 심층 비교: 지식 전수 vs 자기 발견

멘토링과 코칭은 모두 1:1 관계를 통해 개인의 변화와 진보를 끌어내는 성장 지향적인 활동이라는 공통점을 가진다. 그러나 지식과 경험의 전달 방식, 관계의 위계와 성격에서 중요한 차이를 보인다.

④ 지식과 경험의 전달 방식: 전문가 주도적 지식 전수 vs 자기 주도적 발견 촉진

멘토링은 멘토의 암묵적이고 명시적 지식을 멘티에게 직접적으로 전수하는 데 초점을 둔다. 멘토는 자신의 경험, 지식, 노하우를 바탕으로 멘티에게 직접적인 조언과 문제 해결 전략을 제공하며 가이드(Guide) 또는 스승(Master)과 같은 역할 수행을 한다.

코칭은 고객이 내재한 잠재력과 자원을 끌어내는 데 중점을 두며 코치는 자신의 지식이나 경험을 직접 전달하는 것이 아니라 강력한 질문과 적극적인 경청과 강력한 질문으로 고객 스스로 해답을 찾고 통찰력을 얻도록 촉진한다. 코치의 역할은 촉진자(Facilitator)이며 성장 파트너(Growth Partner)이다.

⑤ 관계의 위계와 역동성: 비대칭적 권위 기반의 관계 vs 수평적 파트너십

멘토링 관계는 많은 경우 비대칭적인 권위(Asymmetrical Authority)를 내포하고 있으며 멘토는 멘티보다 높은 직위나 더 많은 경험을 가진 선배 또는 상위의 위치에서 조언자의 역할 수행으로 관계의 주도권은 대부분 멘토에게 있다.

코칭 관계는 수평적이고 동등한 파트너십(Partnership)을 기반으로 하고 코치는 자신의 지위나 전문성을 우선하는 것이 아니라 고객의 자기 결정권을 최우선으로 존중한다. 이러한 관계 역동성은 고객이 심리적 안전감을 느끼고 스스로 변화를 끌어낼 수 있게 한다.

(3) 컨설팅 (Consulting)

① 정의 및 주요 특징

- 정의: 컨설팅은 기업 경영상의 문제점을 진단하고 이에 대한 조언을 제공하며 최적의 선택을 돕는 전문 서비스로 기업이 내부적으로 해결하기 어려운 특정 문제에 대해 외부 전문가의 지식과 경험을 활용하는 일종의 아웃소싱 개념으로 이해될 수 있다.

- **주요 특징**: 일, 컨설팅은 고객이 직면한 구체적인 문제를 분석하고 해결책을 제시하는 데 핵심적인 초점을 두고 컨설턴트는 문제의 원인을 파악하고 이에 대한 명확하고 실행할 방안을 제공하는 역할 수행을 한다.

  이, 컨설팅은 한시적 단기 서비스로 프로젝트 단위로 진행되며 프로젝트가 종료되면 컨설턴트는 해당 회사를 떠나는 것이 일반적이고 중장기적인 자문과는 구분되는 것으로 일반적인 프로젝트 기간은 3~4개월 정도 소요된다.

  삼, 컨설팅은 영리를 목적으로 하는 상업적 서비스이다.

  사, 컨설팅 펌은 특정 영역에 대한 깊은 전문 지식과 풍부한 사례 경험을 누적하여 일반 기업보다 더욱 쉽게 해답을 찾으며 특히 실행 컨설팅의 경우 제조업 경력이나 직장인 근무 경력이 매우 중요하고 현장의 프로세스와 담당자의 어려움을 이해하고 구체적인 실행 방안을 만드는 것이 필수적이다.

  오, 설득력을 높이고 고객의 빠른 이해를 돕기 위해 기존에 사용되던 프레임워크를 바탕으로 문제를 설명하고 자료를 시각적으로 구성하여 제공하는 것은 복잡한 문제를 구조화하고 중요한 고려 사항의 누락 확률을 낮추는 효과가 있다.

  육, 컨설팅 관계는 컨설턴트가 고객보다 우월한 위치에서 문제를 진단하고 해결책을 제시하는 수직적인 관계를 형성하는 높은 수준의 논리력, 설득력, 그리고 인간관계 능력이 요구된다.

② **코칭과의 차이점**

- 컨설팅과 코칭은 문제 해결 방식, 초점, 관계 특성, 조언 제공 여부에 명확한 차이를 보이며 컨설팅은 컨설턴트가 문제를 분석하고 해결책을 제시하는 반면 코칭은 고객이 스스로 해답을 찾도록 돕는다. 컨설팅이 물고기를 잡아주는 것이라면 코칭은 물고기를 잡는 방법을 알려주는 것에 비유될 수 있다.
- 컨설팅은 문제(What) 자체에 집중하여 외부 전문가의 지식으로 해결책을 찾는 데 주력하는 반면 코칭은 사람(Who)에게 초점을 맞춰 고객 내면의 잠재력

을 끌어내 스스로 해결책을 찾도록 지원한다.
- 관계 특성 면에서는 컨설팅이 컨설턴트가 우월한 위치에서 조언을 제공하는 수직적 관계인 반면 코칭은 고객과 코치가 수평적인 동반자 관계를 형성한다.
- 컨설팅은 전문가가 직접적인 조언과 상세한 해결책을 제공하는 데 반해 코칭은 직접적인 답을 주기보다는 질문과 경청을 통해 고객이 스스로 해결책을 도출하도록 한다.
- 컨설팅 서비스의 독특한 역학 관계는 경영자로서 성공 시 공로를 취하고 실패 시 책임을 컨설턴트에게 전가할 수 있다는 점이며 이러한 구조는 컨설팅이 단순히 문제 해결을 넘어 경영진의 심리적 안정과 잠재적 실패에 대한 방어기제 역할과 해당 임무를 수행할 수 있음을 시사한다.

이러한 책임 전가 가능성은 컨설팅 서비스의 상업적 가치를 높이는 요인 중 하나로 작용하며 경영자가 컨설팅 서비스에 고액을 지급하는 동기 중 하나다. 이는 컨설턴트에게는 높은 수준의 논리력, 설득력, 그리고 표정 관리와 같은 인간관계 능력이 요구되며 이는 컨설팅이 단순히 지식 전달을 넘어선 복합적인 전문 서비스임을 보여준다.

③ 코칭과 컨설팅의 심층 비교: 내부 전문가 육성 vs 외부 문제 해결

코칭과 컨설팅은 모두 전문적인 도움을 통해 개인이나 조직의 발전을 돕는다는 공통점이 있다. 그러나 문제 해결의 주체, 접근 방식, 그리고 다루는 영역에서 중요한 차이를 보인다.

④ 문제 해결의 주체와 전문가 역할: 외부 전문가 vs 내부 전문가

컨설팅에서 전문가이자 문제 해결자는 컨설턴트이며 컨설턴트는 특정 분야에 대한 깊이 있는 전문 지식을 바탕으로 내담자(클라이언트)의 상황을 분석하고 구체적인 해결책과 지침을 제시하는 내담자에게 답을 제공하는 역할을 한다.

코칭에서 전문가이자 문제 해결자는 고객(Coachee)이며 코치는 고객을 자신의 삶이나 특정 영역의 전문가로 인식하고 고객 스스로 새로운 관점에서 문제를 바라보고 해결 방안을 찾고 개발하도록 돕는 역할을 한다. 코치는 질문을 통해 고객 내면의 지혜를 끌어낸다.

⑤ 개입의 목적 및 제공하는 가치: 특정 성과 및 효율성 증대
vs 전인적 성장 및 잠재력 발현

컨설팅의 주된 목적은 내담자에게 새로운 정보와 지침을 제공하여 일의 성취를 위한 개인의 능력(Competence)을 향상시키는 것이다. 컨설팅은 주로 조직의 생산성 향상과 특정 프로젝트의 성공 등 업무 성과나 효율성 증대에 초점을 맞춘다.

코칭의 목적은 고객에게 내재된 잠재력을 최대한 발휘하고 개인의 탁월성을 개발하며 삶의 전반적인 만족도와 질을 향상시키는 것으로 코칭은 단순히 일의 성취를 넘어, 개인의 자존감, 존재감, 관계 등 보다 근원적인 성장 전반의 영역을 확장한다.

(4) 티칭 (Teaching)

① 정의 및 주요 특징

- 정의: 티칭은 교사(지도자)에 의한 수업 또는 교사가 교육적 의도를 가지고 하는 모든 활동을 의미하며 이는 교사가 학습자에게 지식이나 기술을 전달하고 능력이나 가치관을 형성시키는 교육적 활동이다.
- 주요 특징: 첫째, 티칭 상황에서는 교사가 특정한 목표를 설정하고 그 목표에 도달하기 위해 학생들을 지도하는 것을 핵심으로 하며 지도자가 설정한 틀에 맞춰 학생들을 지도하게 된다.

  둘째, 기본적으로 지식이나 기술을 학습자에게 전달하고 가르치는 행동으로 세상의 지식이나 가치관을 학습자에게 주입하는 과정이다.

  셋째, 배우는 학생이 알아듣든 못 알아듣든 상관없이 가르치는 데 중점을

두는 일방향식이라는 교육의 특성을 가지며 이러한 방식은 다수를 대상으로 진행하는 것이 가능하다. 넷째, 티칭은 지시형 언어를 많이 사용하는 경향이 있으며 관계 특성 면에서 교사가 주도적으로 목표를 설정하고 학생들을 지도하는 상하 관계의 특성을 띠고 있다.

② 코칭과의 차이점

- 티칭과 코칭은 지식 전달 방식, 학습자의 역할, 목표 설정 주체, 그리고 난이도에서 차이를 보이며 티칭이 일방통행식으로 지식을 가르치는 교육인 반면 코칭은 상대방이 잘하는 것과 잘 못하는 것을 분석하여 맞춤형 진행 방식이다. 티칭이 집어넣어 주는 것이라면 코칭은 끌어내 주는 것이다.
- 학습자의 역할에서 티칭은 학습자가 주로 지식을 수동적으로 받아들이지만, 코칭에서 학습자는 자신의 잠재력을 끌어내는 데 적극적으로 참여하며 스스로 답을 찾아가도록 돕는다.
- 목표 설정 주체에 있어서 티칭은 교사가 목표를 설정하고 학생을 지도하는 반면 코칭은 개인이 지닌 능력을 발휘하여 자신이 목표를 이룰 수 있도록 돕는 데 중점을 둔다. 또한, 정해진 답을 찾는 것이 티칭이라면 상황에 따라 다른 반응과 답을 찾아가는 것이 코칭이다.
- 전통적인 티칭 방식이 현대 사회에서 요구되는 창의력, 문제 해결 능력, 자기 주도성을 기르는 데 있어 제한적이라는 비판적 시각이 존재하기도 하며 이는 지식의 양이 폭발적으로 증가하고 변화 속도가 빨라지는 시대에 일방적 지식을 주입하는 것으로는 충분하지 않으며 학습자 스스로 생각하고, 발견하고, 응용할 수 있는 능력을 끌어내는 것이 더욱 중요해진다는 교육 패러다임의 변화를 반영한다.

즉, 교육의 목적이 단순히 정보 전달을 넘어 개인의 전반적인 역량 강화로 확장되어야 함을 의미하며 이러한 변화는 교육 분야에서 코칭의 중요성이 부각되는 이유로, 지식의 전달을 넘어서 학습자가 가지고 있는 잠재력을 발현시키고 스스로 학습하고 성장할 수 있는 역량을 길러주는 것이 미래 교육의 핵심 가치이다.

이는 기업 교육, 학교 교육 등 다양한 교육 현장에서 티칭 중심에서 코칭 중심으로의 전환이 필요하다는 주장의 근거가 되며 학습 효과의 질적 향상뿐만 아니라 학습자의 동기 부여와 만족도 증진을 가능하게 한다.

③ 코칭과 티칭의 심층 비교: 지식 전달 vs 자기 발견 및 인격 발달

티칭과 코칭은 모두 학습과 성장을 돕는다는 공통점이 있다. 하지만 지식 전달 방식, 관계의 성격, 그리고 궁극적인 목표에서 중요한 차이를 보인다.

④ 지식의 성격 및 전달 방식: 외재적 지식의 전수 vs 내재적 지식의 발현

티칭의 핵심은 정해진 지식 체계(Curriculum)나 명시적 지식(Explicit Knowledge)을 학생들에게 효율적으로 전달하는 것이다. 교사는 지식 전달자로서 학습 목표에 맞춰 내용을 조직하고, 강의, 설명 등을 통해 지식을 전달하고 전달된 지식의 이해를 돕는다.

코칭은 고객 내부에 잠재된 내재적 지식(Implicit Knowledge), 즉 경험과 직관에서 비롯된 지혜를 스스로 발견하고 활용하도록 돕는 데 중점을 두며 코치는 직접적인 지식의 전달보다 성찰과 탐색을 통해 고객 스스로 통찰을 얻도록 촉진한다.

⑤ 관계의 역동성 및 책임 분담: 교사 중심의 비대칭적 관계 vs 상호 책임 파트너십

전통적인 티칭은 교사가 주도권을 가지고 학습 과정을 이끌어가는 비대칭적 구조를 가지며 교사는 학습 내용을 정확히 전달해야 하는 주된 책임과 의무를 가지지만 학생의 개인적인 변화에 대한 책임 의식은 코칭에 비해 적다.

코칭은 코치와 고객이 동등한 위치에서 함께 성장하는 파트너십(Partnership)을 기반으로 코치는 고객의 자기 결정권과 자율성을 최우선으로 존중하며 상호 공존과 상호 책임을 강조한다. 코치는 목표 달성 과정을 지지하고 촉진할 의무를 가지고 있으며 고객은 스스로 변화하고 행동할 능동적인 책임을 동반한다.

(5) 트레이닝(Training)

① 정의 및 핵심 특징

- **정의**: 트레이닝은 특정 유용한 역량과 관련된 기술 및 지식 또는 신체적 능력을 자신이나 타인에게 가르치거나 개발하는 체계적이고 조직적인 교육과정으로 특정 목표를 설정하고 그 목표 달성을 위해 학습자를 지도하는 것을 포함한다.
- **주요 특징**: 일, 트레이닝은 특정 기술 습득, 성과 향상, 생산성 증대, 역량 강화 등 명확한 목표를 가지고 진행된다.

  이, 트레이너가 학습 자료에 대한 이해가 부족하거나 없는 그룹에 지식과 기술의 전달을 중심으로 진행되며, 지식이나 기술을 직접적으로 가르치는 과정으로 알려주는 방식에 의존하는 경향이 강하다.

  삼, 구조적이고 공식적인 형태로 진행되며 일반적으로 직장 환경에서 신입사원 교육 등의 그룹 환경에서 자주 사용된다.

  사, 트레이닝의 기간은 상대적으로 짧을 수 있으며 그 효과 또한 단기적 효과일 가능성이 높아 개인의 역량, 생산성, 성과를 향상에 중점을 두어 기술 습득 및 업데이트를 통하여 특정 직무에 필요한 기술을 습득하게 하고 변화하는 환경에 맞춰 기존 기술의 유지와 업그레이드 또는 업데이트하도록 돕는다.

  오, 연구에 따르면 프레젠테이션을 통해 얻은 정보의 상당 부분(1시간 후 50%, 24시간 후 70%, 1주일 내 90%)이 빠르게 잊힐 수 있어 행동 변화나 장기적인 지식 적용을 위해서는 트레이닝만으로는 충분하지 않을 수 있고 이러한 정보의 빠른 망각은 트레이닝이 일시적이고 단기적인 변화에는 효과적일 수 있으나 장기적인 행동변화나 역량 내재화에는 한계가 있음을 의미한다.

육, 트레이닝 자체만으로는 학습 전이(learning transfer)가 충분히 일어나는 것이 제한적일 수 있어 조직은 트레이닝 프로그램을 설계할 때는 지식 전달과 함께 학습 전이를 촉진하고 장기적인 행동 변화를 유도하기 위한 보완적인 접근 방식을 반드시 통합하여 트레이닝의 투자 대비 효과(ROI)를 높여야 한다. 트레이닝은 트레이너가 지식을 보유하고 이를 트레이니에게 전달하려는 계층적 관계 요소가 내재되어 있다.

② 코칭(Coaching)과의 차이점
- 트레이닝과 코칭은 모두 개인의 성장을 돕는다는 공통점을 가지고 있으나 접근 방식과 초점에서 명확한 차이를 보인다. 트레이닝이 특정 기술이나 지식을 가르치는 과정으로 학습 자료에 대한 이해가 부족한 개인 또는 그룹에 지식을 전달하는 데 중점을 두고 가르치는 데 집중하는 반면 코칭은 개인이 자신의 잠재력을 최대한 발휘하고 목표를 달성하도록 돕는 파트너십 과정으로 코치는 고객이 가진 성장 자원을 활용하여 고객의 성장을 지원하는 내면 역량에 초점을 맞춘다.
- 관계 및 계층에 있어서 트레이닝은 트레이너가 지식을 보유하고 전달하는 계층적 관계가 존재하고 반면에 코칭은 코치와 코칭을 받는 사람 간에 수평적이고 동반자적인 관계를 형성한다.
- 문제 해결 방식에 있어 트레이닝은 트레이너가 문제 해결을 위한 지식과 방법을 직접 제시하고 코칭은 고객이 스스로 문제 해결책을 찾는 과정을 통하여 고객 스스로 전략과 해결책을 찾아내도록 돕는다.
- 트레이닝은 일반적으로 짧은 기간과 지식 전달에 중점을 두고 있어 행동 변화까지 이어지지 못하여 그 효과가 단기적일 수 있는 반면에 코칭은 장기적인 관점에서 단기적인 행동 변화와 개인의 성장을 유도하여 새로운 습관을 형성하게 하므로 일정 기간에 시간이 소요되나 그 효과는 장기적 유지를 가능하게 한다.
- 트레이닝과 코칭은 유사한 목표를 지향하지만, 방법론에 있어서는 다르며 트

레이닝을 통한 지식이 실제 행동으로 이어지고 개인의 잠재력을 최대한 발휘하게 하는 데는 코칭의 요소들을 적용하면 효과적이다. 트레이닝으로 무엇을 해야 하는지를 학습하고 코칭으로 어떻게 그것을 내재화하고 실행할지를 연계하는 상호 보완은 트레이닝의 결과를 더욱 효과적으로 창출해 낸다.

이를 통해 조직은 인재 개발 전략을 수립할 때 트레이닝과 코칭을 개별적인 프로그램으로 운영하기보다는 통합된 학습 여정(learning journey)의 일부로 설계하여 새로운 기술 습득을 위한 트레이닝 후에는 해당 기술의 실제 적용 과정에서 발생하는 어려움을 해결하고 역량을 내재화할 수 있도록 코칭 세션을 제공하는 방식은 학습 전이율을 높이고, 궁극적으로 개인과 조직의 성과 향상을 돕는다.

③ 코칭과 트레이닝의 심층 비교: 기술 습관화 vs 전인적 잠재력 발현

코칭과 트레이닝은 모두 개인의 역량 향상에 중점을 둔다. 그러나 목표와 방법론 그리고 다루는 범위에서는 중요한 차이를 보인다.

④ 개입의 목표 및 초점: 특정 역량 개발 vs 전인적 잠재력 발현

트레이닝의 주된 목표는 정해진 목표 달성을 위해 특정 기술(Skills)의 반복적인 훈련을 통하여 연마하고 습관화하는 것으로 주로 기능적 숙련도(Functional Proficiency) 향상에 초점을 맞추며, 특정 과업이나 역할을 더 잘 수행하기 위한 행동의 변화를 지향한다.

코칭은 단순히 하나의 능력을 개발하는 것을 넘어서 개인의 전반적인 잠재력의 발현과 인격(Character)의 발달 그리고 삶의 다양한 영역에서 탁월성(Excellence)을 발견하도록 도우며 사람의 신체, 정신, 마음, 의식, 그리고 무의식에 이르는 전체적인 영역의 균형을 이루도록 한다.

⑤ 전문가의 역할 및 개입 방식: 지시적이고 내용 중심적
vs 비지시적이고 과정 중심적

트레이닝에서 트레이너는 해당 분야의 전문가로서 지식과 기술을 가르치고 구체적인 지시와 방법을 제공하는 역할을 한다. 트레이닝은 정해진 커리큘럼이나 프로토콜에 따라 진행되는 경우가 많으며 외부에서 설계된 지침을 학습자에게 적용하는 방식이다.

코칭에서 코치는 고객 내면의 지혜를 끌어내는 촉진자 역할을 하며 직접적인 답을 주거나 지시하는 대신 질문과 경청 그리고 반영을 통해 고객 스스로 답을 찾고 새로운 관점을 얻어 행동을 계획하고 실행하도록 돕는다.

(6) 다른 유사 전문 영역들과 코칭의 가장 큰 구분을 정리하면 다음과 같다.

표 1. 유사 영역 분류표

구분	트레이닝 (Training)	코칭 (Coaching)	멘토링 (Mentoring)	컨설팅 (Consulting)	카운슬링 (Counseling)	티칭 (Teaching)
정의	특정 기술/지식/능력 개발을 위한 체계적 교육	개인의 잠재력 발휘 및 목표 달성 지원 파트너십	경험 공유를 통한 경력 개발 및 지도 관계	문제 분석 및 해결책 제시 서비스	심리적 문제 해결 및 정서적 치유	지식/기술 전달 및 가치관 형성 교육
주요 초점	특정 기술 습득, 성과 향상, 생산성 증대	개인의 잠재력, 자기 발견, 행동 변화	경력 개발, 지혜/경험 공유, 정서적 지지	문제 해결, 전략 제시, 외부 전문성 활용	과거 문제 치유, 정신 건강, 정서적 안정	지식 주입, 기술 전달, 규범 학습
방법론	지식/기술 전달, 실습, 구조화된 교육	질문, 경청, 공감 통해 스스로 답 찾도록 돕기	경험 공유, 조언, 롤 모델링, 비공식적 관계	문제 진단, 분석, 해결책 제시	심리학적 방법, 상담 기법, 대화	일방통행식 지식 주입, 지시형 언어
관계 특성	계층적(트레이너-트레이니)	수평적 (코치-고객)	장기적, 신뢰 기반(멘토-멘티)	수직적 (전문가-고객)	전문적, 수용적 (상담자-내담자)	계층적 (교사-학생)
일반적 기간	단기적 (특정 목표 달성 시까지)	중장기적 (행동 변화, 습관 형성)	장기적 (경력 개발, 수개월~수년)	단기적 (프로젝트 단위)	중장기적 (치료 목표 달성 시까지)	단기적 (수업 단위)
기대 결과	특정 역량/성과 향상, 생산성 증대	자기 주도적 성장, 잠재력 극대화, 행동 변화	비전 형성, 경력 발전, 조직 문화 습득	특정 문제 해결, 전략 수립, 효율성 증대	정서적 안정, 심리적 치유, 적응력 향상	지식 습득, 기술 숙련, 규범 이해

카운슬링, 멘토링, 컨설팅, 티칭, 트레이닝과 비교할 때 코칭은 개인의 전인적 성장과 잠재력 발현을 위한 자기 주도적이고 지속적인 파트너십을 제공한다는 점에서 그 본질적 가치와 차별성을 명확히 하고 있다(2007, Florence M. Stone).

코칭의 핵심은 온전히 고객에게 집중하고, 잠재력을 믿고, 가능성의 탐색을 통하여 고객 고유의 답을 찾도록 돕는 자기 주도적이고 능동적인 협력적인 파트너십으로 고객이 코칭을 통하여 발견한 자기 정보를 바탕으로 미래의 비전을 현실로 만드는 과정에 초점을 맞추는 개인의 삶 전체에 걸쳐 균형적 성장 지향을 목표로 한다.

결론적으로, 코칭은 존재에 관한 근본적인 질문에 대한 해답을 찾아가도록 돕는 전문 분야이며, 고객을 문제 해결의 주체로 개인이 가지고 있는 동기 가치와 수단 가치 그리고 목적 가치를 기반으로 한 변화로 끌어낸다는 점에서 다른 전문 영역들과 명확히 구분되는 실천 학문이다.

2. 코칭의 분류

코칭은 분류에 따라 코칭 적용의 대상이나 분야가 정해지며 그에 따라 매우 다양하고 광범위하게 코칭 이슈를 설정하게 된다.

코치는 코칭을 통해 개인과 조직의 발전에 직·간접적으로 개입하게 됨은 물론 그 개인의 발전과 성장 과정에 함께하면서 전문가로서의 역량을 활용하게 된다.

코칭의 분류에 따른 세분화는 그만큼 세상과 사회의 요구는 물론 개인적 요구의 증가에 맞추어 늘어나고 있으며 이러한 코칭의 분류와 세분화는 매우 다양한 사람들이 살아가고 있는 사회에서 개인과 개인, 개인과 조직, 조직과 조직의 가능성과 잠재력을 최대한 발휘하고 목표를 달성하도록 돕는 과정으로, 그 적용 범위도 매우 넓다.

코칭의 분류는 크게 대상에 따른 분류와 목표 및 목적에 따른 분류로 나눌 수 있으며 코칭은 누구를 대상으로 하는지에 따라 그 목적과 방법이 달라진다.

코칭은 개인, 그룹, 조직이 스스로의 잠재력을 최대한 발휘하고 목표를 달성하도록 돕는 과정으로, 그 활용 범위는 매우 광범위하고 전문화되어 있다. 다음은 활용 분야, 대상, 그리고 다루는 주요 이슈를 포괄적으로 정리한 내용이다.

(1) 주요 활용 분야

코칭은 단순히 비즈니스나 개인의 삶에만 국한되지 않고, 특정 목적에 따라 전문 분야로 세분된다.

① 비즈니스 코칭(Business Coaching)
- 조직의 성과 향상과 리더십 개발에 초점을 맞춘다.
- 하위 분야: 임원 코칭, 팀 코칭, 리더십 코칭, 성과 코칭, 조직 문화 코칭, 변화 관리 코칭 등

② 라이프 코칭(Life Coaching)
- 삶의 질과 만족도 향상을 목표로 한다.
- 하위 분야: 관계 코칭, 부부 코칭, 부모 코칭, 가족 코칭, 재정 코칭, 영성(Spiritual) 코칭 등

③ 커리어 코칭(Career Coaching)
- 진로 및 경력 개발에 초점을 맞춘다.
- 하위 분야: 진로 탐색 코칭, 이직/전직 코칭, 은퇴 설계 코칭, 학습 코칭, 취업/면접 코칭 등

④ 건강 코칭(Health Coaching)
- 건강 관련 목표를 달성하도록 돕는다.

- **하위 분야**: 다이어트 코칭, 운동 코칭, 식이습관 개선 코칭, 스트레스 관리 코칭 등

⑤ **전문성 코칭(Specialized Coaching)**
- 특정 기술이나 역량 향상에 초점을 맞춘다.
- **하위 분야**: 스피치 코칭, 프레젠테이션 코칭, 스포츠 코칭, 미용 코칭, 예술 코칭 등

(2) 코칭의 구체적인 대상

코칭은 특정 직업이나 연령대에 국한되지 않고, 개인적 또는 전문적 성장을 원하는 모든 사람을 대상으로 한다.

① **조직 내 구성원**
- **CEO, 임원**: 경영 능력, 전략적 의사결정, 조직 전반의 비전 제시와 역량 강화
- **리더(팀장, 관리자)**: 팀원 동기 부여, 갈등 관리, 코칭형 리더십 개발
- **핵심 인재**: 잠재력 발굴 및 미래 리더로의 성장
- **일반 직원**: 업무 효율성 증대, 직무 스트레스 관리, 직장 내 관계 개선
- **신입 사원**: 조직 적응, 업무 파악, 자기주도적 역량 함양

② **개인**
- **청소년 및 대학생**: 학습 동기, 자기주도 학습 능력 향상, 진로 탐색
- **부모**: 자녀 양육의 어려움, 자녀와의 소통 문제 해결
- **은퇴 예정자**: 은퇴 후의 삶과 새로운 역할에 대한 설계
- **창업자나 전문가**: 비즈니스 목표 설정, 전문성 강화, 사업 확장 전략 모색
- **삶의 전환기에 있는 개인**: 이직, 결혼, 출산, 은퇴 등 주요 변화를 겪는 과정

에서의 심리적 안정과 목표 설정

(3) 코칭이 다루는 주요 이슈

코칭은 개인의 내면적 문제부터 조직의 외적 성과에 이르기까지 매우 다양한 이슈를 다루게 된다.

① 성장과 자기 계발
- 자신감 및 자존감 부족: 자신을 이해하고 스스로의 가치를 발견하도록 지원
- 목표 설정 및 달성 실패: 비전과 목표를 명확히 하고 구체적인 실행 계획 수립
- 자기 이해 부족: 자신의 강점과 약점을 파악하고 잠재력 발굴

② 관계와 소통
- 대인관계 문제: 원활한 소통 방법 습득, 갈등 해결 능력 향상
- 팀워크 부족: 팀원 간의 신뢰와 협력 증진
- 리더와 팀원의 관계: 상호 존중을 기반으로 한 소통 방식 구축

③ 직업 및 경력
- 직무 만족도 저하: 업무의 의미와 가치 재발견, 동기 부여
- 경력 정체: 새로운 성장 기회 탐색, 전문성 향상 계획의 수립
- 일과 삶의 불균형: 업무 과부하로 인한 번아웃 관리, 건강한 워라밸(Work-Life Balance) 유지

④ 심리적 안정
- 스트레스 및 불안: 스트레스 원인을 파악하고 효과적으로 관리하는 방법 습득
- 변화에 대한 두려움: 새로운 환경에 대한 적응력과 회복탄력성 강화

(4) 코칭의 분야 가지 모형

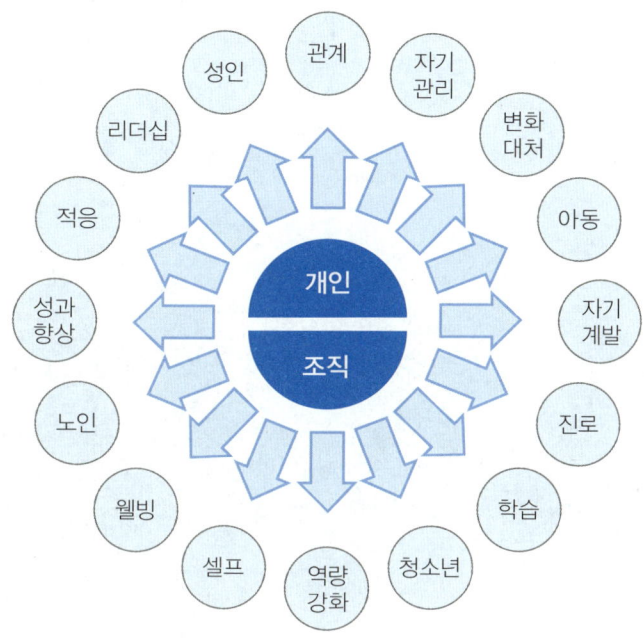

그림 2. 코칭을 중심으로 한 무궁무진한 코칭 분야 가지 모형

코칭은 학습, 진로, 조직 등 다양한 분야에 적용될 수 있지만, 이 모든 과정의 중심에는 '인간'이 있어야 한다. 코칭은 다루는 대상과 주제 및 목표에 따라 분류되며 다양한 분야에서 폭넓게 활용된다(2013, 구은미 재인용).

코칭 학문의 토대

07 코칭 철학

> 인간은 스스로 Holistic
> 답을 Resourceful
> 창조 Creative 할 수 있다.

코칭 철학은 인간을 바라보는 관점이다. 인간을 바라보는 관점이 그 철학의 근원을 이룬다. 이러한 코칭 철학의 이해를 위해서는 철학의 근간을 이해하는 것이 선행되어야 한다. 또한 코칭의 원천인 코칭 철학을 인간의 삶 전체에 이미 깊게 자리하고 있고 많은 학문에 근간을 마련하게 된 철학과 연계하여 인간의 삶 전반에 발전과 생존 그리고 유익과 가치를 중심으로 코칭의 철학적인 배경을 살펴보고자 한다.

1. 철학의 의미

(1) '철학(哲學)'이라는 용어는 고대 그리스에서 비롯되었으며 그 어원은 '필로소피아(philosophia)'로 이 단어는 '사랑한다'는 의미의 필레인(philein)과 지혜를 뜻하는 소피아(sophia)가 결합하여 형성된 문자 그대로 지혜를 사랑함 또는 지혜에 대한 사랑을 의미한다.

(2) '사랑한다'는 것은 단순한 감정적인 호감 이상의 의미로 지혜를 향해 적극적으로 나아가고 그것을 얻기 위해 끊임없이 노력하는 열정의 추구도 함께 내

포하고 있다. 지혜는 단순히 많은 정보를 아는 박식함이 아니라 세상과 인간의 근본 이치에 대한 깊은 이해와 올바른 판단력 그리고 삶을 살아가는 분별력까지 아우르는 개념이다.

(3) 어원을 통하여 알 수 있듯이 고대 그리스에서 철학은 오늘날 우리가 대학의 특정 학문 분과로서 접하는 철학과는 그 의미의 폭과 깊이가 사뭇 다를 수 있다. 현대의 철학이 하나의 전문화된 학문 영역으로 자리 잡은 것과 달리 고대의 필로소피아는 특정한 학문적 틀 속에 규정될 수 없는 훨씬 포괄적인 의미를 지니고 있으며 이것은 세상을 이해하고 올바르게 살아가고자 하는 삶의 방식 그 자체이며 인간이 지닌 근본적인 지적 탐구의 태도에 더 근접해 있다.

(4) 철학의 탐구 영역은 매우 광범위하여, 오늘날 우리가 자연과학(물리학, 천문학, 생물학 등), 교육학, 경영학, 수학, 논리학, 윤리학, 정치학, 형이상학 등으로 세분화하여 부르는 거의 모든 지적 활동을 포괄적으로 이해하고 해석하고자 하였다.

(5) 고대의 철학자들은 우주의 기원과 질서를 탐구하는 동시에 인간 사회의 정의로운 운영 방식을 고민하고 인간 영혼의 본질을 성찰하는 동시에 논리적 사고의 규칙을 정립하고자 하였다. 이 모든 다양한 분야의 탐구가 지혜를 사랑하고 추구한다는 하나의 큰 목표 아래 통합되어 있다.

(6) 더 나아가 고대 그리스의 철학은 이론적 탐구에만 머무르지 않고 실천적인 측면을 강하게 지향하면서 지혜를 사랑한다는 것은 단순히 지식을 쌓는 것을 넘어 지혜를 바탕으로 어떻게 더 나은 삶을 살 수 있는지, 무엇이 인간을 더욱 인간답게 만드는지를 고민하고 이를 삶 속에서 실현하고자 하는 노력까지 포함하고 있다(2003, 이서규 재인용).

즉 철학은 지혜로운 삶을 통해 개인의 성장과 공동체의 번영을 이루고자 하는 궁극적인 목표를 가진 이론과 실천의 통합이며 철학은 특정 학문 분야를 지칭하기보다는 지혜를 열정적으로 사랑하고 이를 삶 속에서 구현하려는 인간의 근원적이고도 포괄적인 모든 지적 노력과 삶의 태도를 아우르는 광범위한 개념이다. 오늘날의 전문화된 학문들은 바로 이러한 고대의 통합적인 지혜의 사랑에서 비롯되어 각자의 영역으로 발전해 왔으며 코칭 또한 이러한 철학에 근간을 두고 있는 학문임에 예외는 아니다.

철학의 본질이 지혜를 사랑하는 것에 있다면, 이는 특정 소수에게만 해당하는 특별한 활동이 아니라 인간 모두에게 내재하여 있는 보편적인 지향성이라 할 수 있다. 지혜를 사랑하지 않는 사람이 없고 스스로 지혜롭지 않기를 바라는 사람 또한 없을 것이라는 전제는 이러한 철학의 보편성을 뒷받침하고 있다.

2) 철학과 코칭 철학

자신 앞에 펼쳐진 세계에 대해 경탄하는 사람은 그 경탄 속에서 자신의 무지를 자각하게 된다. 그리고 자신의 경험 세계를 온전히 받아들이면서 세계의 본질은 무엇인지, 왜 이러한 것들이 존재하는지, 경험 세계의 이면에는 무엇이 있는지, 그리고 궁극적으로 어떻게 살아야 하는지와 같은 근원적인 의문과 다양한 질문들을 품게 되는데 이러한 물음들은 세상과 존재에 대한 경탄에서 비롯되는 인간 내면의 자연스러운 철학적 질문들이다(2003, 이서규 재인용).

(1) 인간은 삶의 과정에서 다양한 상황에서 다양한 방식으로 존재에 대한 의문을 가지고 철학적인 성찰의 필요성을 느끼는 순간과 마주하게 된다.
(2) 코칭은 개인이 내면의 철학적 물음들을 의식하도록 돕고, 그 물음들에 대한 답을 스스로 찾아가도록 하는 과정으로 철학의 핵심이 근원적 질문(Question)에서부터 시작되듯이 코칭은 개인의 고유한 철학적 질문과 의문에 대해 주체적으로 해답을 찾아가는 과정을 동반한다.

(3) 결국 철학과 코칭은 인간의 근원적인 탐구라는 공통의 기반 위에 서 있으며, 두 분야 모두 자신을 알아가고, 세계를 이해하며, 존재의 의미를 탐색하고, 나아가 인간이 지닌 무한한 잠재력을 탐구하는 것을 공동의 과제로 삼고 있다.

코칭은 이러한 철학적 물음의 과정을 통해 개인이 최상의 방안을 찾아 선택하게 하고, 의식적인 성찰을 통해 이를 실행하는 과정을 돕는다. 이처럼 철학의 근원이 코칭 철학과 그 지향점을 같이하면서 코칭의 가치와 깊이에 더하여 실천 학문으로서의 방향을 제시하면서 자리매김했다(2013, 구은미 재인용).

08 코칭의 철학적 근간

1. 소크라테스와 코칭

소크라테스의 핵심 사상과 교육 방식은 코칭 철학의 근본 원리와 의미를 같이하고 있다.

(1) 영혼 돌봄과 자기 성찰: 소크라테스가 인간의 영혼을 돌보는 것을 중요하게 여긴 점은 코칭의 개인 내면을 탐구하고 성장을 촉진하는 과정과 맞닿아 있으며, 코칭의 고객에게 질문하여 성찰하도록 이끄는 자아 인식을 높이는 과정과 같다(김용민, 2014).

① 보편적 진리 추구와 개인의 답

소크라테스가 보편적 진리의 존재를 믿고 그것을 스스로 발견하고 실천하는 것이 중요하다고 강조한 점은 코칭이 정해진 답을 제시하기보다 고객 스스로 답을 찾도록 돕는 방식과 같다.

② 산파술 교육

지식을 주입하는 것이 아니라 스스로 깨닫도록 돕는 소크라테스의 '산파술'은 코칭의 핵심 방법론인 질문을 통해 고객의 잠재력을 발휘시키고 스스로 해결책을 찾도록 돕는 과정과 같다(이창우, 2007).

③ 윤리적 지식과 덕 함양

소크라테스가 지식이 곧 덕이라고 믿고 이성적 사고를 통해 윤리적 삶을 강조하고 있는 것은 코칭이 개인의 가치관을 명확히 하고 도덕적 성장을 지원하는 측면과 연결된다(강철, 2014).

④ 정의에 대한 탐구

정의의 본질을 끊임없이 탐구하도록 이끈 소크라테스의 태도는 코칭에서 고객이 자신의 핵심 가치와 목표를 명확히 하도록 돕는 과정과 같다.

2. 플라톤과 코칭

(1) 플라톤의 철학은 코칭의 이상적인 목표와 방향성을 제시하고 있다.

① 이데아 세계와 잠재력 실현

플라톤이 불완전한 현실 세계 넘어 완전한 이데아 세계의 추구는 코칭에서 고객이 현재의 한계를 넘어 자기 잠재력을 최대한으로 발휘하도록 돕는 과정과 같다.

② 이성을 통한 인식과 성장

이성을 통해 이데아를 인식하고 참된 지식과 덕에 도달할 수 있다고 본 플라톤의 관점은 코칭을 통하여 고객의 사고 능력을 향상하게 시키고 스스로 문제를 해결하는 과정과 같다(박종현, 2012).

③ 영혼의 조화와 균형

플라톤의 영혼에 세 부분(이상, 기개, 욕망)의 조화를 강조하고 있는 것은 코칭에서 개인 내면의 균형과 조화를 이루도록 돕는 과정과 다르지 않다.

④ 국가 주도 교육과 체계적인 성장

플라톤이 강조하고 있는 국가 주도의 체계적인 교육은, 코칭의 체계적인 목표 설정 과정을 통해 개인의 성장을 지원하는 과정과 같다.

3. 아리스토텔레스와 코칭

(1) 아리스토텔레스의 현실주의 철학은 코칭의 실질적인 접근 방식의 근원이다.

① 현실 세계 중시와 구체적인 행동

현실 세계를 중시하고 감각적 경험을 통한 배움을 강조한 아리스토텔레스의 관점은 코칭의 추상적인 이상보다는 현실적인 목표 설정과 구체적인 행동 계획 수립의 과정과 같다.

② 목적론과 목표 설정

모든 사물은 고유한 목적을 가지고 있으며 인간의 최고 목적은 행복이라고 본 아리스토텔레스의 사상은 코칭에서 고객의 삶의 목적과 목표를 명확히 설정하도록 돕는 핵심 과정과 같다.

③ 이성적 활동과 실천적 훈련

이성적인 활동을 통해 행복을 실현하고 덕을 함양하는 것을 강조한 아리스토텔레스의 주장은 코칭이 고객의 사고 능력을 개발하고 실제 행동의 변화를 끌어내는 것을 중요하게 여기는 점과 같다.

④ 습관 형성의 중요성

선한 행위를 반복하여 습관화하는 것을 강조한 아리스토텔레스의 주장은 코칭이 지속적인 실천과 피드백을 통해 고객의 긍정적인 변화를 만들고 정착시키는 과

정과 같다(천병희 역. 1998)

4. 칸트와 코칭

(1) 칸트의 윤리 철학은 코칭의 책임감과 자율성을 강조하는 부분에 영향을 미치고 있다.

① 이성을 통한 인식과 자기 결정

인간이 이성을 통해 세상을 인식하고 도덕적인 법칙을 스스로 따를 수 있다고 본 칸트의 관점은 코칭에서 고객의 자기 인식 능력을 향상해 스스로 결정하도록 권한을 위임(Empowerment)하는 것을 중요시하는 부분과 같다.

② 도덕 법칙과 책임감

무조건 따라야 하는 도덕 법칙인 정언명법을 강조한 칸트의 윤리는 코칭에서 고객이 자신의 행동에 대한 책임감을 느끼고 윤리적인 의사 결정을 하도록 돕는 과정과 같다.

③ 계몽과 주체적인 성장

스스로 생각하고 판단하는 이성의 사고 과정을 통하여 미성숙에서 벗어나는 계몽을 강조한 칸트의 사상은 코칭에서 고객이 의존적인 상태에서 벗어나 주체적으로 성장하도록 지원하는 과정과 같다.

④ 인격성 함양

칸트가 교육의 목표를 인격의 함양에 두고 있는 부분은 코칭이 단순히 기술적인 향상을 넘어 개인의 전인적인 성장을 추구하는 방향성과 부합한다(김상환, 2018).

5. 호르크하이머와 코칭

(1) 호르크하이머가 비판적 시각을 통해 사회 모순을 인식하고 변화를 추구해야 한다고 주장한 것처럼, 코칭은 고객이 자신의 생각과 상황을 객관화하고 비판적 사고를 통하여 새로운 관점을 갖도록 돕는 과정과 같다.

① 도구적 이성의 비판과 성찰적 사고

현대 사회의 도구적 이성을 비판하며 성찰적 사고의 중요성을 강조한 호르크하이머의 관점은 코칭에서 단순히 목표 달성에만 집중하는 것이 아니라 고객이 자신의 행동과 사회적 영향에 대해 깊이 생각하도록 돕는 과정과 같다.

② 사회에 대한 비판적 시각과 변화의 추구

사회의 모순을 비판적으로 인식하고 변화를 추구해야 한다고 주장한 호르크하이머의 사상은 코칭에서 개인의 성장뿐만 아니라 사회적인 책임감과 긍정적인 변화를 끌어내는 과정과 같다.

③ 권위주의적인 교육의 비판과 자율적 학습

기존의 권위주의적인 교육 방식을 비판하고 스스로 생각하는 능력을 키우는 교육을 강조한 호르크하이머의 교육관은 코칭에서 고객 중심적이고 자율적인 학습을 지향하는 과정과 같다.

6. 야스퍼스와 코칭

(1) 야스퍼스의 실존주의 철학은 코칭에서 개인의 의미 탐색과 주체성 강조에 깊은 영향을 주었다.

① 실존적 자각과 자기 탐구

인간이 끊임없이 자신의 존재에 대한 의미를 묻고 스스로 만드는 존재라고 본 야스퍼스의 관점은 코칭이 고객이 자신의 삶에 대한 의미와 가치를 탐색하고 진정한 자기를 발견하도록 돕는 핵심 목표와 같다.

② 한계 상황과 성장

한계 상황 속에서 비로소 진정한 실존을 자각하고 주체적인 선택을 통해 성장한다고 본 야스퍼스의 사상은 코칭에서 고객이 어려움과 도전을 극복하고 더욱 강하게 성장하도록 지원하는 과정과 같다.

③ 주체적 결단과 책임

자유로운 주체적 결단을 강조한 야스퍼스의 철학은 코칭이 고객 스스로 선택하고 결정하도록 격려하며, 자신의 삶에 대한 책임을 강조하는 부분과 같다.

④ 진정한 소통과 이해

교사와 학생 간의 진정한 소통과 이해를 강조한 야스퍼스의 교육관은 코칭에서 코치와 고객 간의 신뢰 기반 관계와 깊이 있는 소통이 얼마나 중요한지를 보여준다(Jaspers, K., 2011).

7. 프란체스코 페트라르카와 코칭

(1) 페트라르카의 핵심 사상인 인문주의는 인간의 가치와 잠재력을 존중하고, 개인의 성장과 발전에 중심을 이루고 있으며, 이러한 인본주의적 관점의 사상은 코칭의 핵심 가치와 깊이 연결된다.

① 인간 중심

페트라르카는 신 중심의 중세 시대에서 벗어나 인간의 존엄성과 가치를 강조했으며, 이는 코칭에서 고객을 중심으로 그들의 잠재력과 자율성을 존중하는 것을 기본으로 하는 과정과 같다.

② 개인의 성장과 발전

페트라르카는 고전 연구를 통해 인간의 지적, 도덕적 성장을 추구하는 사상은 코칭에서 고객의 목표 달성과 개인적인 성장을 지원하는 것을 목표로 하는 과정과 같다.

③ 자기 성찰과 인식

페트라르카의 작품에는 인간의 내면세계에 대한 깊은 성찰이 담겨있으며, 개인의 감정과 경험을 중요하게 생각하며 내면의 탐구를 강조하는 부분은 코칭 과정에서 고객 스스로 자신의 강점과 약점, 가치관 등을 인식하고 성찰하도록 돕는 과정과 같다.

④ 잠재력 발휘

인간은 끊임없이 배우고 발전할 수 있는 잠재력을 가지고 있다고 믿었으며 이를 통한 도덕적 성장을 추구하는 부분은 코칭에서 고객이 자신의 잠재적 가능성을 믿고 발휘하여 자신이 원하는 바람직한 결과를 얻도록 격려하는 과정과 같다.

⑤ 목표 설정 및 달성

그는 고전 문헌 연구라는 명확한 목표를 가지고 끊임없이 노력한 그의 열정과 끈기는 목표 달성이 중요한 요소임을 담고 있는 부분으로 코칭에서 고객의 명확한 목표를 설정하고 이를 달성하기 위한 계획을 수립하여 실행하도록 돕는 과정과 같다(페트라르카, F., 2020).

이처럼 철학자들의 사상을 통하여 코칭이 단순히 기술적인 방법론을 넘어 인간 본성에 대한 깊이 있는 이해와 삶의 의미에 대한 탐구를 바탕으로 개인의 성장과 발전을 돕는 실천 학문임을 알 수 있다.

코칭은 질문을 통한 개인 성찰의 과정으로 고객 스스로 답을 찾도록 돕는 소크라테스의 지혜, 잠재력을 실현하도록 이끄는 플라톤의 이상, 현실적인 변화를 추구하는 아리스토텔레스의 실용성, 자율적인 성장을 강조하는 칸트의 정신, 비판적 사고를 촉진하는 호르크하이머의 통찰, 그리고 자기 성찰과 의미 탐색을 중시하는 야스퍼스의 실존주의, 인간의 존엄성을 강조하는 페트라르카에 이르기까지 통합적인 철학에 바탕을 두고 있는 것이 코칭 철학의 근간이다(2001, 이서규).

8. 교육 철학과 코칭

코칭은 교육 철학의 오랜 논의와 맥락을 같이 하며, 개인의 성장과 발전을 돕는 효과적인 방법론으로서 교육학적 기반을 갖추고 있다.

(1) 교육 철학자들의 주장을 바탕으로 코칭과의 교육 철학의 지향점

① 개인 중심 접근

많은 교육 철학자(소크라테스, 루소, 페스탈로치, 듀이, 몬테소리)들은 학습자 개인의 특성과 잠재력을 존중하고, 개인의 성장을 중심으로 교육을 설계해야 한다고 주장하고 있으며, 이는 코칭에서 고객 개인의 목표, 강점, 필요에 맞춰 진행되는 맞춤형 접근 방식과 같다.

② 자기 주도 학습 강조

소크라테스의 문답법, 루소의 자연주의 교육, 듀이의 경험 중심 교육, 몬테소리의 자기 주도 학습 등은 학습자가 스스로 질문하고 탐구하며 깨달음을 얻도록 유

도하는 방식을 강조하고 있으며, 이는 코칭에서 코치의 질문을 통해 고객 스스로 답을 찾고 성장하도록 돕는 기법과 같다.

③ 경험의 중요성

아리스토텔레스의 경험주의, 루소의 자연과의 경험, 듀이의 경험 중심 교육 등은 실제 경험을 통한 학습의 중요성을 강조하고 있으며, 코칭에서 고객이 자신의 경험을 돌아보고 삶에 교훈을 얻도록 하여 실제 행동 변화를 통해 성장을 이루도록 돕는 과정과 같다.

④ 성찰과 내적 성장

소크라테스의 자기 성찰 강조, 아우구스티누스의 내면 깨달음, 칸트의 도덕적 자율성 추구 등은 학습자 내면의 성장과 성찰을 강조하고 있는 부분으로 코칭의 고객이 자신의 생각, 감정, 신념에 대한 깊이 있는 성찰을 통하여 내면의 변화를 끌어내는 과정과 같다.

⑤ 잠재력 개발

플라톤의 이데아론, 페스탈로치의 아동 중심 교육, 몬테소리의 잠재력 개발 등은 교육을 통하여 개인의 잠재력을 최대한으로 발휘하도록 돕는 것을 목표로 하고 있으며, 코칭에서 고객이 자신의 잠재력을 인식하고 이를 이루기 위한 목표를 설정하고 실현할 수 있는 시스템을 구축해 나가는 과정과 같다.

⑥ 사고력 및 문제 해결 능력 향상

소크라테스의 문답법, 듀이의 문제 해결 중심 교육 등은 학습자의 비판적 사고 능력과 문제 해결 능력을 키우는 것을 중심으로 하고 있으며, 코칭에서 코치의 질문을 통하여 고객이 스스로 생각하고 분석하며 문제 해결 능력을 향상하도록 돕는 과정과 같다(이창우, 2007).

⑦ 촉진자의 역할

소크라테스가 지식을 주입하는 대신 산파 역할을 한 것처럼, 루소, 페스탈로치, 듀이, 몬테소리 등 교육 철학자들은 교사의 역할을 지식 전달자가 아닌 학습을 돕는 촉진자, 안내자로 보았으며, 이는 코칭에서 코치가 지시하거나 가르치는 대신 고객의 성장을 촉진하고 안내하는 역할 수행의 과정과 같다.

⑧ 전인적인 성장 추구

많은 교육 철학자는 지식뿐만 아니라 인격, 도덕성, 사회성 등 인간의 전반적인 성장을 교육의 목표로 삼았으며, 코칭 역시 고객의 개인적인 성장뿐만 아니라 직업, 관계 등 삶의 다양한 영역에서 균형 잡힌 성장을 추구한다.

09 코칭의 학문적 관점

1. 코칭의 경영학적 관점

　경영학은 조직의 장단기 목표 달성을 위한 인적·물적 자원 및 정보를 이용하여 계획과 조직, 지휘와 통제 등의 전반적 활동을 체계적으로 연구하고 실행하는 학문이다. 경영학은 각각의 개별경제의 주체들에 의한 인간의 사회적 활동의 전반적인 필요충분 요소인 재화나 서비스를 생산하고 공급하는 활동에 의미를 두고, 과학적이고 체적인 구체적 활동의 틀을 발견하고 발전시키는 것으로 하나의 실천과학 특징을 지니고 있다(박종만, 2007).

　실천 학문으로의 경영학은 경영의 원리와 원칙을 준수하고 따르는 것으로 충족되는 것이 아닌 경영 문제를 해결하는 기능을 한다. 즉 경영의 효과적인 목적 달성을 위해 경영의 기법과 관리 방법을 지속해서 탐구하는 데 의미가 있다. 즉 경영학은 기업의 유지와 존속 그리고 성장과 발전에 도모하고 직접적이고 현실적인 문제를 해결해 나가는 다양한 이론적 원칙과 원리들이 현실에 적용되도록 시스템화한다.

　경영학의 또 다른 과제와 이슈로 고속화된 경영변화의 현실에 적응하고 사회적 흐름에 대한 변화에 따른 다양하고 새로운 정보에 대한 요구에 대응할 수 있어야 한다는 것과 최근에 경영학은 모든 상황에 적용되는 보편적 원리보다는 해당 특정 상황에 적합한 원리를 찾는 데 중점을 두고 있는 상황에 적합한 경영학이 대세를 이루고 있다(Hellriegeletal 2002. 강병서, 조철호).

급변하는 사회의 변화 및 사회 환경의 변화 속에 효율적이고 적합한 전략과 기술은 기업 자체의 내·외 환경에서의 요구를 직간접적으로 반영하고 구체화하는 방안의 마련이 요구되고 있다.

경영학의 경영관리, 인력 관리, 협동체제, 조직 활동, 경영자의 전략 리더십, 인적자원 개발 등의 다양한 분야들은 경영학의 시대적 요구에 대한 반영으로 다양한 접근이 이루어지고 있으며, 성과와 목표 달성의 과제를 위한 적극적이고 실천적인 방법론으로 경영에서의 코칭 방법론은 효율적 방법론으로서의 가치가 중심을 이루고 있다.

토마스 레너드와 로라 휘트워스 등은 기업 인재 육성과 역량 향상에 코칭을 도입하였으며, 이 코칭은 경영학의 핵심인 임원의 리더십과 직원들의 역량 개발 및 목표의 구체화와 실행 계획에 따른 실행력 향상을 체계화하는 방법론으로 코칭의 다양한 기법을 도입, 응용, 발전시키고 있으며 기업의 생존과 성패를 좌우하는 기업의 성장과 기업에 속한 조직원들의 성공 방향을 결정하는 요소로도 자리매김하고 있다. 코칭은 인간의 잠재력을 존중하고 그를 통해 개개인 장점과 그만의 특수성을 개발하는 데 초점을 두고 있으며, 이것은 경영 현장에서 더 효율적인 의사결정과 조직원의 잠재력 개발 및 관계의 질적 향상을 통한 조직의 발전이라는 새로운 경영의 패러다임을 만들고 있다.

즉 코칭을 통한 방법론과 이론들의 실용화가 기업의 탁월한 성과를 드러내고 있음은 물론 그 결과로 기업 경영에 있어서 코칭이 경영의 의도와 맥을 같이하고 있음을 알 수 있다.

(1) 코칭의 경영학적 관점에서 중요한 가치와 의미

① 실천적 문제 해결을 위한 효과적인 도구

경영학은 단순히 원리를 준수하는 것이 아닌 경영 문제를 해결하는 기능을 하고 있으며, 직접적이고 현실적인 문제를 해결하는 실천 학문이다.

코칭은 리더십 부재, 팀원 간의 갈등, 목표 실행력 부족 등 기업이 현장에서 겪는 구체적이고 현실적인 문제들을 해결하는 직접적인 방법론으로 이론에 머무르지 않고 실제 행동 변화와 성과 개선을 끌어낸다는 점에서 경영학의 실천적 성격과 일치한다.

② 인적자원 개발 및 잠재력 극대화 전략

코칭은 기업에서 인재 육성과 역량 향상을 위하여 도입하였으며 인간의 잠재력을 존중하고 개개인 장점과 그만의 특수성을 개발하는 데 초점을 두고 있다.

경영의 핵심 자원인 '인적자원'의 가치를 극대화하는 가장 효율적인 방법의 하나로 모든 직원을 획일적으로 교육하는 것이 아니라 코칭을 통해 각 직원의 잠재력과 고유한 강점을 발견하고 개발함으로써 조직 전체의 역량을 끌어올리는 핵심적인 인적자원관리(HRM) 및 개발(HRD) 전략의 부분과 일치한다(Hellriegeletal 2002, 강병서, 조철호).

③ 리더십 개발과 조직 관리의 새로운 패러다임

코칭이 "경영학의 핵심인 임원의 리더십과 직원들의 역량개발"을 체계화하고 "효율적인 의사결정과 관계의 질적 향상을 통한 조직의 발전이라는 새로운 경영의 패러다임"을 이루어왔다.

과거의 지시하고 통제하는 일 방향 리더십에서 벗어나 구성원의 자발적 참여와 성장을 끌어내는 '코칭형 리더십'을 구현하는 핵심 도구로 이는 수평적 소통을 촉진하고 신뢰 기반의 관계를 형성하여 조직 관리의 효율성을 높여 궁극적으로 조직 전체의 발전을 견인하고 있다.

④ 상황 적합적 경영 이론의 가장 적합한 실천 방법

최근의 경영학은 모든 상황에 적용되는 보편적 원리보다는 해당 특정 상황에 적합한 원리를 찾는 것을 강조한다. 코칭이 정해진 답을 주입하는 것이 아니라 개인과 조직이 처한 고유한 상황과 당면 과제에 맞춰 해결책을 스스로 찾도록 돕는 과정으로 이는 '유일한 최선의 방법은 없다(one best way is no way)'는 현대 경영학의 상황 이론(Contingency Theory)을 현장에 적용하는 가장 구체적이고 효과적인 방법론이라 하겠다(2004, Harvard Business Essentials).

⑤ 성과 창출과 목표 달성을 가속하는 실행 전략

코칭은 성과와 목표 달성의 과제를 위한 적극적이고 실천적인 방법론으로 기업의 탁월한 성과를 창출해 내고 있다. 경영의 최종 목표는 성과 창출과 목표 달성이다. 코칭은 목표를 구체화하고, 실행 계획을 수립하여 실행력을 높이는 체계적인 프로세스를 제공함으로써 조직의 전략이 실제 성과로 이어지도록 하는 강력한 촉매제 역할을 한다. 이는 경영학이 추구하는 효과성과 효율성을 동시에 달성하게 해준다.

결론적으로 코칭은 단순히 개인의 성장을 돕는 기술을 넘어 인적자원 개발, 리더십 혁신, 조직 문화 개선, 그리고 궁극적인 성과 창출이라는 경영학의 핵심 목표들을 달성하기 위한 과학적이고 실천적인 핵심 방법론으로 자리매김하였다.

(2) 경영학과 코칭의 핵심

① 목표 지향성 및 성과 중심(Goal-Orientation & Performance Focus)

목표 설정(Goal-Setting)을 시작점으로 삼고, 측정할 수 있는 성과(Performance)를 추구하며 대표적으로 에드윈 로크(Edwin Locke)의 목표설정(Goal-Setting Theory)이론은 구체적이고 도전적인 목표가 동기를 부여하고 높은 성과를 끌어낸다고 주장하고 있으며, 이는 경영학의 성과관리(Performance Management) 분야의 핵심 이론이다.

존 휘트모어(Sir John Whitmore)가 체계화한 GROW 모델(Goal-Reality-Options-Will)은 코칭의 가장 대표적인 프레임워크로 이 모델의 첫 단계는 '목표(Goal)' 설정으로 코칭 프로세스 자체가 목표 달성을 위해 구조화되어 있음을 보여준다(2009, John Whitmore).

② 인간 중심적 접근과 잠재력 개발(Human-Centered Approach & Potential Development)

조직과 개인을 단순한 생산요소가 아닌, 잠재력을 가진 주체로 인식하고 그들의 성장을 통해 성과를 내려는 접근법으로 과학적 관리법 이후, 인간의 사회적, 심리적 요인이 생산성에 미치는 영향을 발견하며 '인적자원'의 중요성을 강조하는 방향으로 발전해 왔다.

인간의 잠재력을 존중하고 개개인 장점과 그만의 특수성을 개발하는 코칭 철학은 사람 안에 답이 있다는 믿음에 기반하며 인간의 무한한 가능성을 끌어내는 데 초점을 맞춘다.

경영학의 호손 실험(Hawthorne Studies)에서 시작된 '인간관계론(Human Relations Movement)'과 더글라스 맥그리거(Douglas McGregor)의 'Y이론(Theory Y)'은 경영학의 학문적 뿌리를 이루고 있으며, Y이론은 인간이 본래 자율적이며 책임감을 가지고 스스로 동기 부여할 수 있는 존재라고 가정한다(박종만, 2007). 이는 코칭의 인간관과 그 맥락을 같이한다.

코칭의 아버지라 불리는 토마스 레너드(Thomas Leonard)는 "코칭은 고객이 이미 창의적이고, 지략이 풍부하며, 온전한 존재(Creative, Resourceful, and Whole)"임을 전제한다. 이는 국제 코칭연맹(ICF)의 핵심 역량이기도 하다.

③ 상황적합적 접근(Contingency/Situational Approach)

유일하고 절대적인 최선의 방법(One-Best-Way)은 없으며, 특정 '상황'에 가장 적합한 해법을 찾아야 한다는 관점으로 코칭에서 코치가 정답을 알려주는 컨설팅이나 멘토링과 달리, 코칭을 받는 사람(Coachee)이 자신의 고유한 상황 속에서 스스로 해결책을 찾도록 돕는 비지시적(Non-directive) 접근을 취하고 있다.

경영학의 피들러(Fiedler) 등에 의해 발전된 '상황적합이론(Contingency Theory)'은 리더십과 조직 구조 등 모든 경영 요소가 처한 상황에 따라 효과성이 달라진다고 보고 있으며, Hellriegel, Slocum, Woodman의 저서 『조직 행동론(Organizational Behavior)』의 핵심 이론 중 하나가 바로 상황적합이론이다(Northouse, P. G., 2018).

코칭의 핵심 기술인 경청(Active Listening)과 질문(Powerful Questioning)은 그 자체가 상황적합적 접근을 위한 도구이며, 코치는 경청과 질문을 통해 개인의 독특한 상황과 인식을 파악하고, 그에 맞는 최적의 솔루션을 도출하도록 지원한다.

이처럼 코칭은 경영학의 오랜 고민과 발전 방향, 특히 성과 창출, 인본주의, 상황 적응이라는 현대 경영학의 핵심 가치들과 철학적, 방법론적 궤를 같이하고 있다. 따라서 코칭은 기법을 넘어, 경영학의 이론을 현장에 구현하는 가장 정교하고 효과적인 실천 방법론이라 하겠다.

2. 코칭의 교육학적 관점

교육은 인간의 몸과 마음의 성장과 발달에 관한 학문으로 그에 따른 연구 방향 또한 현재의 신체와 정신을 더욱 성장된 모습으로 발달시키는 데 목적을 둔다. 인간과 자연의 현실을 토대로 하는 이론으로 이는 교육학의 특성이라 할 수 있으며 인간의 모든 교육과 그에 따르는 교육활동의 효과를 파악하는 것으로 일반적으로 과학의 연구에 활용되는 연역법이나 귀납법 등을 사용하면서 교육적 관점의 효과 창출에 더 집중되어 있다.

교육학은 인간의 발달 촉진이라는 과제를 가지고 있으며 나름의 복잡하고 다양한 과제를 가지고 인간과 관련한 다양한 학문과의 연계를 통해 인간의 성장과 발전에 필요한 원리를 세워나가는 것이다. 교육학은 인간의 끊임없는 학습 욕구의 충족을 위하여 발전해 왔으며, 교육은 역사적으로 발전해 온 하나의 사실이며 현상이고 그 자체로 커다란 가치와 의미를 담고 있다.

교육에 관한 역사적 가치의 발전은 그 자취를 더듬어 거기에서 일반적인 법칙을 발견하고 더불어 더 발전적이고 미래지향적인 참된 교육의 가치와 그 가치의 실행이 곧 교육의 목적이고 방향이다.

교육은 교육 현상에 대한 질적 가치의 추구와 그에 따르는 원리의 이해를 통해 문제 해결의 방법을 모색하고 목표 설정을 위해 심도 있고 의미 있는 질문으로 이에 대한 해답을 찾아가는 과정이며 인간의 삶 전반에 가치와 의미를 부여하고 선택하는 기준에 지식과 지혜를 제공하게 된다.

교육은 과거와 현재, 미래라는 연속선상에 놓여 교육의 역사성과 현실성 그리고 자신의 선택에 책임을 부여하는 도덕성을 포함하고 있으며, 또한 인간의 무한한 욕구이자 과제인 학습을 논할 때 교육학은 필수 불가결의 학문이다.

교육의 방법론적 입장에서의 코칭은 교육과 더없이 밀접한 관계를 맺으며 인간의 긍정적 발달과 성장을 도모한다는 것에 그 맥을 같이하고 있다.

코칭이라는 방법을 통해 개인의 성장과 발전 그리고 내적 외적 요소들을 최대한 긍정적인 환경으로 받아들이고 변화할 수 있도록 돕게 된다. 개인의 정신적 세계와 현실 세계를 하나로 통합할 수 있도록 지원하는 코칭의 다양한 방법론을 통해 개인이 목표에 도달하려는 방법을 선택하게 하고 선택된 방법을 실행하는 과정에 책임감을 느끼고 이룰 수 있도록 하여 개인의 질적, 양적 성장과 발전을 도모하는 인생 전반의 도전과 새로운 경험을 하게 된다. 이러한 도전과 경험의 과정을 통해 변화와 성장을 창출해 낸다는 것이 교육과 코칭의 공통된 지향점이다.

(1) 코칭의 교육학적 관점에서 중요한 가치와 의미

① 자기 주도적 학습(Self-Directed Learning) 능력의 신장

- 코칭은 교사가 지식을 일방적으로 전달하는 '티칭(Teaching)'과는 다르게 학습자가 스스로 학습 목표를 설정하고, 전략을 탐색하며, 실행 과정을 성찰하도록 도와 학습의 주도권을 학습자에게 넘겨주어 궁극적으로 평생 학습의 토대인

자기 주도적 학습 능력을 향상시킨다.
- 코칭은 교사 중심에서 학습자 중심으로 전환된 현대 교육의 패러다임을 가장 잘 구현하는 방법론으로 학습자가 가진 고유한 특성과 잠재력을 인정하고, 스스로 의미를 구성해 간다는 관점에서 일치한다.
- 특히 성인 학습자는 자기의 경험을 통해 배우고, 문제해결 중심으로 학습하며, 내적 동기에 의해 움직인다는 맬컴 노울즈(Malcolm Knowles)의 이론과 연계되며 코칭은 학습자의 경험을 존중하고, 실제적 과제를 해결하며, 자율성을 부여함으로써 성인 학습 원리에 부합한다(Knowles, M. S., 2004).
- GROW 모델(in Education)은 교육 현장에서 자기가 이루고 싶은 학습 목표는 무엇인지(Goal), 현재 자기의 학습 상태는 어떻다고 생각하는지(Reality), 목표를 위해 시도해 볼 수 있는 방법들은 무엇이 있는지(Options), 그래서 무엇을 언제까지 해볼 것인지(Will)와 같이 학습자의 주도적 계획과 실행을 촉진하는 핵심 도구로 활용되고 있다.

② 구성주의(Constructivism) 학습 원리의 구현

- 구성주의는 지식이 객관적으로 존재하여 전달되는 것이 아닌 학습자가 자기의 경험을 바탕으로 지식을 구성해 나가는 과정으로 코칭은 정답을 주는 대신 강력한 질문을 통해 학습자의 생각을 자극하고 기존의 지식과 새로운 정보를 연결하여 자신만의 의미를 구축하도록 돕는 구성주의의 핵심적인 실천 방법을 토대로 하는 과정이다.
- 피아제(Piaget)의 인지적 구성주의에 따르면 학습자가 인지적 불평형 상태(기존의 생각과 새로운 정보가 충돌하는 상태)에 놓였을 때 이를 해결하기 위해 노력하며 지식이 발달한다고 보았다. 코칭에서의 도전적인 질문은 바로 이러한 인지적 불평형을 유발하고 학습자 스스로 평형화(Equilibration)를 찾아가도록 한다.
- 비고츠키(Vygotsky)의 사회적 구성주의는 학습에서 유능한 타인(교사, 코치, 또래)과의 사회적 상호작용을 통해 발전하는 부분을 강조하며, 특히 근접발달

영역(ZPD) 개념은 코칭의 역할을 명확히 설명해 주는 부분이다. 코치는 학습자가 혼자서는 할 수 없지만 도움을 받으면 해낼 수 있는 영역에서 적절한 질문과 지지(Scaffolding)를 제공하여 잠재적 발달 수준에 이르도록 돕는 조력자의 역할 수행을 한다.

③ 메타인지(Metacognition) 전략의 강화

- 메타인지는 학습 또는 문제 해결을 위한 다양한 자기만의 전략을 언제 그리고 어떻게 사용하느냐에 관한 지식을 포함하는 것으로 자기의 생각에 대해 생각하는 능력이며 학습 과정을 스스로 계획(Planning)하고 점검(Monitoring)을 통하여 조절(Controlling)하는 상위 인지 능력으로 코칭에서 어떻게 그 방법을 생각해 냈는지, 그 계획이 목표 달성에 가장 효과적인지, 실행해 보니 어떠했는지, 다음엔 무엇을 시도해 볼 수 있는지와 같은 질문을 통해 학습자가 자신의 학습 과정을 객관적으로 바라보고 성찰해 나가는 과정으로 이는 성공적인 학습의 핵심 역량인 메타인지를 직접적으로 훈련하는 과정과 같다.
- 플라벨(J. H. Flavell)은 메타인지 개념을 처음 제안한 학자로 그는 효과적인 학습이란 지식 자체뿐 아니라 자신의 인지 과정에 대한 지식과 통제의 중요성을 강조하고 있다. 코칭의 성찰과 피드백 루프는 플라벨이 말한 메타인지의 두 요소인 메타인지 지식, 메타인지 기술을 강화하는 기법과 같다(Slavin, R. E., 2008).

④ 정의적 영역의 발달과 긍정적 관계 형성

- 학습은 단순히 지식을 습득하는 인지적 활동에 그치는 것이 아닌 학습 동기, 자신감, 흥미, 태도 등 정의적 요인이 학습 효과에 결정적 영향을 미치게 된다. 코칭은 신뢰와 존중에 기반한 수평적 관계 속에서 학습자의 작은 성공을 지지하고 격려하며 실패를 성장의 기회로 재해석하도록 돕는다. 이는 학습자의 자신감과 자존감을 높이고, 학습에 대한 긍정적인 태도를 형성하게

한다.
- 인본주의 심리학(Humanistic Psychology)자인 칼 로저스(Carl Rogers) 등은 공감적 이해, 무조건적 긍정적 존중, 진실성을 인간의 성장과 변화를 위한 핵심 조건으로 보았으며 이는 코칭에서 코치가 갖춰야 할 핵심 역량과 정확히 일치하고 있으며, 안전하고 신뢰하는 학습 환경을 조성하는 교육적 토대가 된다.
- 코칭은 지식의 주입식 교육에서 벗어나 학습자의 잠재력을 믿고, 스스로 답을 찾도록 지원하며, 그 과정을 통해 배움의 주체로 성장시키는 현대 교육학의 이상을 실현하는 가장 강력하고 구체적인 교수-학습 방법론이라 하겠다.

이처럼 코칭은 교육학의 추상적 이상과 가치를 학습자 개인의 삶 속에서 구체적인 성장과 성과를 실현하게 하는 핵심적인 파트너이자 실천적 방법론으로 학습자에게 선택의 자유를 주고, 책임감을 부여하며, 질문을 통해 스스로 길을 찾게 하고, 궁극적으로 삶 전체를 아우르는 성장을 이루도록 돕는다는 점에서 교육의 목적과 일치한다.

(2) 교육학과 코칭의 핵심

① 학습자 중심의 접근(Learner-Centered Approach)
- 교육자와 코치(교사/코치) 중심의 일방적 지식 전달이 아닌, 학습자(학생/코칭 고객)가 배움의 중심이 되어 스스로 답을 찾고 성장하도록 돕는다는 공통의 철학을 가지고 있다.
- 교사가 정답을 주입하는 것이 아니라, 학습자가 스스로 지식을 구성하고 의미를 발견하도록 환경을 설계하고 과정을 촉진하는 역할을 강조한다.
- 코칭의 모든 해답은 고객 안에 있다. 는 대전제에서 출발하고 있으며 코치는 해결책을 제시하는 것이 아니라 고객이 자기 내면을 탐색하여 스스로 잠재력과 해결책을 발견하도록 돕는 파트너의 역할을 한다.

- 교육학은 구성주의(Constructivism) 이론이 대표적이며, 지식은 외부에서 주어지는 것이 아니라 개인의 경험을 통해 스스로 구성된다는 피아제(Piaget)와 유능한 타인과의 사회적 상호작용을 통해 학습이 일어난다는 비고츠키(Vygotsky)의 이론은 학습자 중심 접근의 토대가 되며 칼 로저스(Carl Rogers)의 인본주의 교육론은 학습자의 감정과 경험을 존중하는 비지시적(Non-directive) 접근을 강조하는데 이는 코칭의 접근법과 같다.
- 국제코칭연맹(ICF)은 코치의 핵심 역량으로 코칭적 현존(Coaching Presence)과 신뢰 및 친밀감 형성을 강조하고 있으며 이는 고객을 온전한 파트너로 인정하고 고객 중심의 안전한 환경을 조성하는 것은 교육학과 코칭의 공통된 지향점이다.

② 질문과 성찰을 통한 성장 촉진(Growth through Inquiry and Reflection)
- 정답을 알려주는 것이 아닌 질문을 핵심 도구로 사용하여 학습자가 스스로 생각하고 깨닫도록 조력하는 과정으로 바람직한 교육은 심도 있고 의미 있는 질문을 통해 이에 대한 해답을 찾아가게 한다. 질문은 학습자의 호기심을 자극하고 고차원적인 사고를 촉진하는 가장 효과적인 교수법 중 하나다.
- 코칭의 핵심은 경청과 질문이다. 코치는 강력한 질문을 통해 고객이 자신의 상황을 새로운 관점에서 바라보고 자기의 신념과 가능성을 탐색하여 통찰을 얻도록 한다.
- 고대 철학자 소크라테스의 산파술(문답법, Socratic Method)은 질문을 통해 상대방이 스스로 진리를 깨닫게 하는 방법으로 코칭 질문의 원형이다(이창우, 2007).
- 존 듀이(John Dewey)는 반성적 사고(Reflective Thinking)를 통해 경험이 진정한 학습으로 전환된다고 하는 관점은 코칭의 성찰 과정과 맥을 같이한다.
- 코칭에서는 고객의 인식을 전환하고 행동을 촉진하는 질문(Questioning)을 핵

심 기술로 삼고 있으며 이는 단순히 정보를 얻기 위한 질문 이상의 의미로 고객의 사고를 확장시키는 것을 목적으로 한다.

③ 잠재력 실현과 미래 지향성(Realizing Potential & Future-Orientation)

- 과거의 문제나 결핍에 집중하기보다, 개인의 잠재력을 믿고 미래의 긍정적인 변화와 성장을 지향한다.
- 교육은 인간의 몸과 마음을 성장시키고 발달시키고자 하며, 더 발전적이고 미래지향적인 참된 교육의 가치를 추구하는 교육의 본질은 현재 상태를 넘어 더 나은 미래의 가능성을 실현하는 데 있다.
- 코칭은 무엇이 잘못되었는지를 파고드는 문제 중심이 아닌 무엇을 원하는가에서 출발하여 고객이 바라는 미래의 모습을 명확히 하여 현재 자기가 가진 강점과 자원을 활용하고 그 목표를 달성하도록 하는 데 집중하게 한다.
- 비고츠키(Vygotsky)의 '근접발달영역(ZPD, Zone of Proximal Development)' 이론은 학습자가 현재 수준을 넘어 잠재적 발달 수준에 도달할 수 있다는 믿음을 기반으로 교사(코치)의 도움이 바로 이 잠재력을 현실로 만드는 역할을 하게 된다.

  또한 긍정심리학(Positive Psychology)의 교육적 적용은 학생의 결점 보완보다 강점과 긍정 정서를 강화하여 성장을 돕는다는 점에서 코칭의 접근과 매우 유사하다(Seligman, M. E. P., 2009).
- 코칭은 문제 해결(Problem-solving)을 넘어 해결 중심 접근(Solution-focused Approach)과 강점 기반 접근(Strength-based Approach)을 지향하고 이는 고객의 잠재력과 가능성에 대한 긍정적 기대와 변화를 바탕으로 미래의 성공적인 모습을 창조해 가도록 돕는다.

이처럼 코칭은 교육학의 오랜 이상과 철학을 개인의 삶 속에서 실현하게 하는 가장 효과적이고 실천적인 방법론이며 학습자의 주체성을 존중하고 질문을 통해 성찰을 이끌며 잠재력을 믿고 미래의 성장을 돕는다는 점에서 교육과 코칭은 같은 뿌리를 가진 나무의 다른 가지와 같다.

3. 코칭의 사회학적 관점

현대 사회는 기술의 급격한 발전과 인구 증가 그리고 정보와 지식의 팽창 및 AI 시대의 진입 등 다양한 변화 속에서 그 속도가 점점 더 빨라지고 있고, 그 대상과 영역 또한 다른 어느 때보다 포괄적으로 진행되어 가고 있다.

현대 사람들은 불확실성의 시대를 살고 있으나 더욱 나은 앞날을 가져오기 위해 자신이 속한 사회 현상에 대하여 그 어느 때보다 정확한 지식과 정보에 대한 분별과 변별이 필요해졌으며 개인이 사회에서 일어나는 현상에 분별과 변별력을 가지고 사회를 들여다볼 때 자신과 자신을 둘러싼 환경을 더 객관적으로 인식하게 되고, 그러한 것들이 만들어져 온 역사적 흐름과 전체 구조를 파악함으로써 사회가 어떠한 원리와 과정에 의해 역동하고 있는지 어떻게 변화해 갈 것인지 가늠할 수 있게 된다.

현대 사회의 변화 속에서 살아가는 인간에게는 개인과 조직의 상호작용 속의 역동에 관하여 연구하는 사회학에 대한 깊은 이해가 필요하다. 사회학은 지난 2~3세기에 걸쳐서 인간 사회에서 일어나고 있는 큰 변화의 이해를 위하여 등장하였다.

사회학은 정치학, 경제학과 더불어 사회과학의 3대 기초과학의 하나로서 인간들이 영위하는 사회생활의 기본 원리와 사회활동의 여러 방식을 연구하는 학문인 동시에 사회적인 조직이 지니는 질서와 변화의 참모습을 구조적으로, 역사적으로 그리고 과학적으로 이해하려 한다. 또한 우리 사회의 여러 사회적 쟁점이나 사회 문제들에 대한 인과관계의 기제들을 밝히고, 대안의 제시를 통해 사회 발전에 이바지하는 사회학은 실천 지향적인 학문이다. 그럴 뿐만 아니라 사회학은 서로 다른 사회적 현상 사이의 복합적인 관계들과 사람들의 사회적 행동에서 나타나는 규칙성과 다양성을 연구한다.

　사회학의 주요한 이론적 접근은 기능주의, 갈등이론, 상징적 상호작용론으로, 사회학은 현대 산업화된 체제에 특별한 관심을 기울이면서 인간 사회를 체계적으로 연구하고, 사회의 크고 작은 변화와 인간의 삶 속에 있는 가장 은밀하고 개인적인 특성의 변화도 포함하고 있다. 사회학적 훈련은 상상력을 가지고 생각하고 사회적 삶에 대해서 받아들여지고 있는 견해로부터 자기를 분리하는 능력을 포함한다.

　사회학은 중요한 실천적 함의를 갖는 주제로, 사회 비판과 사회 개혁에 여러모로 기여하고 있으며, 주어진 사회적 상황을 이해함으로써 사회적 상황을 통제할 기회를 제공하고, 인간의 문화적 감수성을 높일 수 있는 수단을 제공하는 다양한 문화적 가치에 대한 인식에 바탕을 두고 있다.

　인간은 특정한 정책 프로그램을 채택했을 때, 의도한 결과와 의도하지 않은 결과를 탐구할 수 있으며 개인과 집단이 자기 삶의 조건을 변화시킬 기회를 높일 수 있도록 하는 자기 계몽을 제공할 수 있다. 따라서 변화에 대처하는 방법론적인 기술로 사회학의 이론적 체계뿐 아니라 실용적 가치와 실천적 가치를 부여할 수 있는 학문으로 의식과 행동의 환경 적응이라는 이슈를 해결하는 것에 있어 그 탁월함을 간과할 수 없다.

　사회학은 사회의 구성요소인 정부, 기업, 국가, 가족, 개인 등의 긍정적 변화와 그 구성요소를 포함한 사회의 긍정적 변화에 의미와 가치를 부여할 수 있게 되며, 인간이 속한 다양한 환경의 변화는 그 사회의 변화와 성장에 대한 가치에 이바지하게 되고, 이것의 도구 또는 방법론적인 학문으로의 코칭은 이 사회의 긍정적 변화에 크게 이바지하고 있다(이종각, 2017).

　이것은 코칭에서 말하는 문제의 해결과 적응 그리고 발전과 성장이라는 코칭의 근본적인 원리와 그 맥을 같이 하고 있다.

　사회학은 급변하는 현대 사회 속에서 개인과 조직의 삶을 이해하고, 문제 해결과 긍정적 변화를 추구하는 실천적 학문으로 정의되며, 이러한 사회학의 역할은 개인과 조직, 나아가 사회 전체의 '긍정적 변화와 성장'을 도모한다는 것은 코칭의 원리와 정확히 일치하고 있다.

(1) 코칭의 사회학적 관점에서 중요한 가치와 의미

① 사회 변화에 대한 개인과 조직의 적응 및 성장 지원

- 현대 사회가 "기술의 급격한 발전, 정보 팽창 등"으로 인해 불확실성이 커지고 있으며, "변화에 대처하는 방법론적인 기술"로서 사회학은 중요한 역할을 하고 있다. 이는 "의식과 행동의 환경 적응이라는 이슈"를 해결하는 데 그 효과를 발휘하고 있다.
- 코칭은 바로 이 지점에서 개인과 조직이 급변하는 사회 환경에 효과적으로 적응하고 성장하도록 돕는 구체적인 방법론이 되고 나아가 개인과 조직이 자신을 둘러싼 환경 변화를 인식하고, 그 속에서 자신의 목표를 재설정하며, 능동적으로 변화를 만들어가도록 지원한다. 이는 코칭에서 말하는 문제의 해결과 적응 그리고 발전과 성장이라는 코칭의 근본적인 원리와 그 맥을 같이 하고 있다.

② 사회학적 상상력을 통한 자기 계몽(Self-Enlightenment) 촉진

- 사회학적 훈련은 상상력을 가지고 생각하고 사회적 삶에 대해서 받아들여지고 있는 견해로부터 자기를 분리하는 능력을 포함하며 이를 통해 개인이나 집단속에서 자신의 삶에 조건을 변화시킬 기회를 높일 수 있도록 하는 자기 계몽을 제공한다.
- 코칭의 핵심 기술인 관점 전환(Reframing)과 다양한 질문은 학습자가 기존의 고정관념이나 당연하게 받아들였던 생각에서 벗어나도록 돕는 것이며 이는 사회학에서 말하는 사회학적 상상력을 개인적 차원에서 실현하는 과정이다. 코칭을 통해 개인은 자신과 주변을 둘러싼 환경(가족, 조직, 사회)을 객관적으로

바라보게 되고 이를 통해 스스로 문제를 인식하고 삶의 주도권을 되찾는 '자기 계몽'을 경험하게 된다.

③ 사회구조와 개인행동 간의 상호작용 이해 및 개선

- 사회학은 서로 다른 사회적 현상 사이의 복합적인 관계들과 사람들의 사회적 행동에서 나타나는 규칙성을 연구하고 사회 속에 조직이 지니는 질서와 변화의 참모습을 구조적(기능주의, 갈등이론, 상징적 상호작용론 등)으로 이해하고자 한다.
- 그룹 코칭이나 조직 코칭은 개인의 행동이 조직이나 팀이라는 사회적 구조 안에서 어떻게 발현되고 구성원 간에 어떤 상호작용을 일으키는지 탐색한다. 이러한 과정을 통해 개인의 행동 패턴만이 아닌 그 행동에 영향을 미치는 조직의 구조적 문제나 관계의 역동성을 함께 다루게 된다. 이는 사회학의 상징적 상호작용론이라는 관점에서처럼 개인 간의 상호작용에 관한 의미 부여 과정을 통해 관계를 개선하고 조직 전체의 긍정적 변화를 도모한다.

④ 사회 발전을 위한 실천 지향적(Practice-Oriented) 도구

- 사회학은 단순히 현상을 분석하는 것에 그치지 않고 사회 문제에 대한 인과 관계의 기제들을 밝히고 대안의 제시를 통해 사회 발전을 이루고자 하는 실천 지향적 학문이다.
- 코칭은 사회의 긍정적 변화를 위한 중요한 과제로 코칭의 실천적 가치를 강조하고 있으며 개인의 변화에서 시작하여 그가 속한 가족, 기업, 지역사회 등 사회 구성요소의 긍정적 변화를 끌어내는 구체적인 도구이자 방법론으로 한 사람의 리더가 코칭을 통해 변화하면 그 기업 문화가 바뀌고, 한 명의 부모가 코칭을 통해 성장하면 그 가정에 긍정적 변화가 일어나는 것처럼 코칭은 사회학이 추구하는 사회 발전을 미시적(micro) 수준에서부터 실현해 나가는 강력한 실천 도구이다.

(2) 사회학과 코칭의 핵심

① 관점 전환과 자기 성찰 촉진(Sociological Imagination & Reframing)

- 사회학에서는 개인의 문제를 더 넓은 사회적·구조적 맥락 속에서 바라보게 하여 기존의 고정관념에서 벗어나 새로운 관점과 해결책을 찾도록 도우며, 코칭은 개인이 겪는 어려움을 단순히 개인의 의지나 능력 부족으로 보지 않고 그를 둘러싼 환경, 관계, 조직 문화 등 시스템적 관점에서 문제를 탐색하도록 강력한 질문을 던져 관점의 전환(Reframing)을 유도한다.
- 사회학자인 찰스 라이트 밀스(C. Wright Mills)가 그의 저서 『사회학적 상상력(The Sociological Imagination)』에서 제시한 개념을 핵심 근거로 밀스는 개인적인 문제(personal troubles)와 사회적인 이슈(public issues)를 연결하여 사고하는 능력을 강조하였다(Mills, C. W., 2004).
- 코칭에서 자기의 문제에 영향을 미치는 또 다른 요인은 무엇이 있는지 이 상황을 10,000피트 상공에서 내려다본다면 무엇이 보이는지와 같은 질문은 밀스가 말한 사회학적 상상력을 개인의 삶에 적용하여 자기를 객관화하고 더 넓은 시야를 갖도록 돕는 과정과 같다.

② 행위 주체성(Agency) 강화와 삶의 조건 변화

- 사회학에서는 개인이 주어진 환경이나 구조에 의해 일방적으로 결정되는 수동적 존재가 아닌 자기의 삶과 환경을 변화시키는 힘(Agency)을 가진 주체임을 전제하고 이를 강화해 나간다.
- 사회학이 개인이나 집단이 자기 삶의 조건을 변화하는 기회를 높이도록 돕는 실천적 학문임을 강조한 것과 같이 코칭은 고객이 자기 삶의 주인으로서 스스로 목표를 설정하고 자원을 발견하며 선택과 행동을 통해 원하는 변화를 만들어갈 수 있다는 믿음에 기반하고 있다.
- 사회학자 앤서니 기든스(Anthony Giddens)의 구조화 이론(Structuration Theory)은

사회구조가 개인의 행위를 제약하는 동시에 개인의 행위에 따라 다시 그 구조가 유지 또는 변화한다고 본다. 즉 개인(Agent)과 구조(Structure)의 이중성을 설명하고 있으며 이는 구조 속에 개인은 무력한 존재가 아니라 구조를 변화시킬 잠재력을 가진 행위자임을 설명하고 있다(기든스, 앤서니, 2012).
- 코칭 과정은 기든스의 이론을 실천적으로 보여주는 예로 코치는 개인이 조직이나 환경이라는 구조 속에서 자신의 행동 패턴(행위)을 인식하게 하고 새로운 행동을 시도함으로써 자신만이 아니라 주변 환경(구조)에 긍정적인 영향을 미치도록 돕는다.

③ 상호작용을 통한 의미 구성과 관계 개선(Symbolic Interactionism)
- 사회와 개인의 관계가 고정된 실체가 아닌 사람 간의 상징적인 상호작용을 통해 끊임없이 의미가 만들어지고 재구성된다.
- 사회학의 주요 이론 중 하나인 상징적 상호작용론은 사회 현상을 거시적 구조가 아닌 개인 간의 상호작용과 의미 부여 과정으로 설명하고 있다.
- 코칭은 코치와 고객 간의 대화를 통한 상호작용 과정으로 대화 속에서 고객은 자신의 경험에 새로운 의미를 부여하고 타인과의 관계를 재해석하며 새로운 정체성을 구성해 나간다.
- 사회학자 조지 허버트 미드(George Herbert Mead)와 허버트 블루머(Herbert Blumer)에 의해 발전된 상징적 상호작용론(Symbolic Interactionism)은 직접적인 학문적 근거이다. 이 이론은 인간이 사물이나 타인의 행동에 대해 주관적인 의미를 부여하고 그 의미에 따라 행동한다는 것이다(Mead, G. H., 2017).
- 코칭 대화는 상징적 상호작용론을 실제로 구현하고 있다. 예를 들어 '실패'라는 사건에 대해 '끝'이라는 의미 대신 '성장을 위한 배움'이라는 새로운 의미를 부여하도록 돕는 과정은 상호작용을 통해 주관적 현실을 긍정적으로 재구성하는 핵심적인 예이다.

이처럼 코칭은 사회학이 거시적 차원에서 밝혀낸 통찰 즉 개인을 둘러싼 맥락을 이해하는 변화를 만드는 주체로 기능하는 관계 속에서 의미를 재구성하는 과정을 개인과 조직이라는 미시적 차원에서 구체적으로 실현하는 방법론이다.

4. 코칭의 심리학적 관점

심리학은 인간과 동물의 의식과 무의식은 물론 그 의식과 무의식을 통해 나타나는 다양한 행동양식과 사고의 패턴을 연구한다. 철학적 영역에서 출발하여 현재는 과학은 물론 다양한 분야에서 포괄적으로 적용되고 있으며, 각 분야에서 탁월한 성과를 거두어내며 통합적 학문으로의 자리매김하고 있다.

심리학의 다양한 효용을 특별히 인간의 삶에 적용하면서 개인의 의식과 행동을 관찰하고 관찰한 내용을 과학적으로 증명하는 학문으로 역할하고 있다. 또한 인간의 적응과 부적응 및 이상행동에 대한 것들도 체계적으로 기술하고 그 발생의 이유나 과정의 설명을 토대로 앞으로 일어날 일들을 예측하여 궁극적으로는 의식과 행동의 적응성과 긍정적인 변화를 꾀하는 것이다. 즉 보이지 않는 개인의 심리적 상태를 행동과 사고를 통해 예측할 수 있으며, 심적 상태에 따라 결정되는 행동의 패턴을 연구하여 이를 구체화하고 구체화하는 과정에서 다양한 이론과 기법들이 생겨났다.

인간은 일관되고 조화로운 상태 그리고 정서적 평안과 즐거움을 유지하려는 경향이 있으며, 어떠한 대상에 대한 가치, 신념 그리고 태도에 있어 일관되지 못하면 불안을 느끼고 이러한 것이 심리적으로 부조화를 느끼게 되고, 부조화의 감소를 위해 조화를 이루기 위한 에너지 생성(동기유발)이 일어나고 또 이러한 것을 유지하기 위해 내적, 외적 일관성의 최적화를 꾀하게 된다. 심리학을 인간의 내적 상태와 외적 행동을 과학적으로 이해하여 긍정적인 변화를 추구하는 학문으로 코칭은 바로 이러한 심리학적 원리를 실제 현장에서 적용하여 개인의 성장과 변화를 끌어내는 가장 효과적인 실천 방법론이다.

(1) 코칭의 심리학적 관점에서 중요한 가치와 의미

① 심리적 부조화를 긍정적 변화의 동기(動機)로 활용

- 심리학에서는 어떠한 대상에 대한 가치, 신념 그리고 태도에 있어 일관되지 못하면 불안을 느끼고 이것이 심리적으로 부조화를 느끼게 되며 이 부조화를 줄이기 위해 조화를 이루기 위한 에너지 생성(동기유발)이 일어난다고 설명하고 있다.
- 코칭은 고객이 현재 자신의 모습(현실)과 진정으로 원하는 모습(이상, 가치, 비전) 사이의 불일치, 즉 심리적 부조화를 명확하게 인식하도록 돕는 것에서부터 시작되며 이 부조화에서 비롯되는 불편함이나 변화에 대한 열망이 막연한 불안감을 넘어 목표를 향한 강력한 동기 에너지로 전환이 되게 도와 이 동기 에너지를 구체적인 행동 계획으로 연결하는 촉매제 역할을 한다.

② 내적·외적 일관성을 통한 정서적 평안 추구

- 인간은 일관되고 조화로운 상태 그리고 정서적 평안과 즐거움을 유지하려는 경향이 있고 이를 위해 내적, 외적 일관성의 최적화를 꾀하게 된다.
- 코칭의 핵심 목표 중 하나는 가치와 행동의 일치(Value-Action Alignment)이다. 코칭 대화를 통해 고객은 자신의 핵심 가치와 신념이 무엇인지 명확히 하고 현재 자신의 행동이 그 가치와 일치 정도의 성찰 과정을 통하여 자기의 가치에 따라 생각하고 행동할 때 비로서 내적 신념과 외적 행동이 일관성을 이루어 인간은 심리적 안정감과 만족감으로 정서적 평안을 경험하게 된다.

③ 긍정적 변화를 위한 실천적 심리학(Practical Psychology)

- 심리학의 궁극적 목표는 단순히 현상을 기술하고 설명하는 것을 넘어 앞으

로 일어날 일들을 예측하여 최종에는 의식과 행동의 적응성과 긍정적인 변화를 꾀하는 것이다.

코칭은 심리학 이론을 실제 삶의 변화로 연결하는 가장 구체적인 방법론으로 고객의 과거 문제 원인에 대한 분석보다는 고객이 원하는 긍정적 변화에 대한 미래지향적인 탐색 과정과 원하는 변화를 만드는 데 필요한 새로운 사고(의식)와 행동 패턴을 디자인하고 실행하도록 지원함으로써 심리학의 실천적 목표를 달성하게 한다.

④ 행동과 사고 패턴의 구조적 구체화를 통한 자기 인식(Self-Awareness) 증진

- 심리학은 보이지 않는 개인의 심리적 상태를 행동과 사고를 통해 예측하고 심리적 상태에 따라 결정되는 행동의 패턴을 연구하여 이를 구체화하는 학문이다.
- 코칭 과정에서 코치는 경청과 질문을 통해 고객이 무심코 반복하는 말, 생각, 행동의 패턴을 관찰하고 거울처럼 반영하게 된다. 고객은 막연하기만 한 자기의 보이지 않는 심리적 상태가 어떤 구체적인 행동과 사고 패턴으로 나타나는지 명확하게 인식하게 되고 이러한 과정은 자기의 상태를 인지하고 구체화하는 과정으로 변화의 핵심인 자기 인식을 통한 알아차림의 핵심이 된다.

(2) 심리학과 코칭의 핵심

① 지금-여기에서의 알아차림과 개인의 책임

- 코칭은 과거의 원인을 분석하거나 미래를 막연히 불안해하는 대신 지금-여기(Here and Now)에 온전히 집중하여 현재의 생각, 감정, 행동을 명확히 알아차리고(Awareness) 스스로 책임지도록 한다는 점에서 게슈탈트 치료 및 현실요법과 같은 철학을 공유한다.

- 게슈탈트 이론(프리츠 펄스, Fritz Perls)은 현재 이외의 개념은 존재하지 않으며 결정할 힘은 현재에 있음을 강조하며 개인이 현재의 경험을 온전히 알아차리고 그에 대한 책임을 질 때 통합된 존재로 성장한다고 보았다.
- 현실 요법(윌리엄 글래서, William Glasser)에서는 선택하지 않는 것도 선택이며 자신의 삶과 행복을 통제하는 사람은 바로 자신이라고 보고 현재의 행동이 진정으로 원하는 것에 이바지하는지를 묻고 그 선택에 대한 책임을 강조한다.

이처럼 코칭도 고객이 현재 자신의 상태를 명확히 인식하고, 그 상태가 자기의 선택의 결과임을 깨닫게 하여 미래의 변화를 위한 새로운 선택과 책임을 스스로 질 수 있도록 지원한다.

② 내재된 잠재력과 자기실현에 대한 신뢰

- 코칭은 모든 인간이 자신의 문제를 해결하고 성장할 수 있는 내재 된 잠재력과 자원이 있으며 스스로 자기실현을 추구하는 존재라는 깊은 신뢰를 바탕으로 하고 있다. 이는 인간 중심이론의 핵심이기도 하다.
- 인간 중심 치료의 칼 로저스(Carl Rogers)는 인간을 자기를 실현화하기 위한 동기가 있는 기본적으로 신뢰로운 존재로 보았다. 상담자의 역할은 지시나 해결책 제시가 아니라 내담자가 스스로 답을 찾을 수 있도록 최적의 환경(일치성, 공감적 이해, 무조건적 긍정적 존중)을 제공하는 것이라고 정의한다.
- 융의 분석심리학 칼 융(Carl Jung)은 논리적 타당성보다 해석을 받은 당사자에게 얼마나 효과적이냐에 중점을 두고 개인의 주관적 체험과 내적 성장을 중시했다. 이는 개인의 잠재력을 신뢰하는 관점과 맥을 같이한다.

  또한 코칭은 "모든 답은 고객 안에 있다"라는 코칭 제1원칙이 인본주의 철학을 그대로 반영하고 있으며 코치는 고객을 가르치거나 평가하는 것이 아닌 고객의 잠재력이 발현되도록 돕는 동등한 파트너로서의 관계를 강조한다.

③ 신념과 관점의 전환을 통한 변화 창출

- 코칭은 어떤 사건이나 현실 그 자체가 아닌 그것을 해석하는 개인의 신념 체계와 관점이 감정과 행동을 결정한다고 보고 성장을 방해하는 비합리적 신념을 변화시키는 것이 핵심이라는 점에서 인지 정서 행동치료와 강력한 유사성을 가지고 있다.
- 인지 정서 행동치료의 알버트 엘리스(Albert Ellis)는 "우리를 당황하게 하는 것은 결코 우리에게 일어난 사건이 아니라 이러한 사건을 보는 우리의 관점"이라는 ABC 이론을 통하여 비합리적 신념(Beliefs)을 논박(Dispute)하여 긍정적 결과를 끌어낼 수 있다고 주장한다.
- 프리츠 펄스(Fritz Perls)는 우리 각자는 주관적으로 세상을 경험하며 살아가는 실존적 존재이며 관심의 초점에 따라 주어진 상황이 객관적으로 다른 경험을 하게 된다는 개인의 주관적 인식을 강조한다(Slavin, R. E., 2008).
- 코칭의 핵심 기법인 관점 전환(Reframing)은 엘리스의 논박 과정의 활용을 통하여 코치는 고객의 자기에 대한 제한적 신념("나는 ~할 수 없어")이나 당위적 사고("반드시 ~해야 해")에 대해 질문하는 과정을 통하여 고객 스스로 자기 신념의 타당성을 검토하여 많은 가능성을 여는 새로운 관점을 선택하도록 한다.

이처럼 코칭도 단일 이론이나 학문이 아닌 인간의 성장과 변화를 지지하는 다양한 학문적 토대 위에 세워진 통합적이고 실천적인 학문이다. 특히 문제의 원인 분석보다 현재와 미래에 집중하고, 해결책을 제시하기보다 스스로 답을 찾도록 지원하며, 신뢰와 존중의 파트너십을 기반으로 한다는 점에서 기존의 심리 치료와는 차별화된 독자적인 영역을 구축했다.

이러한 학문적 관점을 통합적으로 정리하면 코칭은 다양한 학문의 다각적인 이론의 깊이와 실천적 가치를 융합하여, 개인과 조직이 스스로 잠재력을 발휘하여 변화하는 환경에 적응하고 궁극적으로 더 나은 삶과 성과를 창출하도록 돕는 강력하고 체계적인 실천적 방법론으로 단순히 기술의 적용을 넘어, 인간의 본질과 성장 메커니즘에 대한 깊은 이해를 바탕으로 하는 총체적인 접근 방식이다.

10 코칭 역사

1. 코칭의 어원적 기원(15세기 중반 ~ 19세기 중반)

'코치(Coach)'라는 단어의 어원은 마차에서 시작 이는 단순히 물리적인 이동 수단을 넘어 보다 넓은 상징적인 의미를 내포하고 있다.

15세기 헝가리 '코치(Kocs)' 마을의 마차로 당시 유럽에서 이 마을에서 제작된 사륜마차는 승객을 운반하는 역할을 했으며, 이 마차의 이름이 '코치'라는 단어의 기원이 되었고, 이후 '사람을 나르는 운송 수단'이라는 의미로 확장되었다.

옥스퍼드 영어사전(Oxford English Dictionary) 메리엄-웹스터 사전(Merriam-Webster Dictionary) 등 권위 있는 어원사전들은 'coach'의 어원을 헝가리어 'kocsi'(Kocs에서 온)에서 찾았으며 이는 'Kocs' 마을에서 제작된 마차를 지칭하는 형용사에서 유래 이후 명사화되어 전 유럽으로 퍼지면서 15세기에서 17세기에 걸쳐 유럽 전역으로 확산이 되었고 프랑스어(coche), 독일어(Kutsche), 스페인어(coche) 등 다양한 유럽 언어에 이 단어가 차용되어 '콕시(kocsi)' 또는 '콕지(kotdzi)' 등으로 불리었다(Grant, A. M., 2007).

이후 영국으로 건너가 영어 'coach'로 정착하게 되었으며, 단순히 이동 수단으로서의 의미를 넘어 사람을 목적지까지 편안하고 효율적으로 데려다주는 역할에 대한 의미가 내포되어 있고 코칭의 핵심 가치인 인간의 성장과 발전을 위한 여정에서 돕는 역할과 연결되는 의미로 해석되어 갔다. coach의 의미를 나타내는 주요 어원사전에는 마차 생산지로서의 'Kocs' 마을과 연결된 설명이 일반적이다. 16

세기 초에 영어 'coach'라는 형태로 유입되면서 19세기 중반 영국의 옥스퍼드 대학에서는 학생들의 학업 성취를 돕기 위해 개인 교사를 고용했는데, 이들을 '코치(coach)'라고 명명하고, 이는 학생들을 지식의 목적지로 이끌어주는 역할로 비유되었다(Stout-Rostron, S., 2000).

1880년경에는 스포츠에 적용하여 코치를 운동선수를 훈련하는 사람으로 초기에는 코쳐(coacher)라고 불리었고 1890년대에 이르러 뒤의 'er'이 소멸하였으나 지금도 미국의 메이저 리그에서 1루와 3루 뒤에서 코치하는 사람을 코쳐라 부르며 그들이 서는 자리를 코쳐스 박스(coacher's box)라 부르고 있다(Whittle, S., 2012).

2. 근대 코칭 개념의 형성(1970년대 ~ 1980년대)

(1) 코칭은 1950년 경영관련 문헌에서도 나타나고 있으며, 티머시 골웨이(Timothy Gallwey)의 '이너 게임(Inner Game)' 개념(1970년대)은 하버드 대학의 테니스 코치였던 티머시 골웨이가 선수들에게 기술적인 지시보다는 그들 내면의 잠재력을 인식하고 스스로 장애물을 극복하도록 돕는 방법에서 시작되었다(Gallwey, W. T., 1974).

(2) 그는 외부의 지시(Outer Game)보다 선수 내부의 심리적 장애물(Inner Game)이 경기력에 더 큰 영향을 미친다고 보고, 이를 극복하도록 돕는 것이 코치의 역할임을 강조했다. 그의 저서 『테니스의 이너 게임(The Inner Game of Tennis)』은 스포츠를 넘어 비즈니스, 교육 등 다양한 분야에 큰 영향을 미쳤으며, 현대 코칭의 '내면의 잠재력 발현'이라는 방향성의 기반을 마련하였다.

(3) 이 시기부터 코칭은 스포츠 분야를 넘어 개인의 잠재력 개발과 목표 달성을 돕는 전문적인 방법론으로 자리 잡기 시작하였다.

(4) 티머시 골웨이의 이너 게임(The Inner Game)의 개념은 기술적인 지시를 스스로 제한하고 있거나 자신의 능력에 대한 불신으로 인해 실력 발휘를 못 하는 선

수를 자주 목격하면서 그는 선수에게 지시 대신 질문을 통해 스스로 문제를 인식하고 해결하도록 도왔다.

(5) 그 결과 선수들은 코치의 직접적인 지시 없이도 자신의 실수를 스스로 교정하고 내면의 심리적 방해 요소를 극복하여 경기력을 향상하게 시켰다.

(6) 골웨이는 이를 외부 게임(Outer Game)의 기술적인 지시가 아닌 내부 게임(Inner Game)인 내면의 심리적 상태의 관리라고 보았으며 이때의 코치는 선수들의 기량 향상뿐만 아니라 정신력, 태도 등 전반적인 성장을 돕는 역할로 이는 현대 코칭의 목표 달성 지원이라는 핵심 개념과 연결되어 있다.

골웨이의 이너 게임 방법론은 테니스뿐만 아니라 골프, 스키 등 다양한 스포츠 분야에 적용하여 큰 성공을 거두면서 나아가 그의 통찰은 스포츠를 넘어 경영, 교육, 예술, 비즈니스 등은 물론 개인의 삶 전반에 걸쳐 적용될 수 있음을 보여주었다(Gallwey, W. T., 1974).

3. 현대 코칭 개념의 형성(1980년대 ~ 1990년대)

(1) 1980년대 초 현대 코칭의 아버지로 불리는 인물이며, 세계 최초의 퍼스널 코치인 토마스 레너드(Thomas J. Leonard)의 활동은 '코칭'을 독립적이고 전문적인 분야로 확립하는 데 결정적인 역할을 했다. 그는 원래 재무 플래너로 고객이 돈 문제 이상의 근본적인 삶에 대한 물음을 가지고 있음을 발견하였다.

그는 고객들이 재무 문제를 넘어 삶의 다양한 영역에서 더 나은 미래를 설계하고 싶어 한다는 것을 알게 되고 레너드는 사람들이 스스로 목표를 설정하고 자신의 강점을 활용하여 문제를 해결하도록 돕는 과정이 매우 필요함을 깨닫고 이를 체계화하여 '전문 코칭'이라는 개념을 정립했다.

(2) "고객은 이미 창의적이고, 지략이 풍부하며, 온전한 존재"라는 코칭의 핵심

전제를 확립하였으며 이러한 토마스 레너드의 활동을 기점으로 코칭은 하나의 독립적인 전문 분야로 성장하고 확산해 나갔다(Leonard, T. ,1998).

(3) 1992년 토마스 레너드는 전문적인 코치 교육기관인 '코치 U'를 설립하여 코칭의 기술과 이론을 체계적으로 가르치기 시작하였고 1995년 코칭 분야의 윤리 기준과 역량 모델을 정립하여 전 세계 코칭 산업의 발전을 이끌기 위한 국제코치연맹(International Coach Federation, ICF) 설립, ICF는 코치 인증, 교육 프로그램 승인 등을 통해 코칭의 전문성과 신뢰도를 높이는 데 크게 이바지하고 있다.

(4) 코칭은 **심리학**(인본주의 심리학, 긍정심리학, 인지행동 심리학 등), **교육학**(구성주의, 자기주도 학습 이론 등), **사회학**(상징적 상호작용론, 사회학적 상상력 등), **경영학**(리더십 이론, 인적자원 개발론 등) 등 다양한 학문적 이론을 기반으로 하여 연구되고 발전하면서 학문적 토대를 강화해 나갔다.

(5) 코칭의 확산과 전문화에 큰 공을 세운 토마스 레너드가 47세에 갑작스럽게 사망하면서 코칭 운동에 큰 공백이 있었으나 그가 구축한 국제코치연맹(ICF)은 레너드의 비전을 이어받아 견고한 코칭의 기반으로 계속해서 진화하고 확장해 코칭의 전문성을 강화하고 글로벌 표준을 정립하는 데 핵심적 역할을 수행했다.

(6) ICF는 단순히 코치들을 모으고 확산하는 것을 넘어 엄격한 코칭 프로그램 인증제도를 도입하였으며 이 제도를 통해 코칭 교육기관들은 ICF의 높은 기준을 충족해야만 공식 인증을 받을 수 있게 되었고, 이는 코칭 교육의 질적 향상과 신뢰도 확보에 크게 이바지하였다.

코치 인증 제도(ACC, PCC, MCC 등)를 통하여 코치들의 역량과 경험 수준을 체계적으로 분류하고 공인함으로써, 코치들의 전문성을 높이고 고객들이 신뢰할 수 있는 코치를 선택할 수 있도록 도왔다.

이러한 인증 시스템은 코칭을 어떠한 자격증이나 면허 없이도 활동할 수 있는 직업에서, 엄격한 기준을 통과해야만 인정받는 전문직으로 격상시키는 데 결정적인 역할을 했다.

(7) 레너드 시대의 코칭이 개인의 삶 전반에 초점을 맞추었다면, 이후 코칭은 그 적용 범위를 넓혀가면서 기업의 임원, 관리자 등 리더들의 역량을 강화하고 변화하는 비즈니스 환경에 적응하며 조직의 목표 달성을 돕는 데 초점을 맞춘 리더십 코칭(Leadership Coaching)은 GE의 잭 웰치 회장이 리더십 개발에 코칭을 적극적으로 활용하면서 기업 코칭의 중요성을 주목받는 계기가 되었다(Leonard,T., 1998).

(8) 개인의 직업적 목표 설정, 이직 준비, 직무 만족도 향상, 퇴직 후 삶 설계 등 경력 전반에 걸친 고민을 돕는 경력 코칭(Career Coaching), 특정 업무나 프로젝트에서 개인 또는 팀의 성과를 극대화하는 데 중점을 두는 성과 향상 코칭(Performance Coaching)은 스포츠 코칭에서 유래하여 비즈니스 환경에서도 널리 적용되고 있다.

개인이 아닌 팀 전체의 시너지를 향상하게 하여 원활한 소통으로 공동의 목표를 달성하도록 돕는 팀 코칭(Team Coaching)과 개인의 행복, 관계, 자기 계발, 워라밸 등 삶의 다양한 영역에서 균형과 만족을 찾도록 지원하고 있다.

(9) 라이프 코칭(Life Coaching) 및 건강한 생활 습관, 스트레스 관리, 정신 건강 등 개인의 전반적인 웰빙 증진에 초점을 맞춘 웰니스 코칭(Wellness Coaching) 등 시대적 요구에 부합하는 코칭의 진화는 1950년대 경영 현장의 성과관리에서 시작하여 1970년대 티머시 골웨이에 의해 '내면의 심리적 요소'를 다루는 혁신적인 방법론으로 발전했으며, 1980년대 토마스 레너드에 이르러서 개인의 삶 전반을 아우르는 '전인적 성장 파트너십'으로, 시대적인 요구를 반영하면서 코칭의 전문성이 확립되었다(정진우, 2009).

이러한 역사적 흐름은 코칭이 한 시대에 유행하는 단순한 기법이나 기술이 아닌 인간의 본질적인 성장 욕구와 시대적 요구에 부합하며 꾸준히 진화해 온 실천적인 학문 분야임을 잘 보여주고 있다(2014, 구은미).

4. 현대 코칭의 특징과 미래 전망

(1) 현대 코칭의 특징

현대 코칭은 단순히 개인의 성장을 돕는 것을 넘어, 사회적, 경제적 변화에 발맞춰 더욱 복잡하고 다각적인 역할을 수행하고 있다.

① 증거 기반 코칭(Evidence-Based Coaching)

심리학, 신경과학, 행동 경제학 등 다양한 학문 분야의 연구 결과를 코칭에 통합하여, 코칭의 효과를 과학적으로 입증하고 더욱 체계적인 접근 방식을 개발하려는 노력이 활발히 이루어지고 있다.

② 기술과의 융합

온라인 플랫폼, 인공지능(AI) 기반 코칭 툴, 가상 현실(VR)을 활용한 시뮬레이션 등 첨단 기술이 코칭에 접목되면서, 접근성이 향상되고 개인 맞춤형 코칭 서비스가 더욱 고도화되고 있으며, 챗봇 형태의 AI 코치는 기본적인 질문을 통해 자기 성찰을 돕거나, 코칭 세션 후 과제 수행을 독려하는 등 보조적인 역할을 수행하고 있다.

③ 코칭 문화의 확산

이제 코칭은 특정 계층이나 전문가 집단만의 전유물이 아닌 일반 기업의 직원 교육, 학교 교육, 공공 기관 등 사회 전반으로 확산하고 있으며 많은 기업이 자체적인 코칭 문화를 구축하여 직원들의 잠재력을 끌어올리고 조직의 역량을 강화하고 있다.

④ 윤리적 기준의 중요성

코칭이 전문화되면서, 코치의 윤리적 책임과 기밀 유지, 이해 상충 방지 등 윤리적 기준의 중요성이 더욱 강조되고 있고 ICF와 같은 전문 기관들은 이러한 윤리강령을 엄격하게 관리하며 코칭의 신뢰성 유지에 심혈을 기울이고 있다.

⑤ 코칭의 전문성 강화

ICF를 비롯한 여러 코칭 기관은 코칭의 전문성을 강화하고, 다양한 분야로 확장하며, 끊임없는 혁신을 위하여 개인과 조직의 잠재력을 깨우고, 더 나은 미래를 만들어가는 데 필요한 중요한 역량 개발의 의미를 강조하고 있다.

⑥ 코칭의 정체성 구축

코칭은 단순한 조언이 아닌 전문 직업으로 확립하는 것을 넘어 코칭의 철학과 방법론을 체계화하여 코칭의 정체성을 구축해 나가고 있다.

⑦ 고객의 가능성 발현

코칭은 인간에 대한 근본적인 신뢰를 바탕으로 모든 사람은 무한한 가능성과 잠재력을 가진 존재이며, 개인이 스스로 성장하고 문제를 해결할 능력을 내재하고 있고 코치는 고객의 가능성을 발견하고 발현하도록 돕는 촉진자의 역할을 한다.

⑧ 고객 내면의 답을 끌어내는 코칭

모든 해답은 고객 내부에 있고 코칭은 코치가 정답을 알려주는 것이 아닌 고객 자신이 가장 원하고 자신의 상태나 상황에 가장 적합한 답을 찾을 수 있도록 돕는 과정으로 코치의 역할은 고객 내면에 답을 끌어내는 것을 강조한다.

⑨ 변화와 새로운 패러다임

코치는 고객이 답을 찾아가는 여정에서 든든한 파트너가 되어, 올바른 방향으로 나아가도록 돕고 동기를 부여하는 존재로 고객을 문제 중심의 대상이 아닌, 스스로 성장할 수 있는 온전한 존재로 바라보는 패러다임 전환을 주도하고 있다.

⑩ 코칭의 전문성과 위상

코칭의 방법론은 단순히 목표 설정에 머무는 것이 아니라, 개인의 내면과 외면을 모두 성장시켜 풍요로운 삶을 설계하도록 돕는 데 중점을 두고 있으며 오늘날의 코칭은 개인과 조직의 성장을 돕는 핵심적인 전문 직업으로 확고히 자리매김하고 있다.

(2) 코칭 최근 동향

① 코칭 분야의 전문화와 협회 등장 배경

코칭이 전문 직업으로 자리 잡고 다양한 분야로 확장되면서, 각 전문 영역의 특수성을 반영하고 해당 분야 코치들의 역량 강화를 지원하기 위한 전문 협회들이 자연스럽게 등장하게 되었다.

이는 코칭의 전반적인 품질을 높이고, 해당 분야의 고유한 요구사항을 충족시키며, 코치들 간의 네트워크를 형성하는 데 필수적이다.

② 코칭의 축

국제코치연맹(ICF)이 코칭 전반의 가장 큰 축을 담당하고 있고 특정 분야에 특화된 협회들은 그 분야의 전문성을 심화하는 나름의 역할을 하고 있다.

③ 비즈니스 코칭의 전문성 강화

국제비즈니스코치협회(WABC: Worldwide Association of Business Coaches)는 다양한 분야의 코치 협회 중 가장 대표적인 협회로 특히 기업과 조직 환경에서의 코칭 전문성에 초점을 맞추고 있고 비즈니스 코칭 분야의 글로벌 리더십을 표방하며 비즈니스 코칭의 표준을 정립하고, 연구를 장려하며, 전문성을 강화하고 있다.

④ 비즈니스 코칭 교육과 자격인증

WABC는 비즈니스 코치들의 전문성 강화를 위한 전문 교육 프로그램 및 자격인증(예: Certified Business Coach)을 제공하여 코치들의 역량을 체계적으로 향상해 나가고 있다.

전 세계의 비즈니스 코치, 코칭 회사, 그리고 코칭에 관심을 가진 기업들이 이 협회에 가입하여 활발한 네트워크를 형성, 이러한 네트워크는 코칭 기술과 정보의 교류, 성공 사례 공유, 그리고 협력을 통한 코칭 회사의 발전과 저변 확대에 이바지한다.

⑤ 비즈니스 코칭의 공신력 확보

연구 및 표준 제정을 통하여 비즈니스 코칭에 특화된 연구를 지원하고 해당 분야의 윤리 강령 및 실천 표준을 제시함으로써 비즈니스 코칭의 공신력을 높이는 데 주력하고 있다.

⑥ 비즈니스 코칭의 활성화

WABC는 컨퍼런스, 세미나, 출판물 등을 통해 비즈니스 코칭의 중요성과 가치를 알리고, 더 많은 기업과 개인들이 비즈니스 코칭을 활용하도록 독려하면서 코칭의 활성화 및 저변 확대에 힘쓰고 있다(Goldsmith, M., 2007).

(3) 코칭 교육의 학문적 확산

코칭이 단순한 기술을 넘어 학문적 깊이를 더해가면서, 전 세계 유수의 대학과 대학원 과정에서 코칭 관련 학위 과정과 과목들이 개설되고 있고, 이는 코칭이 체계적인 이론과 연구를 기반으로 학문적 깊이를 입증하는 중요한 동향의 증거이다.

① 해외 사례

- 미국의 리젠트 대학교(Regent University)는 리더십 전공 영역에서 코칭 관련 학습과 연구를 활발히 진행하고 있으며 특히 응용 리더십 분야에서 코칭을 리더십 개발의 핵심 요소로 다루며 실제 조직에 적용이 가능한 코칭 역량을 키우는 데 집중하고 있다.
- 텍사스 대학교(The University of Texas at Dallas – Naveen Jindal School of Management)는 조직행동 및 코칭(Organizational Behavior and Coaching) 분야에서 석사(MS) 및 박사(PhD) 과정을 진행하면서 코칭 심리학, 조직 개발, 리더십 이론 등을 심층적으로 다루며 코칭을 학문적으로 접근하는 데 심혈을 기울이고 있다.
- 조지타운 대학교(Georgetown University)는 리더십 및 조직 개발 분야에서 코칭 인증프로그램을 운영하고 있으며 특별히 코칭의 윤리와 실천에 중점을 두고 있다.
- 존스 홉킨스 대학교(Johns Hopkins University) 등 다른 유수 대학들도 유사한 프로그램을 제공하고 있다.
- 호주의 시드니 대학교(The University of Sydney)는 코칭 분야에서 선구적인 역할을 하고 있으며 코칭 심리학 석사(Master of Coaching Psychology) 과정은 심리학적 기반 위에 코칭 이론과 실제를 융합한 프로그램으로 코칭의 과학적 근거를 강화하고 또한, 조직 코칭 석사(Master of Organisational Coaching) 과정은 조직 내 코칭 전문가 양성에 특화되어 있다.
- 멜버른 대학교(The University of Melbourne)에서도 긍정심리학 및 코칭 분야의 연구와 교육을 활발히 진행하고 있다.
- 캐나다의 로열 로드 대학교(Royal Roads University)에서는 리더십 및 조직 코칭(Leadership and Organizational Coaching) 분야에서 석사 학위 프로그램을 제공하고 있으며, 성인 학습과 실용적인 코칭 기술 개발에 중점을 두고 있다.
- 브리티시 컬럼비아 대학교 (University of British Columbia – UBC)에서는 지속 교

육(Continuing Studies)의 과정으로 리더십 코칭 프로그램을 운영하고 있으며, 주로 전문가들을 위한 실무 중심의 코칭 교육을 제공한다.

이 외에도 많은 해외 국가에서 코칭을 통한 사회와 조직 그리고 개인의 성공적인 변화를 위한 교육과 연구를 활발히 이어 나가고 있다.

② 국내 사례(최근 동향 포함)

한국에서도 코칭의 중요성과 효과성 및 전문성이 증대되면서 대학, 대학원, 평생교육원 등 다양한 교육기관에서 코칭 관련 과정이 폭넓게 개설되고 있다.

- 고려대학교 교육대학원 평생교육 및 HRD 전공 내에 코칭 관련 과목들이 개설되고 있고 리더십 개발, 조직 개발, 인적 자원 개발 등과 연계된 코칭 이론과 실제를 다루고 있다.
- 서강대학교 교육대학원의 HRD 전공에서 리더십 코칭, 코칭 심리 등의 과목을 통해 코칭 전문가를 양성하고 있다.
- 숭실대학교 교육대학원은 리더십 코칭 석사 과정을 개설하여 리더십 이론과 코칭을 접목한 전문 교육을 제공하고 있으며, 이는 국내 대학원 중 코칭 전문 학위 과정을 개설한 대표적인 사례이다.
- 명지대학교 사회교육대학원은 코칭심리 전공을 통해 코칭과 심리학을 융합한 전문 교육을 제공하며, 상담, 심리치료, 코칭 역량을 고루 갖춘 전문가 양성에 초점을 맞추고 있다.
- 서울여자대학교 특수대학원은 코칭 심리전공을 통해 코칭과 심리를 연계한 이론 및 실제 교육을 제공한다.
- 서울사이버대학교 및 한양사이버대학교에서는 사이버대학원의 코칭 심리 전공 또는 상담심리 및 코칭 등 관련 과정을 개설하여, 직장인들이나 원격 학습자들에게도 코칭 전문성을 득할 수 있도록 하고 있다.

이 외에도 주요 대학 부설 평생교육원(예: 연세대학교 미래교육원, 이화여자대학교 평생교육원, 서울대학교 평생교육원 등)에서는 리더십 코칭 전문가 과정, 감성 코칭, 진로코칭 등 다양한 장·단기 코칭 프로그램을 운영하여 일반인 및 기업체 임직원들이 코칭을 접하고 실무에 활용할 수 있도록 지원하고 있다.

많은 기업 교육 전문 기관이나 코칭 전문 컨설팅 회사들이 자체적으로 코칭 프로그램을 개발하여 기업 내부 리더십 개발, 팀 빌딩, 성과 향상 등을 위한 코칭 서비스를 제공하고 있으며, 한국코치협회(KCA)와 같은 국내 코칭 전문 기관들도 국내 코칭 교육 현황에 대한 정보를 제공하고 있다.

이처럼 코칭은 더 이상 독립적인 학문 분야라기보다는 다양한 학문과 융합하여 시너지를 창출해 내고 있으며 심리학(긍정심리학, 인지행동 심리학 등), 신경과학, 사회학, 교육학, 경영학, 인문학 등과의 접목을 통해 코칭의 이론적 깊이와 실용성으로 특정 학문 분야의 이론을 코칭에 적용하는 연구와 실제 프로그램 개발이 활발히 이루어지고 있다.

신경과학적 지식을 활용하여 뇌의 변화 능력(뇌 가소성)을 높이거나 감정 조절 능력을 향상시키는 코칭 방법론이 제시되는 것은 물론 대학원 과정에서 융합적 명칭의 학위 과정이 늘어나고 있고, 이는 코칭이 다양한 학문의 관점을 수용하는 학문임을 보여주는 예이다.

(4) 코칭의 최신 트렌드

① 코칭의 혁신 AI와 빅데이터

AI(인공지능) 및 빅데이터와의 융합으로 4차 산업혁명 시대의 핵심 기술인 AI와 빅데이터가 코칭 분야에 본격적으로 도입되고 AI는 코칭 프로세스를 보조하고 개인 맞춤형 학습 경험을 제공하며, 빅데이터는 코칭 효과 분석 및 예측에 활용될 수 있다.

② 데이터 기반 맞춤형 코칭

데이터 기반 코칭으로 코칭 과정에서 수집되는 방대한 데이터를 분석하여 고객의 필요 역량을 진단하고, 개인별 맞춤형 코칭 목표 및 해결 대안을 도출하는 데 활용이 가능해진다.

③ AI와 코칭의 전략적 파트너십

AI 에이전트가 비즈니스 인사이트를 개인화하여 제공하는 등 AI가 코치의 도우미를 넘어 파트너로 진화할 것으로 전망 코치는 AI를 활용하여 효율성을 높이고 인간 고유의 직관과 창의성을 바탕으로 한 코칭의 본질을 유지하는 균형 잡힌 접근이 가능해진다.

④ 코칭의 뉴노멀화

온라인 및 비대면 코칭의 보편화는 코로나19 팬데믹을 계기로 온라인 플랫폼을 활용한 비대면 코칭이 급격히 확산하였으며 이는 팬데믹 이후에도 하나의 주요 트렌드로 자리 잡았다.

⑤ 경계를 허무는 코칭

코칭이 1:1 대화 형태로 물리적 위치와 관계없이 온라인으로도 효과적으로 진행될 수 있음이 입증, 온라인 코칭은 시간과 공간의 제약을 넘어서는 코칭의 접근성을 높이는 데 이바지했다.

⑥ 디지털 플렛폼을 활용한 코칭

화상 회의 플랫폼을 활용한 코칭의 진행이 쉬워졌으며, 모바일 앱을 통한 코칭 서비스도 가능해졌다.

⑦ 조직 안으로 들어간 코칭 문화

외부에서 전문가를 영입하는 코칭뿐만이 아닌 기업의 내부에서 관리자들이 코칭 리더십을 발휘하거나 전문 사내 코치를 양성하여 조직 내 코칭 문화 확산의 문화도 증가하고 있다.

⑧ 코칭의 웰빙(Well-being)

웰빙(Well-being) 및 심리적 안정감을 강조하는 현대 사회의 스트레스와 복잡성 증가로 인해 개인의 심리적 건강과 웰빙에 관한 관심이 높아지면서 이를 다루는 코칭 분야도 주목을 받고 있다.

⑨ 인간의 내면을 키우는 코칭의 확장

긍정심리학 기반 코칭, 웰니스 코칭, 회복 탄력성 코칭 등 개인의 정신 건강과 삶의 만족도를 높이는 데 초점을 맞춘 코칭 프로그램들의 개발이 점차 늘어나고 있다.

⑩ 일과 삶의 균형을 위한 코칭

기업의 EPA(근로자 지원 프로그램)로서 코칭이 복지 차원에서 활용되거나, 번아웃, 스트레스 관리, 감정 조절 등의 주제로 코칭을 받는 경향 또한 늘어나고 있다.

이처럼 코칭은 증거를 기반으로 하는 코칭을 통해 과학적 근거를 확립하고 다양한 분야와 시너지를 창출하며 융합 학문으로서 성과와 효과를 검증해 내는 실질적인 유용성과 실용성을 보여주고 있다.

코칭의 경향성과 시대를 반영하는 사회적 트렌드는 코칭이 단순히 개인의 잠재력을 끌어내는 것을 넘어, 복잡한 현대 사회의 다양한 문제에 대한 실질적인 해결책을 제시하는 전문 분야로 계속해서 발전해야 하는 필요성을 시사한다.

PART IV

적응과 역량

11 적응

적응의 사전적 의미는 일정한 조건이나 환경 따위에 맞추어 대응하거나 알맞게 됨, 생명이나 생물이 주위 환경에 적합하도록 형태적 또는 생리학적으로 변화하거나 변화하는 과정을 의미한다. 적응은 단순히 환경에 맞춰 살아남는 것을 넘어, 다양한 측면에서 생명체와 시스템이 변화하는 상황에 대처하고 발전하는 복합적인 과정으로 좀 더 폭넓은 관점에서 적응의 의미를 살펴보려고 한다.

1. 적응의 의미

적응은 자신을 사회 환경에 어울리도록 행동을 변화시키거나, 자신의 심리·생리적 체계로 인해 나타나는 행동의 변화를 의미한다. 이는 사회의 질서나 규범에 수동적으로 순응하는 소극적인 측면과, 자신의 욕구를 충족시키기 위해 환경을 개척하고 변화시켜 행동 수준을 높이고자 하는 적극적인 측면을 모두 포함하며, 이 두 가지 측면은 분리된 것이 아니라 서로 병행하여 나타난다(2015 구은미).

2. 적응의 다양한 측면

(1) 생물학적 적응 (Evolutionary Adaptation)

생물이 환경 변화에 맞춰 유전적, 형태적, 생리적 특성을 변화시켜 생존과 번식에 유리하도록 진화하는 과정이다. 이는 다윈의 자연 선택 이론과 밀접하게 관련이 있다.

예를 들어 사막에 선인장이 물을 저장하기 위해 줄기가 두꺼워지고 잎이 가시로 변하는 것이나 북극곰이 추운 환경에서 살아남기 위해 두꺼운 지방층과 털을 가지는 것, 박테리아가 항생제에 내성을 가지도록 유전적으로 변화하는 것 등으로 생존을 위한 유전적 변화를 통한 적응이다.

이러한 생물학적인 적응은 장기간에 걸쳐 이루어지는 변화로 종의 생존과 진화에 결정적인 영향을 미쳤다.

(2) 심리적 적응 (Psychological Adaptation)

개인이 내외부 환경의 변화에 대해 인지, 정서, 행동 등 심리적 측면에서 조절하고 대처하는 과정으로 이는 스트레스 상황에 대한 대처, 학습, 문제해결 등과 관련이 있다.

예를 들어 새로운 직장에 적응하기 위해 업무처리 방식을 배우고 동료들과 관계를 형성하는 것이나 슬픔이나 상실과 같은 감정적 어려움을 극복하고 일상생활로 돌아가는 것, 시험의 압박감 속에서 자신만의 효과적인 학습 전략을 개발하는 것 등은 개인의 내면적인 적응 과정과 외부 행동의 적응 모두를 포함하며, 정신 건강과 관련이 있다.

(3) 사회적 적응 (Social Adaptation)

개인이 속한 사회나 집단의 규범, 규칙 가치관, 문화에 부합하도록 자신의 행동이나 태도를 조절하고 상호작용을 해 나가는 과정으로 예를 들어 새로운 문화권으로 이주한 사람이 그곳의 언어와 생활 방식을 배우고 현지인들과 서로 작용하는 것이나 학교에 입학한 아이가 친구들과 관계를 맺고 학교 규칙을 따르는 것, 사회 변화(기술, 문화, 사고 등)에 따라 새로운 소통 방식이나 기술을 익혀 사회 구성원으로서 기능하고 소속감을 강화하는 데 필수적이며, 사회화 과정과 밀접한 관련이 있다.

(4) 기술적 적응 (Technological Adaptation)

새로운 기술이나 시스템이 도입될 때, 사용자가 이를 받아들이고 활용하며, 학습하는 과정으로 예를 들어 스마트폰이 보급되면서 사람들이 모바일 사용에 익숙해졌다거나 기업이 새로운 소프트웨어를 도입하여 업무 효율성을 높이는 것, 인공지능 기술의 활용으로 사용자의 학습 능력 향상 등 혁신과 발전의 중요한 동력이 되고 사회 전반의 변화를 이끄는 것과 밀접한 관련이 있다.

3. 적응의 핵심 개념 및 분류

적응은 크게 세 가지 핵심 개념을 포함한다.

(1) **변화에 대한 반응**: 환경이 변화할 때, 그 변화에 맞춰 내부 또는 외부적으로 조절하는 것을 의미한다.
(2) **균형 또는 안정성 유지**: 변화 속에서도 시스템의 기능이나 생존을 위한 필수적인 균형을 유지하려는 노력이다.
(3) **효율성 증대 또는 발전**: 단순히 살아남는 것을 넘어, 변화된 환경에서 더 효율적으로 기능하거나 더 나은 상태로 발전하는 것을 포함한다.

4. 적응의 새로운 패러다임

(1) 적응은 개인과 사회의 지속 가능한 성장을 위한 새로운 패러다임으로 단순한 생존을 넘어선 가치와 전략이다.

(2) 우리는 종종 '적응'이라는 단어를 외부 환경에 맞추어 수동적으로 순응하는 행위로 생존을 위한 불가피한 선택으로 여겨지곤 했다. 그러나 현대 사회는 전례 없는 속도로 변화하며, 예측 불가능한 복합적인 위기들이 상시로 발생하고 있다.

(3) 이러한 시대적 흐름 속에서 적응은 더 이상 단순히 살아남기 위한 소극적 행위가 아니라 오히려 변화를 주체적으로 이해하고, 자신의 가치를 재정립하며, 나아가 새로운 환경을 창출하는 적극적이고 역동적인 과정으로 재해석되어야 한다.

(4) 적응에 대한 기존의 관점을 확장하고 그 복합적인 개념과 구조를 심층적으로 탐구하고 특히, 적응의 개념을 동기와 태도를 기준으로 적응의 유형을 세분화하여 미래 사회의 불확실성에 대응하기 위한 필수적인 적응 요소들을 제시하는 새로운 통찰이 필요하다.

이는 개인의 삶의 질을 향상하고, 조직의 혁신을 촉진하며, 궁극적으로 지속 가능한 사회 구축의 핵심이다.

5. 적응의 다층적 분류

(1) 적응 분류의 동기와 태도의 재해석

적응은 동기와 태도라는 두 가지 핵심 축을 중심으로 다양한 형태로 나타난다. 적응을 단순히 '하느냐, 하지 않느냐'의 문제로 보는 이분법적 사고에서 벗어나, 적응의 내재적 동기와 표출되는 태도를 분석하는 것은 적응의 본질을 깊이 이해하는 첫걸음이다.

① **동기에 따른 분류: 주관적 적응과 객관적 적응**

적응은 무엇이 동기가 되어 시작되었는지에 따라 '주관적 적응'과 '객관적 적응'

으로 나눌 수 있다. 이 두 가지 유형은 적응의 주체가 개인의 내적 욕구인지, 아니면 외부 환경의 요구인지에 따라 구분된다.

- **주관적 적응**(Subjective Adaptation)**의 본질**: 주관적 적응은 개인의 내적 요구와 욕구에 부합하는 적응 과정을 의미한다. 이는 타인의 시선이나 외부의 강요가 아닌 자신의 성장에 대한 갈망에서 시작된다. 주관적 적응의 핵심 동기는 자기실현, 자긍심, 그리고 삶의 만족도를 높이려는 내재적 욕구이다.

    예를 들어, 현재의 직업이나 생활에 큰 문제가 없음에도 불구하고 새로운 지식이나 기술을 배우기 위해 스스로 학습에 몰입하는 경우가 이에 해당한다. 디지털 시대에 발맞춰 AI 활용법을 배우는 행위가 단순한 편리함을 넘어서 이를 통해 새로운 커리어를 개척하거나 시대에 뒤처지지 않는다는 만족감을 얻는 것은 주관적 적응의 좋은 예이다.

    이는 단순히 생계를 유지하기 위한 적응 이상의 의미로 삶의 질과 개인의 가치를 창출하기 위한 노력으로 이러한 적응은 결과적으로 성취감과 행복감을 증진하게 시키고 나아가 미래를 향한 동력으로 작용한다.

- **객관적 적응**(Objective Adaptation)**의 본질**: 객관적 적응은 개인의 내적 욕구보다는 외부 환경의 요구에 따라 이루어지는 적응이다. 이는 생존, 생계유지, 사회적 역할 수행 등 외부에서 강요되는 요구로 촉발된다.

    객관적 적응은 직장, 가정, 학교, 사회 등 다양한 환경에서 요구되는 역할이나 기술을 습득하는 것을 포함한다. 예를 들어, 생계유지를 위해 원치는 않지만, 필수적으로 새로운 기술을 배워야 하는 상황이 객관적 적응의 대표적인 예시다. 키오스크 사용법을 알아야 한다는 것을 알지만, 학습에 대한 내재적 동기가 부족한 상태에서 '사회생활을 위해' 어쩔 수 없이 배우는 것 또한 객관적 적응에 속한다. 이처럼 객관적 적응은 개인의 의지보다는 외부의 압력에 의해 이루어지는 경우가 많으며, 이는 종종 스트레스나 소외감을 유발할 수도 있다. 그러나 객관적 적응 없이는 사회의 일원으로서 기능하기 어렵기 때문에, 이는 삶의 필수적인 부분이기도 하다.

② 태도에 따른 분류: 수동적 적응과 능동적 적응

적응의 동기가 결정되었다고 해서 모든 과정이 동일하게 전개되는 것은 아니며 개인이 변화에 대처하는 태도에 따라 적응은 수동적 적응과 능동적 적응으로 다시 나뉜다.

- **수동적 적응(Passive Adaptation)의 특징**: 수동적 적응은 변화에 끌려가는 형태를 띠며 개인의 동기나 가치보다는 단순히 필요해서 이루어지는 적응이다.

  이는 주로 마찰이나 갈등을 피하고 현 상태를 유지하려는 경향에서 비롯된다. 수동적 적응은 외부 환경에 맞춰 외적인 행동만 변화시킬 뿐 근본적인 사고방식이나 가치관의 변화는 최소화하는 경향이 있다.

  예를 들어 새로운 업무 시스템이 도입되었을 때 비효율적이라고 불평하면서도 시키는 대로만 따라가는 경우나 디지털 전환 시대에 새로운 기술(키오스크, 모바일 앱, AI활용 법 등)을 학습하기보다 주변 사람에게 의존하는 경우가 이에 속한다.

  이러한 적응은 당장의 불편을 해소하는 단기적인 해결책일 수는 있지만 장기적으로는 개인의 성장이나 시스템의 발전을 정체시키는 결과를 초래한다.

- **능동적 적응(Active Adaptation)의 특징**: 능동적 적응은 필요를 넘어 개인의 동기와 가치에 부합하여 스스로 변화를 주도하는 적응을 의미한다. 이는 변화를 위기가 아닌 기회로 인식하고 문제 해결과 성장을 추구한다. 능동적 적응의 주체는 변화의 원인을 파악하고 스스로 해결책을 모색하며 때로는 환경 자체를 개선하려는 노력을 기울인다.

  예를 들어 새로운 기술이 부상했을 때 자신의 직업에 미칠 영향을 분석하고 관련 교육을 이수하여 미래에 대비하는 것은 능동적 적응의 대표적인 사례다. 이러한 적응은 단순히 외부 환경에 순응하는 것을 넘어서 자신의 삶을 주체적으로 이끌어가는 힘을 부여하며 혁신과 창의성을 촉진하는 핵심 동력이 된다.

6. 적응의 스펙트럼에 의한 분류

(1) 비적응과 부적응의 명확한 구분

기존의 적응 개념은 적응과 부적응이라는 이분법적 사고에 갇혀 있다. 그러나 이 두 개념만으로는 복잡한 인간의 심리적, 사회적 상태를 온전히 설명하기 어렵다. 적응의 개념을 적응과 비적응 그리고 부적응의 세 가지 상태로 확장하여 이해할 필요가 있다. 이 세 가지 상태는 각각 다른 인지적, 심리적 특성을 가지고 있으며, 이에 따라 필요로 하는 접근법도 달라야 한다.

① **비적응(Non-adaptation): 아직 적응하지 못한 상태**

- 비적응은 적응해야 함을 인지하고 있으나 아직 실행에 옮기지 않은 상태를 의미한다. 이는 적응의 필요성은 인지하고 있으나 동기 부족, 시간 부족, 혹은 막연한 두려움 등으로 인해 행동이 지연되는 것이다.
예를 들어 AI라는 용어와 그 중요성은 알고 있으나 직접 활용하지는 않는 상태가 이에 해당한다. 또한 키오스크나 핸드폰 사용법을 익혀야 한다는 것을 인지는 하고 있으나 행동으로 옮기지 못하고 있는 상태도 비적응에 속한다.
- 비적응은 적응에 대한 인지가 존재한다는 점에서 부적응과는 명확히 구분되어야 하며 비적응 상태에 있는 사람들에게는 적응의 필요성을 인지시키는 것보다, 행동을 촉발할 수 있는 동기 부여와 구체적인 실행 방안을 제시하는 것이 효과적이다.

② **부적응(Maladaptation): 적응 자체를 인지하지 못하는 상태**

- 부적응은 적응해야 할 대상이나 상황 자체를 인지하지 못하는 상태를 의미한다. 이는 변화에 대한 무지나 변화에 참여하지 않겠다는 의식적 또는 무의식적 저항심에서 비롯될 수 있다.

  예를 들어 AI라는 용어 자체가 무엇인지 모르는 상태에 있는 사람들은 부적응에 해당한다. 이는 단순한 기술적 능력의 부족을 넘어서 새로운 정보나 개념에 대한 접근 자체를 차단하는 심리적 장벽이 있음을 시사한다.

- 부적응은 종종 사회적 고립이나 소외를 초래하기도 하며 개인의 삶의 질이 저하할 수 있다. 따라서 부적응 상태에 있는 사람들에게는 우선으로 변화의 존재와 그 의미를 인지시키는 것이 필요하다.

적응은 변화하는 환경에 맞춰 자신을 조절해 가는 과정이지만 그 상황과 방식에 따라 적극적 적응과 소극적 적응으로 나눌 수 있다. 이 두 가지 유형은 접근 방식, 주체성, 주체자 그리고 결과 면에서 차이를 보인다.

7. 적응 유형

(1) 소극적 적응 (Passive Adaptation)

① 의미:

소극적 적응은 변화하는 환경에 순응하고, 수동적으로 반응하며, 자신을 환경에 끼워 맞추려는 경향을 보이는 적응 방식으로 주로 외부 환경의 요구에 따라 자신의 행동이나 태도를 조절하며, 환경 자체를 변화시키려는 시도는 적거나 없다.

② 특징

- 수동성: 환경의 변화에 끌려가는 형태를 띠며, 자신의 동기나 행위에 대한 가치와 의미를 구성하지 못한다.

- **순응 지향**: 마찰이나 갈등을 피하고, 현 상태를 유지하려 한다.
- **내부 갈등이나 변화의 최소화**: 외부 상황에 맞춰 외적인 행동만 변화시킬 뿐, 근본적인 사고방식이나 가치관의 변화가 적다.
- **단기적 해결**: 당장의 불편을 해소하거나 갈등을 피하는 데 중점을 두는 경우가 많다.
- **위험 회피**: 새로운 시도나 도전에 대한 부담을 줄여 안정성의 유지를 추구한다. 예) 직장에서의 소극적 적응: 새로운 업무 방식이나 시스템이 도입되었을 때, 불평은 많지만 어쩔 수 없이 시키는 대로만 따라가는 경우. 비효율적인 점을 개선하려 하기보다는 주어진 환경에 체념하고 익숙해지는 상황을 우선한다.
- **사회 변화에 대한 소극적 적응**: 디지털 전환 시대에 새로운 기술(예: 키오스크, 모바일 앱)의 사용법을 학습하기보다, 불편함을 감수하고 아날로그 방식만을 고수하거나 주변에 도움을 요청하는 것에 의존하는 경우이다.
- **학습 환경에서의 소극적 적응**: 교강사의 강의 방식이 마음에 들지 않아도 불만을 표출하지 않고, 그저 시키는 과제만 형식적으로 수행하는 경우이다.
- **인간관계에서의 소극적 적응**: 갈등 상황에서 자신의 의견을 적극적으로 표현하지 않고 상대방의 의견에 무조건 동조하며, 내적 불만과 불평을 쌓아가는 경우이다.

③ 한계

단기적으로는 갈등을 피하고 안정을 가져올 수 있으나 장기적으로는 개인의 성장이나 시스템의 발전이 정체될 수 있고 또한, 환경이 더욱 급변하는 경우 소극적인 방식만으로는 더 이상 적응하기 어려워 부적응에 빠질 위험이 크다.

(2) 적극적 적응 (Active Adaptation)

① 의미
- 적극적 적응은 변화하는 환경에 능동적으로 대처하고, 자기 주도적으로 환

경을 이해하고 때로는 변화시키면서 자신을 발전시키려는 적응 방식이다.
- 환경에 맞추는 것을 넘어서 자신의 욕구와 목표를 달성하기 위해 환경과의 상호작용을 통해 문제를 해결하고 새로운 가치를 창출한다.

② **특징**
- 능동성: 변화의 원인을 파악하고, 스스로 해결책을 모색한다.
- 주도적 대처: 문제가 발생하기 전에 예측하고 선제적으로 대응하려 한다.
- 내외부 동시 변화: 자신의 생각이나 행동을 변화시키는 동시에, 필요하다면 환경 자체를 개선하거나 재구성하려 한다.
- 장기적 관점: 단순히 현재의 문제를 해결하는 것을 넘어, 미래의 더 큰 발전과 효율성을 추구한다.
- 문제 해결 및 성장 지향: 변화를 위기가 아닌 기회로 인식하고, 이를 통해 배우고 성장을 시도한다.

  예) 직장에서의 적극적 적응: 새로운 업무 시스템 도입 시, 단순히 따르는 것을 넘어 시스템의 문제점을 파악하고 개선 방안을 제안하며 주변 사람에게도 새로운 시스템 활용법을 공유하고 나아가 새로운 기술을 스스로 학습하여 업무 효율을 높이는 방안을 찾아낸다.
- 사회 변화에 대한 적극적 적응: 인공지능 기술이 부상하자 자신의 직업에 미칠 영향을 분석하고 관련 교육을 이수하거나 새로운 역량을 개발하여 미래 직업에 대비하는 경우이다.
- 학습 환경에서의 적극적 적응: 교·강사의 강의 방식이 비효율적이라고 판단되면, 정중하게 개선을 건의하거나, 스스로 스터디 그룹을 조직하여 학습 효과를 높이는 방법을 모색하는 경우이다.
- 인간관계에서의 적극적 적응: 갈등 상황에서 자신의 의견을 명확하고 건설적으로 표현하며, 상대방과 합의점을 찾기 위해 노력하거나 새로운 관계 방식을 제안하는 경우이다.

③ 가치

- 적극적 적응은 개인과 조직이 끊임없이 변화하는 환경에서 회복탄력성을 높이고, 혁신을 창출하며, 지속적인 성장과 발전을 가능하게 하는 핵심 역량으로 특히 미래사회와 같이 불확실성이 높은 시대에는 소극적 적응만으로는 생존조차 어려울 수 있어 적극적 적응의 중요성은 더욱 커지고 있다.

결론적으로 두 가지 적응 방식은 상호 보완성을 가지며 소극적 적응과 적극적 적응은 대립하는 개념이라기보다는 상황에 따라 적절히 활용되어야 하는 상호 보완적인 관계에 있다.

때로는 당장의 안정을 위해 소극적으로 순응이 필요할 수도 있고 때로는 과감한 변화를 통해 혁신을 주도하는 적극적 적응이 필요할 수 있다.

무엇보다 중요한 것은 개인이든 조직이든 두 가지 적응 방식을 유연하게 전환하고, 환경 변화의 맥락을 이해하여 가장 적절한 적응 전략을 선택하고 실행하는 능력을 갖추는 것이다.

특히 미래 사회는 적극적 적응의 역량을 키우는 것이 더욱 중요하며, 이는 개인 삶의 질 향상과 사회 전체의 성장과 발전을 이끈다.

8. 미래 사회의 적응: 핵심 역량과 가치

미래 사회는 기술의 초고속화, 기후 변화, 팬데믹 위협 등 예측 불가능한 요인들의 상호작용으로 인해 현재보다 훨씬 더 빠르고 복잡한 변화를 경험하게 될 것이다. 이러한 맥락에서 적응은 단순히 생존의 문제를 넘어 개인과 사회의 발전과 존속을 위한 핵심적인 역량이자 존재가치이다.

(1) 미래 사회 적응의 새로운 의미

① 유연한 자기 변혁 능력

미래 사회의 적응은 단순히 주어진 환경에 맞춰 살아남는 소극적 의미를 넘어, 능동적으로 변화를 수용하고 기존의 틀을 깨어 자신을 끊임없이 재구성하는 유연한 자기 변혁 능력을 의미한다. 이는 '지속적인 학습'과 '성장 마인드 셋'을 기반으로 한다.

② 선제적 대응 능력

과거의 적응이 변화가 발생한 후의 사후 대응이었다면, 미래의 적응은 데이터 분석과 인공지능을 활용하여 변화의 징후를 예측하고 선제적으로 준비하는 능력까지를 포함하는 위기관리와 기회 포착의 핵심 요소가 된다.

③ 다중/교차 적응 능력

빠르게 변화하는 기술, 경제, 사회, 문화, 교육 등 여러 환경에 종합적으로 또는 순차적으로 적응하는 능력을 의미한다. 어느 한 분야에만 국한되지 않고 다방면의 영역을 넘나드는 교차 적응 능력이 중요해졌다.

④ 지속적 학습과 재학습

한 번의 학습으로 끝나는 것이 아니라 평생에 걸쳐 새로운 지식과 기술을 습득하고 필요에 따라 기존 방식을 보완하거나 완전히 새로운 것을 배우는 지속적인 생애 학습(Lifelong Learning)과 재학습(Reskilling/Upskilling) 과정이 적응의 핵심이다.

(2) 미래 사회 적응의 가치와 필요성

미래 사회에서 적응은 불확실성 속에서도 번영하고 지속 가능성을 확보하는 것이 필연적이다.

① 회복탄력성 증대

위기나 충격 발생 시 빠르게 회복하고 다시 일어설 수 있는 능력인 회복탄력성(Resilience)은 개인과 조직이 어려움 속에서도 흔들리지 않는 내구성을 가지게 한다.

② 혁신과 창의성 촉진

고정된 사고방식으로는 새로운 문제를 해결할 수 없다. 적응은 기존의 방식을 재고하고 새로운 해결책을 모색하는 과정에서 혁신과 창의성을 자극하고 새로운 기회를 발견하게 한다.

③ 개인의 웰빙 및 삶의 질 향상

바람직하고 효과적인 적응은 변화에 대한 두려움과 스트레스를 감소시켜 변화를 긍정적인 경험으로 전환하고 개인의 삶의 질과 정신 건강을 증진시킨다.

④ 사회적 통합과 발전

다양한 문화와 가치관이 공존하는 미래 사회에서는 상호 이해와 적응이 필수적이다. 이는 사회적 갈등을 줄이고 통합을 촉진하여 지속 가능한 사회 발전을 가져온다.

(3) 긍정적 사회 변화를 위한 적응의 핵심 요소들

사회의 긍정적인 변화를 위해서는 단순히 변화에 순응하는 것 이상으로 미래 지향적이고 가치 지향적인 적극적 적응이 필요하다. 이러한 관점에서 사회 전체의 긍정적 변화를 끌어낼 수 있는 핵심 적응 요소들은 다음과 같다.

① 포용적 적응(Inclusive Adaptation)과 사회적 통합

포용적 적응은 소수자, 취약계층 등 사회의 모든 구성원이 변화의 과정에서 소외되지 않고 함께 적응해 나갈 수 있도록 배려하고 지원하는 방식이다. 이는 기술 발전이나 사회 변화의 혜택이 특정 계층에만 집중되지 않도록 하며 변화로 인해 어려움을 겪는 이들에게 적응의 기회를 제공하는 것을 포함한다.

포용적 적응은 사회적 불평등을 완화하고, 사회 전체의 안정성과 지속 가능한 발전 가능성을 증대시키는 데 필수적이며 또한 다양한 배경과 관점을 가진 사람들이 적응 과정에 참여할 때 더 창의적이고 포괄적인 해결책을 찾을 수 있으므로 혁신과 다양성을 촉진한다.

② 윤리적 적응(Ethical Adaptation)과 인간 존엄성

윤리적 적응은 과학 기술의 발전 등으로 야기되는 새로운 윤리적 문제에 대해 깊이 성찰하고 인간 존엄성, 정의, 공정성 등의 보편적 가치를 지키면서 적응해 나가는 것을 의미한다.

특히 인공지능이나 생명공학 같은 급진적 기술이 초래할 수 있는 윤리적 딜레마에 대한 사회적 합의와 규범의 마련이 이에 포함되고 윤리적 고려가 없는 변화는 사회적 불신을 초래할 수 있으며 현재의 윤리적 문제를 간과하면 미래 세대에게 더 큰 부담을 지우게 된다.

따라서 기술 발전은 인간 삶의 풍요를 위한 것이어야 하며, 인간의 존엄성과 기본적인 권리를 침해해서는 안 된다는 원칙을 수호해야 한다.

③ 생태적 적응(Ecological Adaptation)과 지속 가능성

생태적 적응은 기후 변화와 자원 고갈 등 환경 위기에 대응하여 인간의 자기중심 사고에서 벗어나 생태계 전체의 지속 가능성을 고려하여 삶의 방식과 사회 시스템을 변화시키는 적응 방식이다. 이는 친환경 기술 개발, 순환 경제 구축, 에너지 전환, 생물 다양성 보전 등을 핵심 요소로 한다.

환경 위기는 인류 생존 자체를 위협하는 가장 큰 문제로 생태적 적응은 더 이상 선택이 아닌 필수적인 과제이다. 건강한 생태계는 경제적, 사회적 번영의 기반이 되고 환경 문제 해결을 위한 노력이라는 새로운 가치 창출을 통해 긍정적인 사회 변화를 이끌 수 있다.

④ 학습 지향적 적응(Learning-Oriented Adaptation)과 자기 성장

학습 지향적 적응은 변화를 예측하고 그를 위해 끊임없이 배우며 새로운 지식과 기술을 습득하고 적용하는 과정을 통해 능동적으로 적응하는 것이다. 이는 평생 학습의 중요성을 강조하고 있으며 실패를 통한 학습과 성장의 기회로 삼는 태도까지도 포함한다.

예측 불가능한 미래 사회에서는 지속적인 학습과 재학습만이 불확실성 속에서 경쟁력을 확보하는 방법이다. 또한 새로운 지식과 관점은 복잡한 사회 문제를 해결하고 혁신적인 아이디어를 창출하는 기반이 된다. 배움은 개인에게 성장과 성취감을 제공하고, 이는 사회 전체의 활력으로 이어진다.

⑤ 협력적 적응(Collaborative Adaptation)과 공동체 역량

복잡한 미래 사회 문제는 한 개인이나 특정 집단의 노력만으로 해결하기에는 제한적이다. 협력적 적응은 다양한 이해관계자(정부, 기업, 시민사회, 학계 등)가 함께 지혜를 모으고 정보와 자원을 공유하여 공동의 목표를 향해 협력하는 방식으로 적응해 나가는 것을 의미한다.

협력적 적응은 다양한 전문성과 자원을 결합하여 문제해결의 효율성을 높이는 시너지를 창출하고 신뢰와 협력의 문화를 구축하여 사회적 자본을 증진시킨다. 또한 다양한 관점을 존중하고 함께 논의하는 과정을 통해 사회적 갈등을 줄이고 더 나은 합의에 이르게 한다.

즉 적응의 새로운 패러다임, 끊임없는 진화의 시작은 적응에 대한 기존의 수동적이고 단순한 관점을 벗어나 적응을 개인과 사회의 성장과 발전을 위한 능동적이고 복합적인 과정으로 재정의하고 적응은 변화에 대한 단순한 반응을 넘어서 균형을 유지하고 더 나은 상태로 발전하려는 역동적인 과정이다.

미래 사회에서 적응은 더 이상 선택이 아닌 필수적인 전략이며 급변하는 환경 속에서 불안감에 압도되지 않고 기회를 포착하여 궁극적으로 더 나은 삶과 사회를 만들어가기 위해 끊임없이 적응하고 진화해야 한다. 이는 생존만의 개념이 아닌 개인의 역량 개발과 조직의 혁신, 그리고 사회의 지속 가능성을 결정하는 핵심적인 동력이 된다.

궁극적으로 적응은 개인과 사회가 끊임없이 변화를 주도하고 모두가 함께 발전하여 미래 사회에 효과적으로 대응하고 기회를 창출하는 데 필수적인 전략으로 능동적인 적응의 역량을 키움으로써, 앞으로 다가올 불확실성의 시대를 대비하게 한다.

9. 적응과 코칭

미래 사회에 인간이 성공적으로 적응하고 번성하기 위해서는 과거와는 다른 차원의 역량과 마인드 셋이 필수적이며, 코칭은 이러한 적응 과정에서 핵심적인 역할의 수행을 통하여 다양한 분야에서 다각적인 형태로 긍정적 효과를 창출하게 된다.

(1) 적응을 위한 코칭의 필요성

① 도전의 시대

급변하는 현대 사회에서 인간은 끊임없이 새로운 환경의 도전에 직면하며 살아가야 한다.

② 인간의 성공적 적응

인간의 적응에 있어서 코칭은 급변하는 환경에 성공적으로 적응하고 궁극적으로 나은 삶을 영위하도록 돕는 강력한 실천 학문이다.

③ 성장 파트너 코치

코치는 고객의 촉진자로서 고객이 자신을 이해하고 문제의 해결을 지향하며, 효과적으로 스트레스를 관리하여 미래를 향한 명확한 방향성 설정을 돕는다.

④ 삶의 주인공

코칭을 통해 개인의 잠재력을 최대한 발휘하고, 삶의 주인이 되어 능동적으로 변화에 적응하며 성장할 수 있도록 지지하고 격려하는 역할로 코칭은 현대 사회를 살아가고 미래를 준비하는 우리에게 필수적인 역량 강화 및 성장 지원 시스템이다.

(2) 적응을 위한 코칭

① 자기 이해와 성장의 촉진: 코칭을 통한 내면 탐색

인간이 새로운 상황에 적응하기 위해서는 먼저 자기 자신에 대한 깊은 이해가 필수적이다. 자신에게 어떤 강점이 있고, 어떤 부분을 보완해야 하며, 어떤 가치를 추구하는지 명확히 하게 한다.

② 효과적인 문제 해결 능력 강화: 코칭을 통한 실행력 증진

적응은 곧 문제 해결 연속선상의 과정으로 새로운 문제에 직면하게 되면 우리는 막막함이나 좌절감을 느끼게 된다. 코칭을 통하여 문제에 대한 객관적인 시각을 갖도록 돕고, 문제의 본질을 파악하도록 한다.

③ 스트레스 관리 및 회복 탄력성 증진: 코칭을 통한 정서적 지지

변화에 적응하는 과정은 필연적으로 스트레스를 동반하게 되고 부정적이고 과도한 스트레스는 인간의 심신을 지치게 하여 적응력을 감소시킨다. 코칭을 통하여 부정적이거나 과도한 스트레스의 통제와 조절이 가능하도록 스트레스의 원인을 찾아 인지하고, 건강한 대처 방식을 구축하게 한다.

④ 미래지향적인 삶의 방향성 제시: 코칭을 통한 비전 설정

적응은 단순히 현재의 변화에 맞추는 것과 함께 미래를 계획하고 준비하는 모든 과정이다. 자신의 비전과 목표의 설정 그 목표를 이루게 하는 로드맵을 그리도록 돕는 것이 필요하며 이는 변화를 주도하고 자신의 삶을 적극적으로 설계하도록 한다.

(3) 미래 사회 적응을 통한 코칭의 효과

미래 사회는 인공지능(AI), 자동화, 빅데이터, 초연결성 등 기술 혁신과 더불어 기후 변화, 인구 구조 변화, 팬데믹과 같은 예측 불가능한 변수들이 복합적으로 작용하여 불확실성, 복잡성, 모호성, 급진적인 변화가 특징이 될 것으로 전망된다.

이러한 환경에서 인간이 생존을 넘어 번성하고 의미 있는 삶을 영위하기 위해서는 기존과는 다른 차원의 적응력이 요구된다. 코칭은 이러한 미래 사회의 도전에 맞서 개인이 능동적으로 적응하고 성장할 수 있도록 돕는 핵심적 역할을 수행하며 다음과 같은 구체적인 효과의 창출을 기대할 수 있게 된다.

① 자기 인식 및 자기 주도적 학습 능력 강화

미래 사회는 끊임없이 변화하며 과거의 성공 방식이나 시스템은 더 이상 제한적일 수 있다. 이러한 불확실성 속에서 개인은 방향을 잃거나 무기력해지기 쉽다.

코칭은 개인이 자기 주도적으로 미래를 탐색하고 비전을 설정하도록 도와 개인이 자신의 내면을 들여다보고 혼란스러운 정보 속에서도 자신만의 나침반을 찾도록 지원한다.

미래 사회는 평생 학습이 필수적인 시대이며, 단순히 지식을 습득하는 것을 넘어, 스스로 학습 목표를 설정하고 능동적으로 학습하는 능력이 중요하다.

코칭은 개인이 자신의 강점, 약점, 가치, 흥미, 재미, 탁월성 등을 깊이 이해하도록 돕는 자기 인식(Self-awareness) 능력의 향상을 돕는다.

코치는 질문과 경청을 통해 코칭을 받는 사람 스스로가 학습 목표를 설정하고, 효과적인 학습 전략을 찾으며, 어려움을 극복하도록 지원한다. 이는 스스로의 요구와 미래 사회의 요구에 맞춰 자기 주도적으로 학습하고 성장하는 데 필수적인 기반을 마련해 준다.

코칭은 실패를 두려워하지 않고 새로운 도전을 시도하여 빠르게 변화하는 지식과 기술을 유연하게 받아들이는 성장 마인드 셋(Growth Mindset)을 함양하도록 도와 설정된 비전을 달성하기 위한 구체적인 행동 계획을 수립하고 실행하도록 촉진함으로써 생각에 머무는 것이 아닌 실질적인 변화를 만들어 내는 실행력을 강화한다. 이는 미래의 불확실성에 대한 불안감을 줄이고 변화를 기회로 삼아 능동적으로 대처하는 태도를 길러준다.

② 끊임없는 학습과 재학습(Re-learning) 능력 증진

미래 사회에서는 새로운 지식과 기술이 빠르게 등장하기도 사라지기도 한다. 한 번 배운 것으로 평생을 살아갈 수 없으며 끊임없이 배우고 새로운 것을 익히는 평생 학습 능력이 필수적이다.

코칭은 개인이 자신의 학습 방식과 동기의 이해와 효과적인 학습 전략을 개발하도록 도우며 개인이 자신의 학습 과정을 성찰하고 개선점을 찾도록 한다.

코칭은 개인이 미래 사회에서 요구되는 새로운 역량을 지속적으로 습득하고 발전시키는 데 결정적인 역할을 한다.

③ 창의적 문제 해결 및 협업 능력 함양

미래 사회의 문제는 더욱 복잡하고 다층적으로 한 개인의 역량만으로는 해결하기 점점 어렵다. 다양한 배경을 가진 사람들과 협력하고 개방적이고 창의적인 해결책을 모색하는 능력이 중요하다(구은미, 2017).

예측 불가능한 문제를 해결하기 위해 창의적 사고와 협업 능력이 중요하며 코칭은 개인이 기존의 사고방식에서 벗어나 다양한 관점에서 문제를 바라보고 새로운 아이디어를 창출하도록 촉진한다. 코치는 질문을 통해 스스로 해답을 찾고 틀에 갇히지 않는 창의적인 해결책을 모색하도록 하며 다양한 배경을 가진 사람들과 효과적으로 소통하고 협력하는 능력을 강화하여 타인의 의견을 경청하고 존중하는 공감 능력의 향상을 돕는다. 이는 인공지능과의 협업을 포함하여 복잡한 프로젝트를 수행하는 미래형 업무 환경에서 개인의 성과를 극대화하는 데 중요한 역할을 한다.

코칭은 개인이 복잡한 미래 사회의 문제에 대해 혼자 고민하는 것이 아니라, 다양한 사람들과 지혜를 모아 혁신적인 해결책을 찾아내는 팀 코칭을 통한 협력 시스템을 제공한다.

④ 정서적 안정감 및 회복탄력성 강화

미래 사회의 예측 불가능한 변화의 연속은 심리적 압박감과 스트레스를 가중하게 하고 실패와 좌절의 가능성도 높아져 이에 대한 효과적인 대처와 회복력의 강화가 그 전보다 중요하며 변화에 유연하게 대응하고 빠르게 회복하는 능력이 요구되고 있다(Seligman, M. E. P., 2002).

코칭은 개인이 변화에 대한 불안감을 인정하고 긍정적인 시각으로 수용하도록 돕는다. 코치는 코칭을 받는 사람이 변화로 인한 스트레스를 관리하고, 실패나 좌절을 경험했을 때 다시 일어설 수 있는 회복 탄력성을 강화하도록 지원한다.

코칭은 개인이 자신의 감정을 인식하고 건강하게 다루는 방법의 학습을 돕고 스트레스 상황에서 자신의 감정 조절과 부정적인 감정에 압도되지 않고 평정심을 가지도록 지원한다. 또한, 실패를 끝이 아닌 성장의 기회로 인식, 역경 속에서도 다시 일어설 수 있는 강력한 회복 탄력성의 강화를 돕는다.

코칭은 예측 불가능한 미래 사회의 상황 속에서도 개인이 정서적 안정감을 유지하고, 긍정적인 자세로 도전을 지속할 수 있는 기반을 마련한다.

⑤ 개인의 가치와 목적에 부합하는 의미 있는 삶 추구

기술 발전이 가속화되고 물질적 풍요가 증가할수록, 인간은 삶의 진정한 의미와 목적에 대한 갈망은 커질 것이다.

물질적 풍요보다 인간의 삶의 의미와 목적을 찾는 것이 더욱 중요한 미래 사회에서는 자신이 진정으로 원하는 것이 무엇인지, 어떻게 하면 의미 있는 삶을 살아갈 수 있을지와 같은 인간 존재가치에 대하여 고민하게 될 것이다.

코칭은 개인이 자신의 핵심 가치를 찾아 명확히 하고 그 가치에 부합하는 삶의 목적을 탐색하도록 도와 개인이 내면의 목소리에 귀 기울여 외부의 기대가 아닌 자신의 기대를 바탕으로 삶의 방향을 설정하도록 지원한다.

코칭은 개인이 미래 사회에 맞닥뜨리게 될 다양한 선택지 속에서 방황하지 않고, 자신만의 의미 있는 길을 찾아 행복하고 충만한 삶을 살게 한다.

이처럼 코칭은 미래 사회가 요구하는 자기 주도성, 학습 민첩성, 창의적 문제 해결 능력, 정서적 회복 탄력성, 그리고 의미 있는 삶의 추구라는 핵심 역량을 개인이 함양하도록 돕는 강력한 실천 학문이다.

코칭은 지식이나 기술만을 전달하는 것에서 끝나지 않으며 개인이 자신의 잠재력을 최대한 발현하여 발휘하고, 변화를 두려워하지 않고 능동적으로 미래를 만들어갈 수 있도록 돕는다.

코칭은 미래 사회의 불확실성과 복잡성 속에서 자기 주도적으로 배우고, 변화에 유연하게 대응하며, 창의적으로 문제를 해결하고, 타인과 협력하며, 궁극적으로 의미 있는 삶을 추구할 수 있도록 돕는 과정으로 이는 미래 사회가 요구하는 핵심 역량을 개인의 내면에서부터 개발하고 강화하는 효과적인 접근 방식이다.

12 역량

1. 역량 의미의 다각적 해석

역량(Competency)은 한 개인이 특정 직무나 역할을 성공적으로 수행하는 데 필요한 지식, 기술, 태도 및 행동 특성의 총체를 의미하며 이론적 학습의 내용을 실제로 적용하고 성과를 창출하는 능력에 초점을 맞추는 개념으로 역량은 여러 관점에서 다양하게 해석된다.

(1) 행동적 관점(Behavioral Perspective)

가장 일반적으로 이해되는 역량의 관점으로 역량은 관찰이 가능한 행동으로 나타나며 리더십 역량이 있는 사람은 팀원들에게 명확한 목표를 제시하고, 동기를 부여하며, 갈등을 조정하는 등의 구체적인 행동을 보인다. 리더십에 대한 지식만이 아니라 실제 상황에서 리더로서의 역할을 수행하는 방식이 곧 역량이다. 기업에서 역량 모델을 구축할 때 주로 이 행동적 관점을 활용하여 직무별 요구 역량을 정의하고 평가한다.

(2) 성과 지향적 관점(Performance-Oriented Perspective)

역량은 궁극적으로 성과 창출과 직결되며 특정 역량이 높다는 것은 그 역량을 통해 더 나은 결과물을 만들어낼 수 있다는 의미이다. 문제 해결 역량이 뛰어난 사람은 복잡한 상황에서도 효과적인 해결책을 찾아내어 업무 효율성을 높이거나 비용을 절감하는 등의 성과를 가져오게 되므로 역량은 개인의 잠재력을 넘어 실제 업무에서의 효율성과 효과성을 설명하는 지표로 활용된다.

(3) 잠재력 및 개발 가능성 관점 (Potential & Development Perspective)

역량은 현재 보유하고 있는 능력뿐만이 아니라, 잠재적으로 개발될 수 있는 능력까지 포함하며 한 개인이 특정 역량이 부족하더라도, 교육, 훈련, 경험 등을 통해 해당 역량을 향상시킬 수 있다는 가능성을 내포하고 있다. 조직에서는 직원들의 현재 역량을 평가하고, 미래의 역할에 필요한 역량을 예측하여 교육 프로그램을 설계하거나 경력 개발 경로를 제시하는 관점으로 활용된다.

(4) 상황 적응적 관점(Contextual & Adaptive Perspective)

역량은 고정된 것이 아니고 주어진 상황이나 환경에 따라 다르게 발휘되거나 요구될 수 있다. 위기 상황에서는 위기관리 역량이 빠르게 변화하는 시장에서 변화관리 또는 학습 민첩성 역량이 더욱 중요하며 역량은 단순히 개인이 가지고 있는 속성이 아닌 특정 맥락 속에서 그 효과가 극대화되는 유동적인 개념이다.

(5) 조직 차원의 관점(Organizational Perspective)

개인의 역량이 모여 조직의 전체적인 역량을 형성하게 되고 조직 역량은 개별 구성원들의 역량 합 이상으로 조직의 문화, 시스템, 프로세스 등이 상호작용을 하여 시너지를 내는 것으로 혁신적인 제품을 지속적으로 개발하는 조직은 단순히 뛰어난 개발자 몇 명의 역량만이 아닌 조직 전체의 혁신 역량은 아이디어를 발굴하고 실현하게 하는 프로세스, 실패를 용인하는 문화 등이 복합적으로 작용한 결과이다.

이처럼 역량은 단순히 어떤 일을 할 줄 아는 능력을 넘어, 실제 행동, 성과, 잠재력, 그리고 특정 상황에서의 적응력과 조직 전체의 특성까지 아우르는 다층적인 개념으로 다양한 관점을 이해하는 것은 개인의 성장과 조직의 발전을 위해 매우 중요하다.

2. 역량(Competency)에 대한 학자별 주장

역량(Competency)은 개인의 성과와 조직의 성공을 설명하는 중요한 개념으로 다양한 분야의 학자들이 각자의 관점에서 역량의 본질과 중요성을 강조해 왔다. 다음은 역량 연구에 있어 주요 학자들의 논의이다.

(1) 데이비드 맥클랜드(David McClelland): 동기적 특성으로서의 역량

- 맥클랜드는 역량을 전통적인 지능이나 지식 테스트로는 예측할 수 없는 우수하고 성공적인 성과를 예측할 수 있는 개인의 내재된 특성으로 보았다. 특히, 그는 무엇을 아는가보다 무엇을 할 수 있고 하려고 하는가에 초점을 맞추고 있으며, 동기(motivation)와 특성(trait)이 성과를 예측하는 중요한 역량 요소임을 강조하고 있다(박종만, 2007).
- 그의 연구는 하버드 대학교에서 진행된 외교관 및 관리직 연구를 통해 특정 직무에서 높은 성과를 보이는 사람들의 공통적인 행동 특성을 분석하는 데서 시작하여 스트레스 상황에서의 침착함, 문화적 민감성, 협상 능력, 목표 달성을 위한 끈기 등 행동적 특성이 우수 성과에 영향을 미치고 있음을 설명하고 있다.
- 이는 특정 직무의 우수 성과자와 일반 성과자를 구분하는 '역량 모델링(Competency Modeling)'의 시초로 역량은 개인의 동기, 자아 개념, 특성과 같은 심층적 요소가 우위에 있음을 의미한다.

(2) 리처드 보야치스(Richard Boyatzis): 성과와 관련된 행동적 특성으로서의 역량

- 보야치스는 맥클랜드의 논의와 연계하여 역량을 우수 성과자(Superior Performer)를 보통 성과자(Average Performer)와 구분하는 잠재된 특성들의 집합으로 정의하고 그는 역량이 단순히 개인이 가지고 있는 것이 아니라 실제로 행동으로 나타나고 측정할 수 있는 것이어야 한다는 부분을 강조하고 있다.
- 그의 연구는 특히 관리자 역량 모델 개발에 큰 영향을 미쳤으며 보야치스는 맥클랜드와 함께 성과 기반의 역량 모델링 방법론을 체계화하여 12개의 핵심 관리자 역량을 제시하고 이 역량들이 실제 기업 환경에서 관리자의 성과에 어떻게 영향을 미치는지를 실증적으로 연구하였다.
- 특히 개념적 사고, 자신감, 영향력, 대인관계 이해 등의 역량이 관리자의 성공적인 역할 수행과의 관련성에 관한 연구를 통하여 역량이 학습을 통해 개발될 수 있음을 강조하며, 역량 기반 교육의 중요성을 강조한다.

(3) 스펜서와 스펜서(Lyle M. Spencer & Signe M. Spencer) : 빙산 모델과 역량 사전

- 스펜서와 스펜서는 역량을 직무에서 효과적이고 우수한 성과를 내는 데 필요한 개인의 근원적인 특성으로 정의하고 빙산 모델(Iceberg Model)을 사용하여 시각화했다.
- 빙산의 수면 위에는 쉽게 관찰이 가능한 지식(Knowledge)과 기술(Skills)이 있고 수면 아래에는 쉽게 드러나지는 않으나 성과에 큰 영향을 미치는 태도(Attitude), 자아 개념(Self-Concept), 특성(Traits), 동기(Motives)와 같은 심층적인 역량 요소들이 있다고 설명한다.
- 이 연구는 수많은 기업의 직무 분석과 성과 평가 데이터를 바탕으로 특정 직무에서 높은 성과를 보이는 사람들의 행동을 분석하여 일반화된 역량 사전

을 구축하고 이 사전은 성취 및 행동 지향, 정보 탐색, 대인 영향력, 분석적 사고, 자기 확신 등 다양한 역량들을 정의하며 각 역량의 수준별 행동 지표를 제시하여 기업들이 역량을 평가하고 개발하는 데 실용적인 가이드라인의 제공으로 이 연구는 역량 모델링을 실제 기업의 인적 자원 관리에 적용하는 데 큰 영향을 미쳤다(Spencer, L. M., & Spencer, S. M., 2011).

(4) 울리치(Dave Ulrich): 전략적 인적자원관리와 역량

- 울리치는 역량을 단순히 개인의 특성으로 보는 것에서 조직의 전략적 목표 달성을 지원하고 기업의 경쟁 우위 확보를 위한 인적 자원 관리의 핵심 요소로 확장하여 설명했다.
- 그는 개인의 역량이 조직의 역량으로 연결되어야 하며, 인적자원 전문가들이 이러한 역량 개발의 전략적 파트너 역할을 해야 함을 강조한다.
- 울리치는 1990년대 이후 인적 자원 관리(HRM) 분야에서 전략적 HRM의 중요성을 강조하면서 HRM은 관리 기능을 넘어 기업의 성과에 직접적으로 기여해야 한다고 주장하고 조직의 성공을 위해서는 개인의 역량과 더불어 조직 전체의 역량을 구축하는 것이 중요하며 HRM은 역량 구축을 위한 시스템과 문화를 설계해야 함을 강조하는 이 연구는 역량 개념이 개인 수준을 넘어 조직 수준으로 확장되는 데 중요한 역할을 했다(Ulrich, D., & Jonston, 2013).

(5) 존 레이븐 (John Raven):
역량은 복잡한 환경에 대한 효과적인 대응 능력

- 레이븐은 역량을 단순히 특정 직무에 필요한 기술이나 지식의 조합을 넘어 복잡하고 변화하는 환경 속에서 개인이 효과적으로 기능하고 새로운 상황에 적응하며 자신의 목표를 달성하는 능력의 총체로 보았으며 특히 표준화된 테스트로 측정하기 어려운 암묵적이고 맥락적인 능력을 강조한다.

- 그의 저서 『Competence in Modern Society』에서 레이븐은 현대 사회가 개인에게 요구하는 다양한 능력 가운데 발달한 능력(developed abilities)에 초점을 맞추고 있으며 개인이 정보를 효율적으로 사용하고 문제에 대한 합리적인 해결책을 찾아 사회적 관계를 효과적으로 관리하는 능력은 현대 사회에서 성공을 위한 필수적인 요소라고 주장하며, 단편적인 기술보다는 종합적인 문제 해결 능력과 사회적 지능의 중요성을 강조한다(Raven, J. 2018).

(6) 톰 차펠(Tom Cheffers): 역량은 지속적인 개발이 가능한 특성

- 차펠은 역량을 개인이 특정 역할을 성공적으로 수행하는 데 필요한 행동, 지식, 기술의 조합으로 정의하면서, 특히 역량이 고정된 것이 아니라 지속적으로 개발될 수 있는 특성임을 강조한다.
- 그는 역량 개발을 위한 교육 및 훈련 프로그램의 설계와 실행에 대한 실무적 지침을 제공하여 교육 및 훈련 분야에서 역량 기반 접근 방식(Competency-Based Approach)을 옹호하면서 학습자들이 실제 직무 환경에서 필요로 하는 구체적인 역량을 습득하도록 교육 과정을 설계해야 한다고 주장한다.
- 역량을 명확히 정의하고 측정할 수 있는 지표를 통해 평가하는 것이 중요하고, 이는 역량 개발을 위한 체계적인 교육 시스템 구축에 영향을 미쳤다.

(7) 게리 유클(Gary Yukl): 리더십 역량의 중요성

- 유클은 리더십 연구의 권위자로 효과적인 리더십을 발휘하는 데 필요한 다양한 역량을 체계적으로 분류하고 그 중요성을 강조하고 있다.
- 리더십 역량은 개인의 타고난 특성이 아니라 학습과 경험을 통해 개발될 수 있다는 자신의 리더십 이론에서 리더십 성공에 기여하는 주요 역량들을 제시했다. 개념적 기술(Conceptual Skills), 대인관계 기술(Interpersonal Skills), 기술적 기술(Technical Skills) 등의 다양한 기술적, 사회적 역량이 리더의 효과성에 미

치는 영향을 분석하여 주도성, 자신감, 결단력, 의사소통 능력, 영향력 등 구체적인 리더십 행동 역량의 중요성을 설명하며 리더십 개발 프로그램 설계에 이바지했다.

(8) 크리스 아지리스(Chris Argyris) & 도널드 쇤(Donald Schon) : 이중 루프 학습과 역량

- 아지리스와 쇤은 조직 학습 이론에서 이중 루프 학습(Double-Loop Learning) 개념을 통하여 역량의 심층적 중요성을 강조하고 개인이 자신의 행동 뒤에 숨겨진 전제와 가정을 비판적으로 성찰하고 변화시킬 수 있는 능력이 진정한 역량 개발과 조직의 효과적인 문제 해결에 필수적이라고 보았다.
- 단일 루프 학습(Single-Loop Learning)이론이 기존의 목표나 규칙 내에서 나타나는 오류를 수정하는 것에 그친다면 이중 루프 학습(Double-Loop Learning) 개념은 목표나 규칙 자체에 의문을 제기하고 근본적인 변화를 시도하는 것으로 이 능력은 불확실하고 복잡한 환경에 적응하는 혁신에 필요한 핵심 역량으로 이는 개인과 조직이 자신의 '암묵적 이론(Theories-in-use)'을 인식하고 변화시키는 능력을 의미한다.

(9) 라이터 & 클레이(Robert F. Reiter & Donald H. Clare) : 공무원 역량 모델

- 라이터와 클레이는 공공 부문 특히 공무원의 성과 향상을 위한 역량 모델의 필요성을 강조하고 있으며 이 연구는 공공 서비스의 특성을 반영하여 직무별로 요구되는 구체적인 역량을 정의하고 이를 바탕으로 공무원 채용, 교육, 평가 시스템을 개선해야 한다고 주장한다.
- 이들의 연구는 미국 공무원 관리청(OPM)의 연구를 통해 공무원에게 필요한 다양한 역량 의사소통, 고객 서비스, 문제 해결, 유연성, 기술 활용 능력 등

의 체계적인 분석으로 공공 부문에서도 역량 기반 인적 자원 관리를 도입하여 효율성과 효과성을 높일 수 있음을 보여주었으며 민간 기업의 역량 모델을 공공 부문에 적용하는 데 기여했다.

이처럼 역량 개념은 개인의 기술이나 지식, 동기, 특성, 학습 능력, 리더십, 조직 학습, 그리고 특정 직무나 맥락에 따른 다양한 행동적, 심리적 특성을 포괄하는 다면적인 개념으로 발전해 왔다.

이 외에도 역량 개념의 발전과 확장에 중요한 토대를 마련한 학자들의 연구와 주장은 오늘날 기업과 교육기관에서 역량을 평가하고 개발하는 데 이론적, 실무적 기반을 제공하였으며 각 학자는 역량의 정의, 측정 방법, 개발 가능성, 그리고 조직 성과와의 연결성에 대해 각기 다른 강조점을 두고 있지만 공통적으로는 역량이 성과를 예측하게 하는 중요한 요인임을 설명하고 있다.

3. 적응과 역량의 필요성

변화는 현대 사회의 가장 중요한 특징이자 일상이 되어버린 상황이다. 기술 발전, 글로벌 경쟁 심화, 팬데믹과 같은 예상치 못한 사건 등 끊임없이 새로운 환경에 직면하면서, 개인과 조직 모두에게 적응(Adaptation)과 역량(Competency)은 생존과 성장을 위한 필수 요소가 되었다. 이 둘은 밀접하게 연결되어 있으며, 서로를 강화하는 관계에 있다.

(1) 급변하는 환경 속 생존과 성장을 위한 적응

오늘날 세상은 예측 불가능한 변수들로 가득하고 과거의 성공을 가능하게 했던 방식이 통하지 않는 경우가 예외 없이 발생하고 있으며, 새로운 기술이나 시장 트렌드도 빠르게 등장하고 또 빠르게 사라진다. 이러한 환경에서 적응은 단순히 변화에 끌려가는 것이 아니라, 능동적으로 변화를 인지하고 그에 맞춰 자신 또는 조직의 전략, 구조, 행동양식을 유연하게 조절하는 능력이다.

① 생존

변화에 적응하지 못하는 개인이나 조직은 도태될 수밖에 없다. 디지털 시대에 디지털 전환의 흐름을 읽지 못한 개인이나 기업은 시장에서 경쟁력을 잃고 사라지게 되고 새로운 기술 습득을 거부하는 개인은 자신의 직무에서 대체될 위험에 처하게 되므로 적응은 위협을 기회로 바꾸고, 불확실성 속에서도 안정성을 유지하는 핵심 능력이다.

② 성장

적응은 단순히 현상 유지를 넘어 새로운 기회를 포착하고 성장하는 동력으로 변화를 수용하고 새로운 것을 시도하며 실패로부터 배우는 과정에서 더 나은 방법과 아이디어를 찾아 발전할 때 개인의 경력 발전이나 조직의 시장 확대와 같은 구체적인 성과로 이어진다.

(2) 적응을 가능하게 하는 핵심 동력, 역량

적응력이 중요하다고 해서 모든 사람이 혹은 모든 조직이 쉽게 적응할 수 있는 것은 아니며 변화에 성공적으로 적응하기 위해서는 그에 걸맞은 역량이 뒷받침되어야 한다. 여기서 역량은 특정 부분에 대한 이론적 지식이나 기능적인 습득 이상의 의미로 변화를 이해하고 대처하며 새로운 가치를 창출하는 데 필요한 포괄적인 능력들을 의미한다.

(3) 급변하는 환경에서는 예외의 상황과 문제에 지속적으로 맞닥뜨리게 되고 이러한 문제를 정의하고 분석하여 창의적이고 효과적인 해결책을 찾는 문제해결 역량은 적응의 중요한 부분이다.

(4) 학습 민첩성(Learning Agility)을 발휘하여 새로운 지식과 기술을 빠르게 습득하고 기존의 관념에 새로운 것을 받아들여 통합하는 능력인 학습 민첩성은 적응력을 높이는 데 결정적인 역량으로 변화의 속도에 맞춰 끊임없이 배우고 성장해야 한다.

(5) 조직 차원에서는 변화의 필요성을 인지하여 구성원들과 함께 새로운 시스템이나 프로세스를 성공적으로 안착시키는 변화 관리 역량이 중요하며 개인 차원에서는 변화에 대한 저항을 극복하고 긍정적으로 받아들이는 태도가 필요하다.

(6) 복잡하고 불확실한 환경일수록 다양한 사람들과 협력하고 효과적으로 소통하는 능력이 중요하며 정보와 아이디어를 공유하고 시너지를 창출함으로써 적응력을 높일 수 있다.

(7) 기술 변화의 중심에 있는 디지털 기술을 이해하고 활용하는 디지털 역량은 더 이상 특정 직무만의 역량이 아닌 모든 개인과 조직에게 필수적인 기본 역량이다.

이처럼 현대 사회에서 적응은 생존을 위한 필수 조건이자 성장을 위한 기회이며 역량은 적응을 가능하게 하는 핵심 동력으로 끊임없이 자신과 조직의 역량 개발로 삶의 전반적인 변화에 유연하게 대처하는 새로운 가치를 창출하는 것이 개인의 성공적인 삶과 조직의 지속적인 발전을 가능하게 한다.

4. 차원에 따른 적응과 역량

현대 사회에서 적응(Adaptation)과 역량(Competency)은 개인과 사회 그리고 국가 차원에서도 이 둘은 모두 생존과 번영을 위한 필수 요소이다.

(1) 개인적 차원: 삶의 질 향상과 자아실현

개인의 삶은 변화의 연장선상에 놓여 있다. 기술의 발전은 직업의 변화를 불러오고, 사회적 트렌드는 관계의 방식을 바꾸며, 개인의 라이프스타일에도 영향을 미치지 않을 수 없다. 이러한 변화 속에서 적응과 역량은 다음과 같은 필요성을 가진다.

① 생존 및 경제적 안정

자동화, 인공지능 등 기술 발전은 기존의 많은 직무를 사라지게 하거나 변화시켜 개인은 새로운 기술을 배우고 기존 역량을 재구성하여 변화하는 다각적인 환경에 적응해야 한다. 이러한 적응력을 뒷받침하는 학습 민첩성, 문제 해결 능력, 디지털 리터러시 등의 역량은 개인의 경제적 안정과 지속적인 고용 가능성을 확보하는 데 필수적이다.

② 정신적 건강 및 행복

사회 전반에서 일어나고 있는 변화와 불확실성은 스트레스와 불안을 가중시킨다. 변화에 대한 불안감을 극복하고 긍정적인 삶의 태도를 유지하기 위해서는 회복탄력성(Resilience)과 스트레스 관리 역량이 중요하며 새로운 환경에 유연하게 적응하고 자신의 감정을 조절하여 타인과 원만한 관계를 맺는 사회정서 역량은 개인의 정신적 건강과 행복한 삶을 가능하게 한다.

③ 자아실현 및 성장

변화는 새로운 기회를 제공하고 자신의 잠재력을 발견하여 새로운 분야에 도전하는 끊임없이 자신을 발전시키는 자아실현의 과정으로 창의성, 비판적 사고, 자기 주도 학습 능력과 같은 핵심 역량을 갖추어 변화하는 환경에 자기만의 길을 개척하게 한다.

(2) 사회적 차원: 공동체의 지속 가능성과 발전

개인들의 모임인 사회 역시 다양한 도전에 직면하게 되고 고령화, 저출산, 기후 변화, 양극화 등 복합적인 사회 문제 속에서 적응과 역량은 사회 전체의 지속 가능성과 발전을 가능하게 한다.

① 사회 문제 해결 및 위기관리

기후 변화로 인한 자연재해, 전염병 확산, 경제 위기 등 사회 전체에 영향을 미치는 문제에 효과적으로 대응하기 위해서는 사회 구성원들의 협력 역량과 공동체 의식이 필요하며 이러한 위기에 대한 데이터를 분석하고 효과적인 정책을 수립하여 시민들의 적극적인 참여를 유도한다.

② 사회 통합 및 갈등 해소

배경이 다른 사람들과의 융합 사회로의 전환과 가치관의 다양화는 사회 내 갈등을 유발할 가능성이 높아진다. 서로 다른 문화를 이해하고 존중하며 차이를 인정하고 소통하는 다문화 수용 역량과 공감 능력 및 갈등 해결 역량은 사회 통합을 가능하게 하여 다양한 구성원들이 함께 더불어 살아가게 한다.

③ 지속 가능한 발전

환경 문제, 자원 고갈 등 인류 전체의 지속 가능성을 위협하는 문제에 대응하기 위해서는 사회 전체의 환경 윤리와 문제의식 그리고 혁신 역량이 필요하며 새로운 에너지 기술을 개발하고 친환경적인 생활 방식을 도입하여 순환 경제체제를 구축하는 등 사회 시스템 전반의 적응과 역량 강화로 미래 세대를 위한 지속 가능한 발전 방향을 마련하게 한다.

(3) 국가적 차원: 국가 경쟁력 강화와 국제적 위상 제고

국가는 글로벌 경쟁 속에서 살아남고 국민 삶의 질을 향상하게 시키기는 개인과 사회 전반의 적응과 역량의 강화로 국제 질서 변화와 기술 패권 경쟁 및 지정학적 리스크 등 복합적인 요인들에 대처하여야 한다.

① 경제 성장 및 산업 경쟁력 확보

4차 산업혁명 시대에는 혁신적인 기술과 산업 모델이 국가 경제의 흥망성쇠를 좌우하게 되며 국가는 새로운 기술 트렌드를 예측하고 관련 산업 육성을 위한 연구개발(R&D) 역량, 고급 인재 양성 역량, 산업 생태계 구축 등의 역량 강화로 국가 경쟁력의 핵심인 기업들이 빠르게 적응하고 성장할 수 있는 환경을 조성한다.

② 국방 및 안보 강화

국제 정세의 불안정성과 사이버 위협 증가는 국가 안보에 대한 새로운 적응을 요하며, 첨단 기술 기반의 국방력을 강화하고 복합적인 위협에 대응할 수 있는 위기관리 역량, 정보 분석 역량, 외교 역량을 강화한다.

③ 국제 사회에서의 영향력 확대

기후 변화, 팬데믹, 빈곤 등 전 지구적 문제 해결에 기여하고 국제 사회에서의 리더십을 발휘하기 위해서 국가 차원의 협력 역량, 공공 외교 역량, 문제 해결 역량의 강화로 국제 규범에 적응하고 국제 사회의 변화에 발맞춰 자국의 역할을 재정립하여 글로벌 공동체에 기여함으로써 국가의 위상을 높인다.

이처럼 적응과 역량은 개인의 행복한 삶과 사회의 안정적인 발전 그리고 국가의 지속적인 번영을 위한 필수 불가결 요소로 이들은 고정된 것이 아니라 끊임없이 개발되고 발전되어야 하며 각 차원에서의 노력과 상호작용으로 더 큰 시너지를 창출하여 변화의 시대에 능동적으로 대처하고 새로운 가치를 창출하게 한다.

13 핵심 역량

1. ICF 코칭 핵심 역량

국제코칭연맹(ICF)은 코칭 추세와 현장 실무를 분석하여 업데이트된 ICF 코칭 핵심 역량 모델을 발표하였다. 이 역량 모델은 ICF 회원과 비회원을 포함하여 다양한 코치 훈련 과정과 코칭 스타일 및 경험을 가진 전 세계의 코치로부터 수집한 자료를 기반으로 한 것이다. 이러한 광범위한 연구를 통해 25년 전에 개발된 기존 ICF 코칭 핵심 역량 모델은 오늘날의 코칭 실행에도 매우 중요하다는 것을 확인하였다.

이에, 업데이트된 코칭 핵심 역량 모델에서는 기존 코칭 역량에 새로운 요소들을 일부 추가하고 통합하여 새롭게 들어간 역량과 지침에는 윤리적 행동과 비밀 유지를 최우선으로 강조하고 있으며, 코칭 마인드셋, 지속적 성찰의 중요성, 다양한 차원의 코칭 합의 간의 중요한 차이점, 코치와 고객 간 파트너십의 중요성, 문화적, 체계적 및 맥락적 의식의 중요성이 포함되었다. 새로 포함된 역량은 오늘날 코칭 실행의 핵심 요소를 반영하며 미래를 위한 더욱 강력하고 포괄적인 코칭 표준으로 사용될 것이다.

ICF 코칭 핵심 역량은 코칭이라는 전문적인 분야에 코치라는 직무를 위한 직무 역량과도 같다. 전문 코치라면 익혀서 실천을 통한 경험을 쌓아 고객의 유익을 도모해야 한다. ICF 코칭 핵심 역량 과정의 학습 참여와 실행은 코치로서의 필수 덕목이자 지침이다.

8가지 코치 핵심 역량

A. 기초세우기(Foundation)

(1) 윤리적 실천을 보여준다. (Demonstrates Ethical Practice)

- 정의: 코칭 윤리와 코칭 표준을 이해하고 지속적으로 적용한다.

    (Definition: Understands and consistently applies coaching ethics and standards of coaching)

① 고객, 스폰서 및 이해관계자와의 상호작용에서 코치의 진실성과 정직성을 보여준다.

    (Demonstrates personal integrity and honesty in interactions with clients, sponsors and relevant stakeholders)

② 고객의 정체성, 환경, 경험, 가치 및 신념에 민감성을 가지고 대한다.

    (Is sensitive to clients' identity, environment, experiences, values and beliefs)

③ 고객, 스폰서 및 이해 관계자에게 적절하고, 존중하는 언어를 사용한다.

    (Uses language appropriate and respectful to clients, sponsors and relevant stakeholders)

④ ICF 윤리 강령을 준수하고 핵심 가치를 지지한다.

    (Abides by the ICF Code of Ethics and upholds the Core Values)

⑤ 이해관계자 합의 및 관련 법률에 따라 고객 정보에 대해 비밀을 유지한다.

    (Maintains confidentiality with client information per stakeholder agreements and pertinent laws)

⑥ 코칭, 컨설팅, 심리 치료 및 다른 지원 전문직과의 차별성을 유지한다.

    (Maintains the distinctions between coaching, consulting, psychotherapy and other support professions)

⑦ 필요한 경우, 고객을 다른 지원 전문가에게 추천한다.

    (Refers clients to other support professionals, as appropriate)

(2) 코칭 마인드 셋을 구현한다. (Embodies a Coaching Mindset)

- **정의:** 개방적이고 호기심이 많으며, 유연하고 고객 중심적인 사고방식(마인드 셋)을 개발하고 유지한다.

  (Definition: Develops and maintains a mindset that is open, curious, flexible and client-centered)

① 코치는 선택에 대한 책임이 고객 자신에게 있음을 인정한다.

   (Acknowledges that clients are responsible for their own choices)

② 코치로서 지속적인 학습 및 개발에 참여한다.

   (Engages in ongoing learning and development as a coach)

③ 코치는 코칭 능력을 향상시키기 위해 성찰 훈련을 지속한다.

   (Develops an ongoing reflective practice to enhance one's coaching)

④ 코치는 자기 자신과 다른 사람들이 상황과 문화에 의해 영향받을 수 있음을 인지하고 개방적 태도를 취한다.

   (Remains aware of and open to the influence of context and culture on self and others)

⑤ 고객의 유익을 위해 자신의 인식과 직관을 활용한다.

   (Uses awareness of self and one's intuition to benefit clients)

⑥ 감정 조절 능력을 개발하고 유지한다.

   (Develops and maintains the ability to regulate one's emotions)

⑦ 정신적, 정서적으로 매 세션을 준비한다.

   (Mentally and emotionally prepares for sessions)

⑧ 필요하면 외부 자원으로부터 도움을 구한다.

   (Seeks help from outside sources when necessary)

B. 관계의 공동 구축(Co-Creating the Relationship)

(3) 합의를 도출하고 유지한다. (Establishes and Maintains Agreements)

- **정의:** 고객 및 이해 관계자와 협력하여 코칭 관계, 프로세스, 계획 및 목표에 관한 명확한 합의를 한다. 개별 코칭 세션은 물론 전체 코칭 과정에 대한 합

의를 도출한다.

(Definition: Partners with the client and relevant stakeholders to create clear agreements about the coaching relationship, process, plans and goals. Establishes agreements for the overall coaching engagement as well as those for each coaching session.)

① 코칭인 것과 코칭이 아닌 것에 관해 설명하고 고객과 이해관계자에게 프로세스를 설명한다.

(Explains what coaching is and is not and describes the process to the client and relevant stakeholders)

② 관계에서 무엇이 적절하고 적절하지 않은지, 무엇이 제공되고 제공되지 않는지, 고객과 이해관계자의 책임에 관하여 합의한다.

(Reaches agreement about what is and is not appropriate in the relationship, what is and is not being offered, and the responsibilities of the client and relevant stakeholders)

③ 코칭 진행 방법(logistics), 비용, 일정, 기간, 종결, 비밀 보장, 다른 사람의 포함 등과 같은 코칭 관계의 지침 및 특이 사항에 대해 합의한다.

(Reaches agreement about the guidelines and specific parameters of the coaching relationship such as logistics, fees, scheduling, duration, termination, confidentiality and inclusion of others)

④ 고객 및 이해 관계자와 함께 전체 코칭 계획 및 목표를 설정한다.

(Partners with the client and relevant stakeholders to establish an overall coaching plan and goals)

⑤ 고객과 코치 간에 서로 맞는지(client-coach compatibility)를 결정하기 위해 파트너십을 갖는다.

(Partners with the client to determine client-coach compatibility)

⑥ 고객과 함께 코칭 세션에서 달성하고자 하는 것을 찾거나 재확인한다.

(Partners with the client to identify or reconfirm what they want to accomplish in the session)

⑦ 고객과 함께 세션에서 달성하고자 하는 것을 얻기 위해 고객 스스로가 다뤄야 하거나 해결해야 한다고 생각하는 것을 분명히 한다.

(Partners with the client to define what the client believes they need to address or resolve to achieve what they want to accomplish in the session)

⑧ 고객과 함께 코칭 과정 또는 개별 세션에서 고객이 달성하고자 하는 목표에 대한 성공 척도를 정의하거나 재확인한다.

(Partners with the client to define or reconfirm measures of success for what the client wants to accomplish in the coaching engagement or individual session)

⑨ 고객과 함께 세션의 시간을 관리하고 초점을 유지한다.

(Partners with the client to manage the time and focus of the session.)

⑩ 고객이 달리 표현하지 않는 한 고객이 원하는 성과를 달성하기 위한 방향으로 코칭을 계속한다.

(Continues coaching in the direction of the client's desired outcome unless the client indicates otherwise)

⑪ 고객과 함께 코칭 경험을 존중하며 코칭 관계를 종료한다.

(Partners with the client to end the coaching relationship in a way that honors the experience)

(4) 신뢰와 안전감을 조성한다. (Cultivates Trust and Safety)

- 정의: 고객과 함께, 고객이 자유롭게 나눌 수 있는 안전하고 지지적인 환경을 만든다. 상호 존중과 신뢰 관계를 유지한다.

  (Definition: Partners with the client to create a safe, supportive environment that allows the client to share freely. Maintains a relationship of mutual respect and trust.)

① 고객의 정체성, 환경, 경험, 가치 및 신념 등의 맥락 안에서 고객을 이해하려고 노력한다.

(Seeks to understand the client within their context which may include their identity, environment, experiences, values and beliefs)

② 고객의 정체성, 인식, 스타일 및 언어를 존중하고 고객에 맞추어 코칭한다.

(Demonstrates respect for the client's identity, perceptions, style and language and adapts one's coaching to the client)

③ 코칭 과정에서 고객의 고유한 재능, 통찰 및 노력을 인정하고 존중한다.

(Acknowledges and respects the client's unique talents, insights and work in the coaching process)

④ 고객에 대한 지지, 공감 및 관심을 보여준다.

(Shows support, empathy and concern for the client)

⑤ 고객이 자신의 감정, 인식, 관심, 신념, 및 제안하는 바를 그대로 표현하도록

인정하고 지원한다.

(Acknowledges and supports the client's expression of feelings, perceptions, concerns, beliefs and suggestions)

⑥ 고객과의 신뢰를 구축하기 위해 인간으로서의 한계를 인정하고 개방성과 투명성을 보여준다.

(Demonstrates openness and transparency as a way to display vulnerability and build trust with the client)

(5) 프레즌스(Presence)를 유지한다. (Maintains Presence)

- 정의: 개방적이고 유연하며 중심이 잡힌 자신감 있는 태도로 완전히 깨어서 고객과 함께한다.

    (Definition: Is fully conscious and present with the client, employing a style that is open, flexible, grounded and confident)

① 고객에게 집중하고 관찰하며 공감하고 적절하게 반응하는 것을 유지한다.

(Remains focused, observant, empathetic and responsive to the client)

② 코칭 과정 내내 호기심을 보여준다.

(Demonstrates curiosity during the coaching process)

③ 고객과 프레즌스(현존)를 유지하기 위해 감정을 관리한다.

(Manages one's emotions to stay present with the client)

④ 코칭 과정에서 고객의 강한 감정 상태에 대해 자신감 있는 태도로 함께한다.

(Demonstrates confidence in working with strong client emotions during the coaching process)

⑤ 코치가 알지 못함의 영역을 코칭할 때도 편안하게 임한다.

(Is comfortable working in a space of not knowing)

⑥ 침묵, 멈춤, 성찰을 위한 공간을 만들거나 허용한다.

(Creates or allows space for silence, pause or reflection)

C. 효과적으로 의사소통하기(Communicating Effectively)

(6) 적극적으로 경청한다. (Listens Actively)

- 정의: 고객의 시스템 맥락에서 전달하는 것을 충분히 이해하고, 고객의 자기 표현(self-expression)을 돕기 위하여 고객이 말한 것과 말하지 않은 것에 초점을 맞춘다.

    (Definition: Focuses on what the client is and is not saying to fully understand what is being communicated in the context of the client systems and to support client self-expression)

① 고객이 전달하는 것에 대한 이해를 높이기 위해 고객의 상황, 정체성, 환경, 경험, 가치 및 신념을 고려한다.

(Considers the client's context, identity, environment, experiences, values and beliefs to enhance understanding of what the client is communicating)

② 고객이 전달한 것에 대해 더 명확히 하고 이해하기 위해 반영하거나 요약한다.

(Reflects or summarizes what the client communicated to ensure clarity and understanding)

③ 고객이 소통한 것 이면에 무언가 더 있다고 생각될 때 이것을 인식하고 질문한다.

(Recognizes and inquires when there is more to what the client is communicating)

④ 고객의 감정, 에너지 변화, 비언어적 신호 또는 기타 행동에 대해 주목하고, 알려주며 탐색한다.

(Notices, acknowledges and explores the client's emotions, energy shifts, non-verbal cues or other behaviors)

⑤ 고객이 전달하는 내용의 완전한 의미를 알아내기 위해 고객의 언어, 음성 및 신체 언어를 통합한다.

(Integrates the client's words, tone of voice and body language to determine the full meaning of what is being communicated)

⑥ 고객의 주제(theme)와 패턴(pattern)을 분명히 알기 위해 세션 전반에 걸쳐 고객의 행동과 감정의 흐름(trends)에 주목한다.

(Notices trends in the client's behaviors and emotions across sessions to discern themes and patterns)

(7) 알아차림을 불러일으킨다. (Evokes Awareness)

- 정의: 강력한 질문, 침묵, 은유(metaphor) 또는 비유(analogy)와 같은 도구와 기술을 사용하여 고객의 통찰과 학습을 촉진한다.

    (Definition: Facilitates client insight and learning by using tools and techniques such as powerful questioning, silence, metaphor or analogy)

① 가장 유용한 것이 무엇인지 결정할 때 고객의 경험을 고려한다.

   (Considers client experience when deciding what might be most useful)

② 알아차림이나 통찰을 불러일으키기 위한 방법으로 고객에게 도전한다.

   (Challenges the client as a way to evoke awareness or insight)

③ 고객의 사고방식, 가치, 욕구 및 원함 그리고 신념 등 고객에 대하여 질문한다.

   (Asks questions about the client, such as their way of thinking, values, needs, wants and beliefs)

④ 고객이 현재의 생각을 뛰어 넘어 탐색하도록 도움이 되는 질문을 한다.

   (Asks questions that help the client explore beyond current thinking)

⑤ 고객이 이 순간에 경험하고 있는 것을 더 많이 공유하도록 초대한다.

   (Invites the client to share more about their experience in the moment)

⑥ 고객의 발전(client's progress)을 위해 무엇이 잘되고 있는지에 주목한다.

   (Notices what is working to enhance client progress)

⑦ 고객의 욕구에 맞추어 코칭 접근법을 조정한다.

   (Adjusts the coaching approach in response to the client's needs)

⑧ 고객이 현재와 미래의 행동, 사고 또는 감정 패턴에 영향을 미치는 요인을 식별하도록 도와준다.

   (Helps the client identify factors that influence current and future patterns of behavior, thinking or emotion)

⑨ 고객이 어떻게 앞으로 나아갈 수 있는지, 무엇을 하려고 하고 할 수 있는지 생각해 내도록 초대한다.

   (Invites the client to generate ideas about how they can move forward and what they are willing or able to do)

⑩ 관점을 재구성(reframing) 할 수 있도록 고객을 지원한다.

(Supports the client in reframing perspectives)

⑪ 고객이 새로운 학습을 할 수 있는 잠재력을 갖도록 관찰, 통찰 및 느낌을 있는 그대로 공유한다.

(Shares observations, insights and feelings, without attachment, that have the potential to create new learning for the client)

D. 학습과 성장 북돋우기(Cultivating Learning and Growth)

(8) 고객의 성장을 촉진한다. (Facilitates Client Growth)

- 정의: 고객이 학습과 통찰을 행동으로 전환할 수 있도록 협력한다. 코칭 과정에서 고객의 자율성을 촉진한다.

(Definition: Partners with the client to transform learning and insight into action. Promotes client autonomy in the coaching process.)

① 새로운 알아차림, 통찰, 학습을 세계관 및 행동에 통합하기 위해 고객과 협력한다.

(Works with the client to integrate new awareness, insight or learning into their world view and behaviors)

② 새로운 학습을 통합하고 확장하기 위해 고객과 함께 고객의 목표와 행동, 그리고 책임 측정 방안(accountability measures)을 설계한다.

(Partners with the client to design goals, actions and accountability measures that integrate and expand new learning)

③ 목표, 행동 및 책임 방법을 설계하는 데 있어서 고객의 자율성을 인정하고 지지한다.

(Acknowledges and supports client autonomy in the design of goals, actions and methods of accountability)

④ 고객이 잠재적 결과를 확인해 보거나 이미 수립한 실행 단계로부터 배운 것을 지지한다.

(Supports the client in identifying potential results or learning from identified action steps)

⑤ 고객이 지닌 자원(resource), 지원(support) 및 잠재적 장애물(potential barriers)을 포함하여 어떻게 자신이 앞으로 나아갈지에 대해 고려하도록 한다.

(Invites the client to consider how to move forward, including resources, support and potential barriers)

⑥ 고객과 함께 세션에서 또는 세션과 세션 사이에서 학습하고 통찰한 것을 요약한다.

(Partners with the client to summarize learning and insight within or between sessions)

⑦ 고객의 진전과 성공을 축하한다.

(Celebrates the client's progress and successes)

⑧ 고객과 함께 세션을 종료한다.

(Partners with the client to close the session)

(국제코칭연맹 ICF)

2. 국제코칭연맹(ICF) 8대 핵심 역량 해설

A. 기초 세우기(Foundation)

코칭이라는 집을 짓는 가장 근본적인 토대를 이루는 두 가지 역량이다. 이 기초가 단단할 때, 코치와 고객의 관계는 신뢰 위에서 시작되고 성장할 수 있다.

(1) 윤리적 실천을 보여준다. (Demonstrates Ethical Practice)-코칭의 절대적 토대, 신뢰

◎ 정의: 코칭 윤리와 코칭 표준을 이해하고 지속적으로 적용한다.

윤리적 실천은 코칭이라는 전문직의 가장 단단하고 명확한 중심이다.

코칭 과정에서 지켜야 할 규칙의 의미를 넘어 고객이 자신의 가장 연약하고 중요한 부분을 안심하고 드러낼 수 있도록 하는 신뢰의 공간을 창조하는 적극적인 행위이다. 모든 코칭 기술은 이 윤리라는 단단한 토대 위에서만 그 의미를 가지며,

코치가 이 윤리 규정을 어기는 경우 자격이 박탈될 수 있다는 사실은, 이 역량이 코칭의 본질 그 자체임을 시사한다.

① **코치의 진실성과 정직성**
- 이는 코칭 관계의 모든 상호작용에서 투명성을 유지하는 것을 의미하며, 코치는 자신의 자격, 경험, 코칭 프로세스, 비용 구조 등에 대해 솔직하고 명확하게 알려야 하고 비현실적인 기대를 심어주거나 잠재적인 이해 상충의 경우 그 내용을 숨겨서는 안 된다. 정직성은 신뢰를 쌓는 가장 빠른 길이면서도 유일한 길이 된다.
- 아리스토텔레스로부터 시작된 덕 윤리(Virtue Ethics)는 규칙이나 결과보다 행위자의 인격과 덕성을 중시하며 이러한 관점에서 코치의 정직성은 코칭 효과를 위한 도구가 아니라 전문가로서 마땅히 갖추어야 할 내재적 덕목으로 진실한 코치는 그 존재 자체로 고객에게 신뢰의 바탕이 된다.
- 하버드 경영대학원의 에이미 에드먼슨(Amy Edmondson) 교수가 정립한 심리적 안전감(Psychological Safety) 개념은 개인이 대인관계의 위험을 감수해도 안전하다고 느끼는 환경을 의미하며 코치의 정직성은 고객 자신의 약점이나 실패를 솔직하게 드러내고 탐색할 수 있는 심리적 안전지대를 구축하는 결정적 요인으로 작용한다(Edmondson, Amy C., 2018).

② **고객 민감성**
- 인간은 누구나 각자의 고유한 우주를 가지고 있으며 코치는 고객의 성별, 인종, 종교, 문화, 성 정체성, 가치관 등 그를 둘러싼 모든 배경이 그의 사고와 행동에 미치는 영향을 깊이 이해하고 존중해야 한다. 코치 자신의 문화적 관점이나 개인적 신념을 기준으로 고객을 판단하거나 일반화하는 것은 경계해야 하며 이는 고객의 세계를 그대로 수용하겠다는 겸손한 자세에서 가능하다.
- 캐럴 길리건(Carol Gilligan) 등이 발전시킨 돌봄 윤리(Ethics of Care)는 보편적 원

칙보다 관계와 맥락의 중요성을 강조한다(Gilligan, Carol. 1982). 이 관점에서 코칭은 추상적인 문제 해결이 아니라 특정한 맥락 속에 있는 한 개인과의 관계 맺기로 고객의 고유한 환경과 경험을 민감하게 고려하는 것은 윤리적 돌봄의 실현이다.

- 타문화를 이해하는 것을 넘어, 자신의 문화적 편견을 끊임없이 성찰하고, 다양한 문화적 배경을 가진 사람들과 효과적으로 소통하는 능력인 문화적 역량(Cultural Competence)은 코치가 지속적인 학습을 통해 함양해야 하는 역량이다.

③ 존중의 언어

- 코치의 언어는 단순히 정보를 전달하는 수단을 넘어 고객의 가능성을 여는 강력한 힘을 가지며, 차별적이거나 비하하는 언어를 사용하지 않는 것은 물론 비판적이거나 판단적인 언어를 피하고 고객의 가능성을 믿고 지지하는 강점 기반 언어(strength-based language)를 사용하는 것을 포함하여 고객이 사용한 단어나 표현을 존중하며 그대로 반영해 주는 것이다.
- 칼 로저스(Carl Rogers)가 창시한 인간중심 접근(Person-Centered Approach) 이론은 무조건적 긍정적 존중(unconditional positive regard)을 관계의 핵심으로 하고 있으며, 코치가 사용하는 존중의 언어는 바로 이 철학을 실천적으로 보여주는 가장 직접적인 증거로 이를 통한 고객의 온전히 수용받는 경험은 자기 탐색에 용기를 얻게 된다(Rogers, C. R., 1942).
- 언어가 인간의 사고와 경험 세계를 구조화한다고 보는 신경 언어 프로그래밍(NLP)의 관점에서 코치가 사용하는 긍정적이고 가능성을 여는 언어는 고객의 부정적인 자기 인식을 재구성(reframing)하여 새로운 관점을 갖도록 돕는 강력한 도구가 된다(Eisenstein, Jacob, 2021).

④ ICF 윤리 강령을 준수

- 코치가 개인의 신념이나 판단이 아닌 코칭이라는 전문 직업인으로 공인된 윤리적 기준과 가치(전문성, 협력, 인류애, 형평성 등)를 따르는 공적인 약속이며 이를 위해 코치는 윤리 강령을 숙지하고 내재화하여 자신의 코칭 실천을 정기적으로 점검하고 윤리적 딜레마 상황에서 어떻게 행동할지에 대한 명확한 기준을 가지고 있어야 한다.
- 모든 전문직은 사회로부터 전문성을 인정받은 만큼 높은 수준의 전문직 윤리(Professional Ethics)를 기준으로 하는 윤리적 책임이 있다. 성문화된 윤리 강령은 일, 대중을 보호하고, 이, 전문가에게 행동 지침을 제공하며, 삼, 직업의 사회적 신뢰와 정당성을 확보하는 기능을 한다.

이처럼 코치가 ICF 윤리 강령을 따르는 것은 코칭의 전문성을 스스로 입증하는 가장 기본적인 행위이다.

⑤ 비밀을 유지

- 비밀 유지는 코칭 관계에 필연적인 요소로 고객은 자신의 이야기가 절대적으로 보호된다는 확신이 있을 때 가장 깊고 진솔한 이야기를 하게 되고 코칭 대화의 내용은 고객의 동의 없이는 절대 외부에 공개되지 않음을 코칭 시작 전에 명확히 합의해야 한다. 특히 조직 코칭의 경우에는 비용 지불자인 스폰서와 고객 사이에서 비밀 유지의 범위와 보고 내용에 대해 사전에 투명하게 합의하는 것이 매우 중요하다.
- 임마누엘 칸트(Immanuel Kant)의 의무론적 윤리(Deontological Ethics)에서는 결과와 상관없이 지켜야 할 보편적인 도덕 법칙을 강조하고 있으며, 이러한 관점에서 고객의 정보를 보호할 의무는 코칭의 성과를 떠나 코치가 지켜야 할 정언명령(categorical imperative)과 같고 이는 신뢰 관계를 위한 협상 불가능한 절대적 전제 조건이다(Kant, Immanuel. 2005).

⑥ 코칭과 타 전문직의 구분

- 코치는 자신의 직무와 의무가 무엇이고, 무엇이 아닌지를 명확히 이해하고 설명할 수 있어야 하며, 컨설턴트처럼 해답을 제시하거나, 세라피스트처럼 과거의 트라우마를 진단하고 치료하지 않음을 분명히 해야 한다. 코칭은 고객이 스스로 해답을 찾도록 돕는 미래지향적 파트너십임을 일관되게 유지함으로 코칭의 전문성과 고유성을 지킨다.
- 코치의 업무 범위(Scope of Practice)는 모든 전문직 영역에 적용되는 핵심 개념으로 해당 전문가가 합법적이고 윤리적으로 수행할 수 있는 업무의 경계를 의미한다. 코치가 자신의 업무 범위를 벗어나는 행위는 고객에게 잠재적인 해를 끼칠 수 있는 비윤리적 행위가 되며 이는 윤리학의 기본 원칙인 해악 금지의 원칙(non-maleficence)으로 고객에게 해를 끼치면 안 된다는 원칙이다.

⑦ 전문가 추천

- 위 ⑥번 항목의 구체적인 실천 행위로 코치의 전문적 성숙도를 보여주는 중요한 지표로 코칭 중 고객이 심각한 우울, 불안, 중독 등 정신건강의학적 도움이 필요하다고 판단되거나, 법률, 재무 등 코치의 전문 분야가 아닌 영역의 조언이 필요하다고 판단될 때는 코칭을 중단하고 적절한 전문가에게 의뢰(refer)한다. 이는 코치의 비즈니스 이익보다 고객의 안녕(Well-being)을 최우선으로 생각하는 선택이고 결정이다.
- 해악 금지의 원칙과 함께 의료 윤리의 핵심을 이루는 선행의 원칙(Beneficence)은 고객에게 최선의 이익을 제공해야 할 의무를 의미하는 것으로 고객에게 코칭 이전에 더 적합하고 필요한 도움이 필요하다면 관련 전문 분야의 정보를 안내하는 것이 바로 선행의 원칙을 적극적으로 실천하는 것이다.

(2) 코칭 마인드셋을 구현한다. (Embodies a Coaching Mindset)
  －성장을 믿는 코치의 내면 자세

> ◎ 정의: 개방적이고 호기심이 많으며, 유연하고 고객 중심적인 사고방식(마인드셋)을 개발하고 유지한다.

코칭 마인드셋은 코치가 사용하는 기술 이전에 갖추어야 할 근본적인 태도이자 존재 방식이다. 이는 코치가 자신을 '정답을 아는 전문가'가 아닌, '고객의 성장을 돕는 파트너'로 인식하는 것에서 시작되며 이 마인드셋은 코치의 모든 행동에 스며들어 고객과의 관계에 깊이를 더하고 진정한 변화가 일어날 수 있는 토양을 만든다. 이 마인드셋을 갖춘 코치는 고객의 가능성을 끊임없이 탐구하는 호기심 많은 탐험가다.

① 고객의 선택과 책임

- 코칭의 주인공은 언제나 고객으로 코치는 고객의 삶에 대하여 조언, 해결책 제시, 대리 결정자가 아니고 고객이 최선의 선택을 할 수 있도록 다양하고 다각적인 관점을 탐색하게 돕는다. 선택의 권리와 책임이 온전히 고객의 것이 되도록 존중하고 지지하여 고객이 자신의 삶에 온전한 주도권을 가지게 하는 코치의 가장 기본적인 철학의 실천이다.
- 심리학자 데시와 라이언의 자기결정성 이론(Self-Determination Theory)에서는 인간이 자율성(Autonomy), 유능성(Competence), 관계성(Relatedness)의 욕구가 충족될 때 내적 동기가 극대화된다고 본다(Deci, E. L. & Ryan, R. M., 1985.) 고객의 선택권을 존중하는 것은 고객의 자율성 욕구를 직접적으로 충족시켜 스스로 변화를 만들고 그 결과에 책임지려는 강력한 동기를 부여한다.
- 성인 학습이론(Andragogy)에 의하면 성인 학습자는 타인에 의해 이끌리기보다 자기 주도적으로 학습하려는 경향이 강하다. 코치가 고객의 주체성을 인정하는 것은 이러한 성인 학습자의 특성을 존중하여 학습 효과를 극대화하는 것이다.

② 코치의 지속적 학습 및 개발

- 최고의 코치는 나는 다 안다고 말하는 사람이 아니라 나는 끊임없이 배운다고 말하는 사람이다. 전문 코치는 한 번 자격을 취득하는 것으로 끝나는 것이 아니라 새로운 코칭 이론, 관련 학문을 꾸준히 학습하는 평생 학습자(Lifelong Learner)이다. 코치는 자신의 코칭 기술을 최신 상태로 유지하여 더 다양한 고객과의 코칭 상황에 효과적으로 대응하는 전문가다.
- 스탠퍼드 대학의 캐럴 드웩(Carol Dweck) 교수가 제시한 성장 마인드셋(Growth Mindset) 개념은 개인의 재능이나 지능이 고정된 것이 아니라 노력을 통해 발전할 수 있다고 믿는 태도이다. 코치 스스로 성장 마인드셋을 가질 때 비로소 고객의 무한한 성장 가능성을 진심으로 믿고 지지할 수 있으며 자신의 성장을 위한 노력을 멈추지 않게 된다(Dweck, Carol S., 2017).

③ 코칭 능력 향상과 성찰 훈련

- 학습이 외부로부터 지식을 입력하는 과정이라면 성찰은 그 지식과 자신의 경험을 연결하여 내면의 지혜를 출력하는 과정으로 성찰 훈련(Reflective Practice)은 세션을 복기하는 것과 함께 ① 코치 자신, ② 고객, ③ 제3의 관찰자의 세 가지 관점에서 입체적으로 자신의 코칭을 분석하는 것을 의미한다. 이는 코치 자신의 강점과 약점 그리고 무의식적인 패턴을 발견하고 의식적으로 개선하게 한다.
- 교육학자 도널드 쇤(Donald Schon)의 성찰적 실천 (Reflective Practice)에서는 전문가가 반복적인 실무를 통해 전문가로 성장하는 것이 아니라 자신의 행동에 대한 성찰(Reflection-on-action)을 통해 전문가적 지혜를 쌓는다고 강조한다. 코치의 성찰 훈련은 바로 이 전문가적 성장의 핵심이다(Schon, Donald A., 2018).

④ 상황과 문화와 개방적 태도

- 코치와 고객 모두 진공 속에서 살아가는 존재가 아니다. 각자가 속한 조직, 사회, 문화적 배경은 우리의 가치관과 행동 방식에 지대한 영향을 미치고 있으며, 코치는 자신의 문화적 필터로 고객을 바라보지 않도록 항상 경계해야 하고 고객이 처한 고유한 상황과 맥락을 이해하기 위해 개방적이고 호기심 어린 태도를 유지해야 한다.
- 문화적 역량(Cultural Competence)은 다른 문화를 안다는 것만이 아닌 자신의 문화적 편견에 대해 성찰하고, 문화적 차이를 존중하며 효과적으로 소통하는 능력으로 글로벌화된 사회에서 코치가 갖추어야 할 필수 소양이다.
- 우리가 믿고 있는 현실은 상당 부분 우리가 속한 사회와 문화 속에서 언어와 상호작용을 통해 구성된 사회적 구성주의(Social Constructivism) 관점에 따라 구성되는 부분이다. 고객의 현실을 진정으로 이해하기 위해서는 그가 속한 사회·문화적 맥락에 대한 이해가 필요하다.

⑤ 고객을 위한 인식과 직관의 활용

- 코칭은 때로 논리와 분석을 넘어선다. 코칭 중 코치의 마음에 문득 떠오르는 어떤 단어, 이미지, 감각, 즉 직관(Intuition)은 고객의 통찰을 위한 매우 강력한 도구가 되고 코치는 자신의 내면에서 올라오는 이러한 신호들을 알아차려 그것이 고객의 성장에 도움이 된다는 판단이 설 때는 겸손한 태도로 고객에게 제공한다.
- 언어나 문자로 표현은 어려우나 경험을 통해 체득된 암묵적 지식은 수많은 코칭 경험을 통해 축적된 것으로 특정 순간에 발현된다.
- 이는 프레즌스 역량과 깊은 연결고리를 가지며 코치가 지금 그리고 여기에 온전히 존재하여 고객에게 집중할 때 더 많은 직관적 신호를 민감하게 포착한다.

⑥ 감정 조절

- 코치는 고객의 감정이라는 격랑 속에서 길을 잃지 않도록 중심을 잡아주는 등대와 같은 존재여야 한다. 이를 위해 코치는 먼저 자신의 감정을 잘 다스릴 수 있어야 하고 고객의 분노에 함께 화를 내거나 고객의 슬픔에 함께 빠져드는 것이 아니라 그 감정을 수용하되 안정된 상태를 유지하는 감정 조절 능력이 필요하다. 이는 코치 자신의 평정심을 지키는 것은 물론 고객이 안심하고 자신의 감정을 탐색할 수 있는 안전한 쉼터의 역할이다.

- 정서지능(Emotional Intelligence)은 대니얼 골먼(Daniel Goleman)이 대중화한 개념으로 자기 감성 인식과 자기 감성 조절 그리고 자기 동기화와 공감 및 대인관계 기술의 5가지 요소로 이루어져 있다. 이 중 특히 자기 감성 인식과 조절 능력은 코치가 평정심을 유지하고 고객에게 온전히 집중하기 위한 핵심 역량이다(Goleman, Daniel, 2020).

⑦ 세션 준비

- 매 세션은 늘 새로운 무대로 최고의 무대를 위해서는 사전 준비가 필수적이듯, 코치는 매 세션 시작 전 정신적, 정서적으로 자신을 준비시키는 과정이 필요하다. 이는 이전 세션의 감정이나 개인적인 잡념을 비워내고 명상이나 호흡법 등을 통해 마음을 차분히 가라앉혀 지금의 고객에게 온전히 집중할 수 있는 상태를 만드는 의식적인 노력으로 고객에 대한 존중이자 전문가로서의 사명이고 의무이며 책임이다.

- 현재 순간에 주의를 기울이는 마음 챙김(Mindfulness) 훈련은 자신의 감정이 일어남을 알아차리되 그것에 휩쓸리지 않고 관찰하는 힘을 길러주고 세션 전 명상은 코치가 정서적으로 준비하는 데 매우 효과적이다.

⑧ 외부 자원의 도움

- 뛰어난 코치라도 혼자서 모든 것을 해결할 수는 없으며 자신의 한계를 인정

하고 도움이 필요할 때 기꺼이 외부 자원으로부터 도움을 구하는 것은 코치의 전문성과 성숙도를 보여주는 중요한 지표가 된다.
- 자신의 코칭을 객관적으로 점검받고 깊은 통찰을 얻기 위한 슈퍼비전이나 멘토 코칭은 고립되지 않고 끊임없이 배우고 성장하는 중요한 자기 관리 과정이다.
- 코치가 윤리적 실천 역량과 지속적인 학습이라는 코칭 마인드셋을 실제로 행동으로 옮기는 것으로 기타 전문직과 마찬가지로 코칭 분야에서도 슈퍼비전은 전문가의 질을 유지하고 소진을 예방하며, 윤리적 기준을 준수하기 위한 필수 과정이며 제도이다.

B. 관계의 공동 구축(Co-Creating the Relationship) -함께 여정을 설계한다.

코칭 관계의 틀을 세우고, 상호 신뢰에 기반한 파트너십을 형성하는 두 가지 역량이다.

(3) 합의를 도출하고 유지한다. (Establishes and Maintains Agreements)

◎ **정의**: 고객 및 이해관계자와 협력하여 코칭 관계, 프로세스, 계획 및 목표에 관한 명확한 합의를 한다.

합의는 성공적인 코칭 여정을 위한 공동의 지도를 그리는 과정이자 튼튼한 파트너십을 위한 설계도를 함께 만드는 작업으로 형식적인 계약의 의미 이상으로 코칭의 모든 과정에서 발생할 수 있는 오해를 방지하고 고객과 코치가 같은 목표를 향해 나아갈 수 있도록 하는 핵심적인 역량이다. 이 합의 과정을 통해 고객은 코칭의 수동적인 참여자에서 자신의 성장 여정을 주도적으로 설계하는 공동 창조자(Co-creator)로 거듭난다. 이는 단순한 행정 절차를 넘어, 투명성을 통해 신뢰를 구축하고 고객을 코칭의 능동적인 주체로 세우는 중요한 과정이다.

① **코칭의 본질과 경계 설명**
- 코칭에 관한 명확한 설정을 하는 것으로 많은 사람이 코칭을 컨설팅, 멘토링, 심리치료 등과 혼동할 수 있어 코치는 코칭이 과거의 상처를 치유하는 것도, 정답을 알려주는 것도 아닌 고객 스스로가 자신의 잠재력을 발견하고 미래 지향적인 해결책을 찾도록 돕는 파트너십 과정임을 명확히 설명한다.
- 공식적인 서면 계약 외에도 코치와 고객 간에 존재하는 비공식적인 상호 기대와 믿음의 집합인 심리적 계약(Psychological Contract)을 동반한다. 초기에 이러한 기대를 명확히 하고 합의하는 과정은 보이지 않는 오해와 실망을 예방하고 관계의 신뢰도를 높이는 결정적인 역할을 하게 한다.

② **역할과 책임 합의**
- 이는 코칭이라는 '안전한 공간'의 관계적 경계를 설정하는 것으로 코치와 고객 각자의 역할과 책임을 명확히 함으로써, 건강한 파트너십의 기반을 다진다.
- 역할 이론(Role Theory)에서 논하는 사회적 상호작용에서 각 개인에게 기대되는 행동양식을 역할이라고 볼 때 코치와 고객의 역할을 명확히 정의하고 합의하는 것은 관계의 혼란을 막고 각자의 책임에 집중하게 한다.

③ **운영 지침 합의**
- 코칭의 구조적인 부분과 행정적 경계를 설정하는 실질적인 과정으로다. 코칭 비용, 세션 일정과 기간, 갑작스러운 취소 정책, 그리고 가장 중요한 비밀 유지의 원칙과 그 한계 등에 대해 명확하고 투명하게 합의하는 과정은 관계의 투명성을 높여 고객에게 코칭 자체에만 몰입할 수 있는 환경을 제공한다.
- 코칭의 전문성과 윤리성을 담보하는 가장 기본적인 장치로 특히 비밀 유지에 대한 명확한 합의는 고객의 신뢰(Trust)를 얻는 데 중요하며 역량 1의 윤리적 실천과도 직접적으로 연결된다.

④ 전체 계획과 목표 설정
- 코칭 여정의 최종 목적지를 설정하는 것으로 고객이 진정으로 원하는 장기적인 목표를 구체화하도록 도우며, 조직 코칭의 경우는 비용을 지불하는 스폰서의 기대와 고객 개인의 목표 사이의 균형을 맞추는 합의를 만든다.
- 목표 설정 이론(Goal-Setting Theory)에 의하면 막연한 목표보다 구체적이고 도전적인 목표가 훨씬 강력한 동기를 부여하고 높은 성과를 끌어낸다는 것으로 전체 코칭 목표를 명확히 설정하는 것은 코칭의 방향성을 잃지 않게 하는 중요한 구심점 역할을 한다.

⑤ 상호 적합성 확인
- 모든 코치가 모든 고객에게 맞는 것은 아니므로 본격적인 코칭에 앞서 일종의 케미스트리 체크(Chemistry Check)를 하는 과정이다. 샘플 세션이나 사전 미팅을 통해 서로의 스타일과 가치관의 부합 여부, 편안한 신뢰 관계 형성 여부를 함께 탐색하는 과정이다. 고객이 코치를 신뢰하고 편안하게 느낄 때, 코칭의 효과는 극대화되기 때문이다.
- 인간관계론(Interpersonal Relationship Theories)에 의하면 모든 효과적인 관계의 기초는 라포(Rapport), 즉 상호 신뢰와 공감대 형성에 있다. 상호 적합성을 확인하는 과정은 이러한 라포 형성의 가능성을 타진하는 중요한 단계이다.

⑥ 개별 세션에 대한 합의
- 매 세션에 부합하는 작은 목표를 설정하는 것으로 전체 코칭 목표를 위한 매 세션에 가장 가치가 있는 것을 고객과 함께 탐색하여 세션의 주제를 고객이 주도적으로 정하도록 돕는다.
- 자기 결정성 이론(Self-Determination Theory)의 자율성 원칙을 매 세션에 적용하는 것으로 고객이 직접 세션의 목표를 정할 때 그 세션에 대한 몰입도와 책임감이 현저히 높아진다.

⑦ 핵심 이슈 정의

- 세션 목표가 정해졌다면, 그 목표에 도달하기 위해 핵심이 무엇인지 고객 스스로 정의하도록 돕는 것으로, 목표를 더 구체적이고 실행할 수 있는 단위로 쪼개는 과정이다.
- 문제 해결 이론(Problem-Solving Theory)에 의하면 복잡한 문제를 해결하기 위해서는 핵심 문제를 정확히 정의하는 것이 가장 중요하다는 원리를 따르는 것으로 코치는 고객이 문제의 표면이 아닌 핵심을 보도록 돕는다.

⑧ 성공 척도 정의

- 목표 달성 여부를 판단할 수 있는 구체적인 계기판을 만드는 것과 같다. 추상적인 목표를 측정가능한 결과로 전환한다.
- 목표 설정 이론의 측정 가능성(Measurable) 원칙을 적용하는 것으로 성공 척도를 명확히 하면 목표가 구체화되어 세션이 끝난 후 고객이 성취감을 느끼는 데에도 큰 도움이 된다.

⑨ 시간과 초점 관리

- 코치는 세션의 공동 진행자(Co-facilitator)로서 한정된 시간 안에 합의된 목표를 향해 나아가도록 도우며, 때로 대화가 다른 길로 빠질 때 원래의 초점으로 되돌아오도록 안내하는 역할을 한다.
- 회의나 워크숍에서 목표 달성을 돕는 퍼실리테이션(Facilitation) 기술과 유사하며, 코치는 대화의 내용뿐만 아니라 대화의 과정과 구조를 관리하는 파트너의 역할을 수행한다.

⑩ 방향성 유지

- 코칭의 운전대는 언제나 고객이 쥐고 있으며, 코치는 고객이 설정한 목적지를 향해 함께 나아가는 조수석의 파트너로 코치는 합의된 방향을 존중하고

그 길을 따라간다. 다만 고객이 목적지를 변경하고 싶다는 신호(언어적, 비언어적)를 보내면, 코치는 그 신호를 알아차리고 기꺼이 경로를 재탐색할 유연성을 가져야 한다.
- 고객의 자율성을 존중하는 인간중심 접근(Person-Centered Approach)의 핵심을 보여주는 것으로 코칭은 코치의 의제가 아닌 전적으로 고객의 의제를 따르는 과정이다.

⑪ 관계의 종료
- 아름다운 마무리는 새로운 시작을 위한 중요한 토대이며 코칭 관계를 종료할 때는 그동안의 여정을 함께 돌아보고 고객이 이룬 성장과 배움을 축하하고 앞으로의 계획을 응원하는 의식적인 과정을 가진다. 이는 고객이 코칭 경험을 긍정적으로 내재화하고 코칭이 끝난 후에도 지속적으로 성장해 나갈 힘을 얻도록 돕는 것이다.
- 게슈탈트 심리학의 완결(Closure) 개념으로 미완결된 경험은 계속해서 개인의 심리적 에너지를 소모하게 한다. 코칭 관계를 명확하고 의미 있게 종결하는 것은 고객에게 심리적 완결을 부여하여 코칭의 성과를 온전히 자신의 것으로 만들고 새로운 장으로 나아가도록 돕는다.

(4) 신뢰와 안전감을 조성한다. (Cultivates Trust and Safety)

◎ 정의: 고객과 함께, 고객이 자유롭게 나눌 수 있는 안전하고 지지적인 환경을 만든다. 상호 존중과 신뢰 관계를 유지한다.

신뢰와 안전감 조성은 단순히 고객과 친밀한 분위기를 만드는 것을 넘어 고객이 자신의 생각, 감정, 경험, 그리고 가장 깊은 취약성까지도 판단에 대한 두려움 없이 자유롭게 탐색하고 공유할 수 있는 견고한 심리적 기반인 안전 기지(Secure Base)를 구축하는 것을 의미하며 하버드 경영대학원의 에이미 에드먼슨(Amy Edmondson) 교수가 제시한 심리적 안전감(Psychological Safety)은 고객이 대인관계의 위험을 감수해도 안전하다고 느끼는 환경을 조성하는 것을 핵심으로 이러한 안전 기지가 있을 때, 고객은 비로소 미지의 영역을 탐험하고 자신의 한계에 도전하며 성장할 수 있는 용기를 얻게 된다.

① **고객의 맥락**
- 이는 고객을 문제 해결의 대상으로 바라보는 것이 아니라 고유한 삶의 서사를 가진 전인격적 존재로 바라보는 것에서 시작한다. 코치는 고객의 세계관 형성에 영향을 미치는 가족, 문화, 직업, 가치관 등의 요소에 깊은 호기심을 가지고, 고객의 입장이 되어 세상을 이해하려고 노력해야 하며, 고객의 말 한마디를 그의 전체적인 삶의 맥락 속에서 이해하려는 코치의 노력은 고객에게 강력한 안정감을 준다.
- 인간중심 접근의 칼 로저스(Carl Rogers)는 개인이 자신만의 주관적인 현실 즉 현상학적 장(Phenomenal Field) 속에서 세상을 경험한다고 보았다. 타인을 진정으로 이해하기 위해서는 그 사람의 주관적 현실 속으로 들어가 보려는 노력이 필요하며, 코치의 이러한 노력은 신뢰 관계의 핵심이다.
- 교육학자 말콤 노울스(Malcolm Knowles)는 성인학습자의 가장 중요한 특징 중 하나로 경험의 역할을 강조했다. 성인은 풍부한 삶의 경험이 있으며 이는 학습의 가장 중요한 자원이 되고 코치가 고객의 경험과 맥락을 존중하고 이해하려는 태도는 고객의 경험을 학습 자원으로 온전히 활용하게 하여, 스스로 해답을 찾도록 돕는 가장 효과적인 방법이 된다(Knowles, Malcolm S., Elwood F. Holton III, and Richard A. Swanson. 2018).

② **깊은 이해와 존중**
- 코치의 방식이 아닌, 온전히 고객의 방식에 맞추는 것을 의미하며 만약 고객이 시각적인 사람이라면 그림이나 도표를 활용하고, 논리적인 사람이라면 체

계적인 분석을 돕는 방식으로 접근해야 한다. 특히 고객이 사용하는 단어, 비유, 소통 스타일을 존중하고 코칭 상황에 그대로 반영함으로써, 고객은 자신이 있는 그대로 수용되고 있다는 느낌을 받게 되어 이 과정은 강력한 라포(Rapport) 형성으로 이어진다.

- 사회적 구성주의에 의하면 사람들은 언어와 상호작용을 통해 자신의 현실을 구성해 나간다. 코치가 고객의 언어와 인식 체계를 존중하는 것은 곧 고객의 세계 자체를 존중하는 것이며, 이는 판단하지 않는 수용적인 태도의 핵심이다.

- 구성주의 학습이론(Constructivism)에서 구성주의는 지식이란 객관적으로 존재하는 것이 아니라 학습자 개인에 의해 능동적으로 구성되는 것으로 본다. 모든 사람은 자기만의 고유한 방식으로 세상을 인식하고 의미를 구성하게 된다. 코치는 정보를 주입하는 교사가 아니라 고객 스스로 의미를 구성하도록 돕는 학습 촉진자(Facilitator)의 역할 수행자로 고객의 스타일과 언어에 맞추는 것은 바로 이 촉진자 역할의 실천이다.

③ 재능과 노력 인정

- 고객을 자신의 해답을 찾을 능력을 이미 가진 존재로 바라보는 코치의 고객에 대한 근본적인 가치관과 신념에 관한 것으로 코치는 고객이 스스로 이룬 작은 성공과 의외의 통찰 그리고 보이지 않는 노력 하나하나를 발견하여 제공하는 강점 탐색 전문가이어야 한다. 고객에게 보여주는 인정과 존중은 고객의 자신감을 높이고 더 큰 도전을 가능하게 하는 심리적 자원을 만든다.

- 긍정심리학은 인간의 약점이나 결핍보다 강점과 미덕에 초점을 맞추는 것으로 고객의 재능과 노력을 구체적으로 인정하는 것은 고객의 자기효능감(Self-efficacy)과 내재적 동기를 강화하는 가장 직접적인 방법이다(Seligman, M. E. P., 2002).

- 교육학의 관점에서 바라본 강점 기반 접근 또한 학습자의 결핍을 채우기보

다 이미 가진 강점을 발견하고 발전시키는 접근이 효과가 있음이 입증되었다. 고객의 재능과 통찰을 인정하는 것은 고객을 결핍된 존재가 아닌 가능성의 존재로 인정하는 것이며 이는 고객의 학습과 성장에 대한 주도성을 높여준다.

④ 지지, 공감 및 표현 지원

- 피상적인 격려 차원이 아닌 고객의 감정 상태를 깊이 이해하고 그 감정에 함께 머물러주는 것을 의미하며 고객이 기뻐할 때 진심으로 함께 기뻐하고 어려움을 토로할 때는 그 감정을 판단 없이 그대로 수용하는 태도로 코치의 진정한 지지와 공감은 고객에게 안전감을 제공한다.
- 칼 로저스가 강조한 공감적 이해는 코치가 고객의 내면세계를 마치 자신의 것처럼 느끼고 이해하여 그 이해를 다시 고객에게 전달해 줄 때 고객은 깊은 수준의 이해와 연결감을 경험하며 비로소 안전함을 느낀다.
- 교육학의 정서적 학습 환경은 학습은 인지적 과정일 뿐만이 아니라 정서적 과정이기도 하며, 학습자가 정서적으로 지지받고 안정감을 느낄 때 뇌의 위협 감지 시스템(편도체)이 안정되고 고차원적 사고를 담당하는 전두엽이 활성화되어 학습과 성찰 효과가 극대화된다는 것이다. 코치의 지지와 공감은 최적의 학습이 되는 안전한 정서적 공간을 제공한다.

⑤ 제한적 신념의 표현

- 고객과의 대화를 통한 모든 내용은 고객에 관한 소중한 데이터이다. 심지어 그것이 코치의 생각과 다르다거나 사회적 통념에 맞지 않고 심지어 모순적으로 보여도 코치는 판단을 뒤로하고 표현 자체를 존중하고 지지해야 한다. 이러한 무조건적인 수용의 환경 속에서 고객은 자기 검열의 벽을 허물고 자유롭게 자신을 탐색하게 되어 진정한 자기 발견의 계기가 된다.
- 칼 로저스가 제시한 무조건적인 긍정적 존중의 핵심 요소로 고객의 생각이

나 감정 그리고 행동이 어떻든 간에 그 사람의 가치를 조건 없이 존중하고 수용하는 태도이다. 이와 같은 코치의 태도는 고객이 자신을 있는 그대로 받아들이고 탐색할 용기를 준다.
- 교육학자 잭 메지로우(Jack Mezirow)의 변혁적 학습 이론(Transformative Learning)에서는 성인의 의미 있는 학습이 기존의 신념 체계에 도전하고 비판적으로 성찰할 때 일어난다고 보고 있다. 고객이 자신의 신념과 인식을 자유롭게 표현하도록 지원하는 것은 그 신념을 안전하게 꺼내놓고 코치와 함께 탐색하여 더 효과적인 관점으로 변혁할 기회가 된다(Mezirow, Jack. 2014).

⑥ 신뢰의 구축을 위한 개방성과 투명성

- 고객과의 신뢰 구축을 위해 인간으로서의 한계를 인정하고 개방성과 투명성을 보여준다.
- 코치는 모든 것을 아는 전문가나 완벽한 존재가 아님을 솔직하게 인정하는 태도로 코치의 개방성과 투명성 그리고 때로는 인간적인 취약성(vulnerability)을 보여주는 것은 고객과의 신뢰를 더욱 깊게 만든다. 코치가 먼저 자신의 진솔한 모습을 보일 때 고객 역시 방어적인 태도를 내려놓고 진실하게 자신을 표현할 수 있다.
- 칼 로저스의 진실성/일치성(Genuineness/Congruence)과 맥을 같이하는 요소로 코치가 자신의 내면 경험과 외부 표현이 일치하는 진실한 모습을 보일 때 고객 역시 방어기제를 내려놓고 진솔한 모습으로 관계에 임하게 되고 인간 대 인간으로서의 깊은 신뢰를 경험하게 된다(Rogers, C. R., 1942).
- 교육학의 모델링과 사회적 학습의 관점으로 보면 학생들은 교사의 지식뿐만 아니라 태도와 행동을 보고 배운다. 이처럼 코치가 자신의 한계를 인정하고 솔직함을 보이는 것은 고객이 자신의 불완전함을 수용하고 실패를 두려워하지 않고 새로운 시도를 하도록 격려하는 가장 효과적인 모델링을 통한 교육적 실천이다.

(5) 프레즌스를 유지한다. (Maintains Presence)

> ◎ 정의: 개방적이고 유연하며 중심이 잡힌 자신감 있는 태도로 완전히 깨어서 고객과 함께한다.

코치가 단순히 고객과 같은 공간에 물리적으로 존재하는 것을 넘어서 자신의 모든 의식을 동원하여 지금-여기(Here and Now) 고객과 온전히 함께하는 상태를 의미한다. 코치가 자신의 머릿속 생각에서 벗어나 개방적이고 유연하며 중심 잡힌 자신감 있는 태도로 고객의 존재 자체에 깊이 몰입하는 것으로 프레즌스가 높은 코치는 고객의 말뿐만 아니라 그의 침묵이나 숨소리 그리고 에너지의 미세한 변화까지도 감지하여 마치 고요한 호수처럼 고객의 모습을 그대로 비추어주는 거울의 역할을 하게 된다.

① 고요한 내면

프레즌스의 가장 근본적인 토대는 코치 자신의 안정된 내면 상태이다.

- 프레즌스의 가장 기본적이면서도 포괄적인 행동 양식으로 집중은 외부의 방해 요소와 내면의 잡념으로부터 주의를 차단하고 오직 고객에게 향하는 것이며 관찰은 고객의 언어뿐만 아니라 목소리 톤, 표정, 자세, 비언어적 신호까지 세심하게 알아차리는 것이다.
- 공감은 그 관찰을 바탕으로 고객의 감정 상태를 함께 느끼는 것이며, 적절한 반응은 그 모든 정보를 통합하여 지금 고객에게 가장 도움이 되는 방식으로 소통하는 것으로 이 네 가지 요소는 하나로 연결되어 프레즌스를 구성한다.
- 마음 챙김(Mindfulness)은 현재 순간에 주의를 기울이는 것을 의미하며, 코치가 고객에게 온전히 집중하고 관찰하여 자신의 반응을 알아차리는 프레즌스의 핵심이 되는 심리적 메커니즘이다.
- 칼 로저스(Carl Rogers)가 강조한 공감적 이해(Empathic Understanding)의 개념은 상대방의 내면세계를 정확하게 감지하고 그 의미를 이해하는 능력으로 프레즌스를 통

해 얻은 관찰의 내용을 고객의 이해를 돕는 데 사용되는 과정이다.

② **고객에게 보내는 호기심**
- 코칭에서 호기심은 판단 없음의 가장 기본적인 표현 양식이다. 코치는 고객의 잠재력에 대해 진정한 호기심을 갖고 탐구하는 태도를 유지하고 고객의 세계에 관한 이해를 바탕으로 고객 스스로 자신을 탐색하도록 관심을 가지고 판단 없이 호기심을 표현한다.
- 성장 마인드셋(Growth Mindset)을 가진 코치는 고객이 아직 발현되지 않은 무한한 잠재력을 가지고 있다고 믿으며 이러한 믿음은 고객의 생각, 감정, 경험에 대한 자연스러운 호기심으로 이어진다.
- 교육학의 탐구 기반 학습(Inquiry-Based Learning)은 교사가 정답을 주는 대신 학습자의 호기심을 자극하는 질문을 통해 스스로 탐구하고 배우게 한다. 코치의 호기심은 고객을 자신의 삶을 탐구하는 주도적인 학습자로 만든다.

③ **현존의 유지와 감정 관리**
- 고객과 함께 현존하기 위해 자신의 감정을 효과적으로 관리하여 자기 감정을 인식하고 관리하는 능력은 타인과 효과적으로 관계 맺는 기반이 된다. 코치는 먼저 자신의 감정을 알아차리고 관리하는 능력이 필수이며 코칭 중 올라오는 자신의 조급함, 불안, 판단, 해결해 주고 싶은 욕구 등을 인지하여 코칭에 부정적인 영향을 미치지 않도록 조절한다. 또한 코치가 안정되고 일관된 태도를 보일 때, 고객(학습자)은 정서적 위협을 느끼지 않고 자기 내면을 탐색하는 안전한 환경 제공의 경험으로 심리적 위험을 감수할 용기를 얻게 된다.
- 대니얼 골먼(Daniel Goleman)이 강조한 정서지능(Emotional Intelligence)의 핵심 요소인 자기 인식(Self-awareness)과 자기 조절(Self-regulation) 능력과 직접적으로 연결되며, 코치는 자신의 감정을 실시간으로 인식 그것에 압도당하지 않고 평정심을 유지하는 능력을 지속적으로 개발하고 유지한다(Goleman, Daniel. 2020).

④ 코치의 자신감

- 고객이 강한 분노, 슬픔, 좌절 등의 격한 감정을 드러낼 때도 당황하지 않고 자신감 있는 태도로 함께한다. 이는 정서지능(Emotional Intelligence)에 기반한 안정된 태도로, 고객에게 안전한 학습 환경을 제공하고 높은 정서지능을 가진 코치는 고객의 격한 감정 앞에서도 평정심을 유지하여 고객의 상태를 중요한 탐색 자원으로 활용한다.
- 감정을 억누르거나 바꾸려 하지 않고 있는 그대로 받아들이는 태도로 정서적 수용(Emotional Acceptance)의 과정으로 코치가 먼저 자신감을 가지고 고객의 감정을 수용하는 모습을 보일 때 고객 또한 자신의 감정을 회피하지 않고 마주할 용기를 얻게 된다.
- 학습자가 정서적으로 위협을 느끼지 않는 안전한 학습 환경(Safe Emotional Learning Environment)에서 뇌의 고차원적 사고 기능이 활성화된다. 코치가 고객의 격한 감정에도 흔들리지 않는 안정된 모습을 보여주는 것은 고객이 자신의 감정을 탐색하는 것이 안전하다는 것을 몸으로 배우게 하는 가장 효과적인 교육적 환경이 된다.

⑤ 모름의 수용

- 코칭은 종종 정해진 답이 없는 미지의 영역을 탐험하는 과정으로 이때 코치가 무엇인가를 해야 한다는 압박감을 가지게 되면 고객을 온전히 탐색하는 과정을 방해하고 성급한 결론으로 이끌 수 있다.
- 진정한 프레즌스는 모름의 상태를 불편해하지 않고 오히려 그 불확실성을 호기심과 가능성의 공간으로 전환하여 편안하게 머무르는 것으로, 코치가 모름을 솔직히 인정할 때 고객은 자신의 내면에서 답을 찾으려는 여정을 시작하게 되며 이는 고객에게 탐험의 주도권을 온전히 넘겨주는 강력한 시작이다.
- 부정적 수용력(Negative Capability)은 영국의 시인 존 키츠(John Keats)가 제시한 개념으로 사실과 이유를 성급하게 찾으려 하지 않고 불확실성, 미스터리, 의

심 속에 머무를 수 있는 능력을 말한다.
- 프레즌스가 높은 코치는 이 모름의 공간을 편안하게 견디며 그 안에서 고객이 의미 있는 발견을 하도록 돕는 코칭 마인드셋의 핵심으로 답을 고객 안에 찾는 믿음의 실천이다.

⑥ 침묵과 성찰의 공간 허용

- 코칭에서 침묵은 비어 있는 시간이 아니라 고객의 내면에서 가장 활발한 작업이 일어나는 시간으로 코칭 중 의도적으로 침묵, 멈춤, 성찰을 위한 공간을 만들거나 허용하는 것은 고요한 시간 속에서 고객이 자기 생각을 정리하고, 감정을 느끼는 깊은 통찰의 경험을 제공하게 된다. 침묵의 공간은 고객의 뇌가 정보를 처리하고 새로운 연결을 만들어 통찰에 이르게 하는 역할을 하며, 성찰적 실천(Reflective Practice)을 위한 귀중한 기회를 제공한다. 코치가 먼저 침묵을 깨는 것은 고객의 깊은 통찰의 순간을 방해하는 것과 같다.
- 심리학적으로 인지적 처리 과정에서 통찰의 순간은 뇌가 기존의 정보들을 새롭게 재조합하고 연결할 시간의 제공이다. 분주하고 어수선한 상태보다 고요하고 성찰적인 상태에서 창의적인 연결이 일어날 확률이 높다. 코치가 허용하는 침묵은 바로 이 통찰의 인큐베이터 역할을 한다.
- 교육학자 도널드 쇤(Donald Schon)의 성찰적 실천(Reflective Practice)은 진정한 학습은 경험 그 자체가 아니라 경험에 대한 성찰을 통해 일어난다고 강조한다(Schön, Donald A. 2018). 코치가 만든 침묵의 공간은 고객에게 자기 생각과 감정, 경험을 성찰해 보는 기회를 제공하며, 이는 피상적 앎을 깊은 깨달음으로 전환하는 핵심 과정이다.

(6) 적극적으로 경청한다. (Listens Actively)

적극적 경청은 코칭의 모든 상호작용의 토대가 되는 중심 역량이다. 적극적 경청은 단순히 듣는 행위를 넘어, 고객의 내면세계를 온전히 이해하기 위해 의도적으로 몰입하는 고도의 역량으로 고객의 언어, 감정, 신체, 에너지 등 모든 채널에서 오는 신호를 통합하여 고객이 말한 것과 말하지 않은 것 모두를 이해하려는 의도적인 노력이다. 이는 보이는 것 너머를 듣고, 보이지 않는 것을 비추어주는 거울의 역할을 하는 것으로 의도적 몰입이라는 고도의 기술로 효과적인 질문이나 강력한 통찰 모두 깊이 있는 경청에 탄탄한 기반으로 가능하다. 경청은 고객의 내면세계를 이해하고, 그의 진짜 욕구와 의도를 파악하며, 궁극적으로 고객의 자기표현을 지지하는 가장 강력한 도구이다.

적극적 경청은 여러 층(Level)으로 이루어져 있으며, 전문 코치는 이 모든 층을 자유로이 넘나들며 고객의 세계를 총체적으로 이해해야 한다.

① 내용의 경청

- 경청의 가장 기본적인 단계로, 고객이 언어를 통해 전달하는 정보, 사실, 이야기를 그의 고유한 맥락 속에서 명확하게 파악하는 것으로 고객의 말을 단어 그대로만 듣는 것이 아니라, 그 말을 하는 사람의 전체적인 삶의 맥락 속에서 이해하려는 노력이다. 같은 성공이라는 단어도 기업가에게는 시장 점유율을, 예술가에게는 자기표현을, 한 아이의 부모에게는 가족과의 시간을 의미할 수 있다. 코치는 고객의 고유한 정체성, 가치관, 문화적 배경을 고려하여 그의 언어에 담긴 진짜 의미를 파악해야 한다.
- 상황적 학습 이론(Situated Learning Theory)에 의하면 지식과 학습은 진공 속에서가 아닌 특정한 물리적·사회적 맥락 속에서 일어날 때 가장 효과적이라는 이론이다. 고객의 말 또한 그의 삶이라는 구체적인 상황에서 이해해야 진정한 의미 파악이 가능하다(Lave, Jean, and Etienne Wenger. 1999).
- 개인의 가치와 신념은 문화의 영향을 크게 받는다. 코치는 문화적 차이에 대한 민감성을 가지고, 고객의 말을 문화적 맥락 안에서 해석하여야 한다.

② 맥락의 경청

- 코치는 고객의 흩어진 생각들을 정리해 주는 편집자의 역할을 하게 되고 고객이 장황하게 이야기한 내용을 핵심만 추려 고객의 말을 반영하거나 요약함으로써 코치는 자신이 제대로 이해했는지 확인하고 고객은 생각이 정리되는 경험을 한다. 이러한 과정은 고객의 인지 부하(Cognitive Load)를 줄여 생각을 정리하도록 도와 코치는 자신이 고객을 제대로 이해했는지 확인할 수 있고 동시에 고객은 자기 생각을 객관적으로 듣게 되면서 생각을 더 명확하게 인식하는 효과를 얻는다.

- 인간중심 접근(Person-Centered Approach)의 이론을 세운 칼 로저스는 적극적 경청의 핵심 기술로 반영과 요약을 강조한다. 고객의 생각과 감정을 코치가 판단 없이 수용하고 있음을 보여주는 가장 직접적인 방법이며, 고객이 스스로 탐색을 계속하도록 격려하여 복잡한 생각을 말로 표현하고 그것을 다시 정리된 언어로 듣는 과정을 통하여 고객의 머릿속에 과도하게 걸려있던 인지 부하(Cognitive Load)를 줄여 문제의 핵심에 더 쉽게 접근하도록 돕는다.

③ 전체의 경청

- 가장 높은 수준의 경청으로 단편적인 이야기들을 넘어 고객이라는 사람의 전체적인 그림과 그 이면의 패턴을 감지하는 것으로 코치의 직관과 깊이 관련된 경청으로 고객의 말에 논리적 설명이 되지 않는 어떤 망설임, 공백과 같은 미묘함을 느낄 때 코치는 자신의 직관을 신뢰하고 부드럽게 탐색할 수 있어야 한다. 이는 고객이 자신도 의식하지 못했던 무의식의 영역으로 들어가는 문을 열어주는 역할을 한다.

- 코치의 높은 수준의 프레즌스(Presence)가 기반이 되어야 가능하며, 코치가 자기 생각에서 벗어나 고객에게 온전히 집중할 때 이러한 미묘한 신호들을 포착하는 직관이 발휘된다.

- 분석 심리학적 관점에서 보면 이는 고객의 그림자(Shadow) 즉 스스로 인식하

지 못하거나 외면하고 있는 또 다른 자아의 목소리를 듣는 것과 같다.

④ 언어 이면의 메시지

- 언어 이면의 감정, 에너지 변화, 비언어적 신호 등 '어떻게' 말하는지를 감지하고 고객의 말, 목소리 톤, 신체 언어를 통합하여 전달되는 내용의 의미를 파악하는 것으로 고도의 경청이 요구되며 여러 세션에 걸쳐 반복되는 고객의 주제와 신념 그리고 행동 패턴 등 수면 아래에 있는 거대한 부분을 감지하는 것이다.
- 코치는 고객에게 나타나는 미세한 신호 하나하나를 포착하는 능력이며 고객 자신도 의식하지 못하는 사이 드러나는 감정의 파동, 에너지의 고저, 찰나의 표정 변화, 무의식적인 손동작이나 자세의 바뀜과 같은 비언어적 신호(Non-verbal Cues)에 주목하는 것이다. 또한 코치는 그 신호를 고객에게 알려주어 고객이 자신의 상태를 객관적으로 인식하도록 돕고, 그 신호가 무엇을 의미하는지 함께 탐색해 나가는 과정을 통하여 고객이 자신의 내면과 더 깊이 연결되도록 돕는다.
- 타인의 감정을 정확하게 인식하고 이해하는 능력은 정서지능(Emotional Intelligence)의 핵심 요소로 코치는 높은 정서지능을 바탕으로 고객의 미세한 감정표현을 포착하여 공감적으로 다루어야 한다.
- 신체 심리학(Somatic Psychology)에서는 우리의 감정과 경험은 몸에 기록되고 표현된다는 것이다. 코치가 고객의 자세, 호흡, 긴장도 등 신체적 신호에 주목하는 것은 언어로 미처 담아내지 못한 깊은 수준의 정보를 얻는 통로가 된다.

⑤ 언어적 비언어적 통합

- 언어라는 빙산의 일각 아래에 있는 비언어적, 감정적 흐름을 감지하는 단계다.

- 고객의 감정, 에너지 변화, 목소리 톤, 신체 언어와 같은 비언어적 신호에 주목하고 탐색하여 말하는 내용과 표정이 다른 것과 같은 불일치를 알아차리는 것은 고객의 진짜 마음을 이해하는 중요한 단서가 된다.
- 코칭 세션 중에 포착한 개별적인 신호들을 종합하여 하나의 완성된 그림으로 이해하는 능력으로 고객이 전달하는 메시지의 완전한 의미는 언어(말의 내용), 음성(목소리 톤, 속도), 신체 언어(표정, 자세)라는 세 가지 채널을 통한 맥락이 통합될 때 비로소 파악된다. 특히 세 채널의 일치 혹은 불일치를 알아차리는 것으로 말과 행동이 일치할 때 메시지는 명료하지만, 서로 어긋날 때 그 불일치 속에 고객의 진짜 감정, 내면의 갈등, 숨겨진 욕구가 있을 수 있음을 간과해서는 안 된다.
- 적극적 경청은 모든 채널에서 오는 메시지를 종합적으로 듣고 해석하는 것이며 가족치료의 대가인 버지니아 사티어(Virginia Satir)의 의사소통의 일치성/불일치성(Congruence/Incongruence)의 이론은 건강한 의사소통의 특징으로 내면의 감정과 외부 표현이 일치하는 일치형을 강조한다. 코치는 고객의 불일치형 소통을 알아차리고 그가 더 일치적인 자기표현을 하도록 돕는다(Satir, Virginia. 1988).

⑥ 감정의 흐름 인식
- 여러 세션에 걸쳐 반복적으로 나타나는 고객의 행동, 감정, 신념의 패턴에 주목하고, 이를 고객에게 비춰주어 스스로 인식하도록 돕는다.
- 게슈탈트(Gestalt) 심리학에서는 인간이 분리된 조각들을 의미 있는 전체로 인식하려는 경향이 있다고 본다. 수준 높은 코치는 고객의 단편적인 이야기들을 연결하여 고객의 삶을 관통하는 전체적인 그림(Big Picture)과 패턴을 본다(Perls, Frederick S., Ralph F. Hefferline, and Paul Goodman. 2005).
- 한두 번의 세션에서는 보이지 않던 패턴을 여러 세션에 걸쳐 나타나는 반복적인 행동, 감정, 신념의 패턴에 주목함으로 코치는 고객의 삶을 관통하는

핵심적인 주제를 발견할 수 있다. 고객의 고유하고 반복적인 패턴을 비춰주는 것은 고객의 근본적인 변화를 위한 개입이다.
- 인지심리학의 스키마(Schema)는 세상을 이해하고 정보를 처리하는 개인의 인지적 틀 또는 신념 체계로 반복되는 행동과 감정의 흐름을 경청하는 것은 고객이 세상을 바라보는 근본적인 스키마를 파악하는 과정이며, 이는 근본적인 변화를 위한 핵심 열쇠가 된다(Bartlett, F. C. 1932).

(7) 알아차림을 불러일으킨다. (Evokes Awareness)—내면의 빛을 켜는 기술

코칭의 가장 역동적이고 변혁적인 과정으로 이전 단계에서 쌓아 올린 신뢰와 경청, 프레즌스를 바탕으로 코치는 고객이 자신의 내면을 탐색하고 통찰의 순간에 이르도록 촉진하는 과정이다.

◎ 정의: 강력한 질문, 침묵, 은유 또는 비유와 같은 도구와 기술을 사용하여 고객의 통찰과 학습을 촉진한다.

코치는 정답을 알려주는 해결사가 아니며 고객의 익숙한 사고방식에 균열을 내고 새로운 관점의 빛이 들어올 수 있도록 돕는 프리즘과 같다.

이 역량은 강력한 질문, 침묵, 은유, 도전 등 다양한 도구와 기술을 사용하여 고객의 통찰과 학습을 촉진하는 모든 활동을 포함하고 있으며 정보를 얻거나 의견을 전달하는 것을 넘어 고객이 기존의 사고방식에서 벗어나 새로운 학습을 통하여 자신의 문제나 상황을 새로운 관점에서 바라보게 되는 깨달음의 순간을 제공한다.

① **고객의 경험을 고려**
- 코칭의 모든 과정이 철저히 고객 맞춤형으로 이루어져야 함을 의미하며 코치는 자신이 선호하거나 효과적이라고 생각하는 특정 도구나 접근법을 고수하는 것이 아니라, 지금 눈앞에 있는 고객의 고유한 경험, 성격, 학습 스타일에

가장 유용한 방법이 무엇인지 함께 탐색하여 결정한다. 코칭은 코치가 일방적으로 진행하는 프로세스가 아닌 고객과 함께 만들어가는 공동의 프로세스 창조의 과정이다.
- 인간중심 접근(Person-Centered Approach)의 창시자 칼 로저스(Carl Rogers)가 제시한 이 접근법은 모든 인간을 자신의 문제를 해결할 능력을 가진 존재로 본다. 이처럼 코칭의 방향과 방법 또한 코치의 판단이 아닌, 고객의 내적 경험과 판단에 따라 결정되고 진행한다.

② 도전
- 고객이 자신의 안전지대(Comfort Zone)를 벗어나 더 넓은 관점을 보는 용기를 가지도록 사랑으로 지지와 지원을 한다. 고객의 오랜 고정된 신념, 반복적인 변명, 스스로 만든 한계에 코치의 질문을 통해 고객은 자기 생각의 틀을 객관적으로 바라보고 새로운 가능성을 탐색하게 된다.
- 인지 부조화 이론(Cognitive Dissonance Theory)은 인간은 자신의 신념과 행동 사이에 불일치가 발생할 때 불편함을 느끼고, 이를 해소하려는 동기가 생긴다는 것이다. 이처럼 코치의 도전은 고객 내면에 이러한 건강한 인지적 불균형을 일으켜 자신의 모순을 해결하고 성장하고 싶게 만드는 촉매제가 된다.
- 학습자가 혼자서는 할 수 없지만 유능한 타인의 도움으로 해낼 수 있는 영역을 의미하는 교육심리학자 비고츠키(Vygotsky)의 근접 발달 영역(Zone of Proximal Development) 개념과 같이 코치의 도전은 고객을 성장 영역으로 이끄는 역할을 하게된다(Vygotsky, L. S., 2017).

③ 생각 안의 생각
- 단순히 사건에 관한 질문 이면에 사건을 경험하는 고객이라는 사람에게 초점을 맞추는 것이다. 질문을 통하여 대화는 표면적인 문제 해결에서 근본적인 자기 이해로 진행된다.

- 자기 생각에 관해 생각하는 메타인지(Metacognition)를 통하여 코치가 고객의 사고방식에 관한 질문으로 고객의 메타인지를 자극하여, 고객은 자신이 어떤 생각의 패턴을 가지고 있는지 알아차리게 된다.
- 개인이 자신의 삶에서 무엇을 중요하게 여기는지 명확히 하도록 돕는 과정으로 가치 명료화(Values Clarification)를 위한 가치에 관한 질문은 고객이 자신의 행동 동기를 깊이 이해하고, 더 의미 있는 선택을 하도록 이끈다.

④ 생각의 궤도 탐색

- 인간은 종종 자신의 문제에 대해 반복되는 생각의 궤도를 맴도는 경향이 있다. 코치는 이 익숙한 사고의 루프(Loop)를 깨는 질문을 통하여 고객의 시야를 넓히고 기존에 보이지 않던 새로운 해결책과 가능성의 영역을 탐색하는 사고의 확장자 역할을 한다.
- 하나의 문제에 다양한 아이디어와 해결 방법을 창출하는 창의적 사고 확장의 확산적 사고(Divergent Thinking)를 제공하는 코치의 질문은 고객의 사고를 자극하고 확장해 이분법적 사고에서 벗어나 새로운 선택지와 가능성을 탐색하게 한다.
- 개인이 자신의 기존 신념 체계를 비판적으로 성찰하고 변화시킬 때 진정한 학습을 이룬다고 보는 잭 메지로우(Jack Mezirow)의 변혁적 학습(Transformative Learning)과 같이 코치의 현재 생각을 뛰어넘는 질문은 고객의 정형화된 관점의 틀에 도전하는 변혁을 이끄는 핵심 도구이다(Mezirow, Jack, 2014).

⑤ 순간의 경험에 깨어

- 대화의 초점을 과거의 사건과 상황이나 미래의 계획에서 지금 그리고 여기(Here and Now)로 가져오는 것으로 코칭 세션 중에 고객이 경험하는 감정, 신체 감각, 에너지 변화 등은 매우 중요한 정보이자 통찰의 원천이다. 코치는 이러한 순간적인 경험을 포착하고, 고객이 그것을 더 깊이 탐색하도록 해야 한다.

- 이러한 접근법은 '지금-여기'에서의 알아차림을 매우 중시하는 게슈탈트 치료(Gestalt Therapy)의 접근 방법으로 과거에 대한 후회나 미래에 대한 불안보다 현재 순간의 경험에 온전히 집중하고 접촉할 때 미해결된 과제를 해결하고 통합할 수 있다고 본다(Perls, Frederick S., Ralph F. Hefferline, and Paul Goodman, 2005).
- 고객에게 명상이나 호흡법과 같은 학습 제공의 과정은 현재 순간에 일어나는 내적·외적 경험을 판단 없이 알아차리게 하여 코치의 지금, 이 순간에 관한 질문으로 고객이 자신의 경험을 관찰하여 그로부터 배우도록 돕는다.

⑥ 고객의 발전을 주목

- 많은 사람은 문제 해결을 위해 잘못되고 있거나 부정적인 부분에 집중하는 경우가 많다. 코칭은 고객이 잘되고 있는 부분과 성공 경험에 주목하여 고객의 자원과 강점을 발견하고 그것을 바탕으로 미래의 성공을 설계하도록 돕는 강력한 접근법이다.
- 긍정심리학(Positive Psychology)의 인간의 약점이나 병리보다 강점, 행복, 회복탄력성 등 긍정적인 측면에 초점을 맞추어 잘되고 있는 것에 주목하게 하는 것으로 고객의 긍정 정서를 높이고 동기를 부여하여 문제 해결 능력을 향상시킨다(Lopez, S. J., & Snyder, C. R. Eds., 2009).
- 또한 해결 중심 단기 치료(Solution-Focused Brief Therapy)를 활용한 접근법은 문제의 원인보다 문제가 일어나지 않았던 상황이나 고객이 원하는 해결된 상태에 집중하게 하여 고객이 이미 해결책의 실마리를 가지고 있음을 발견하게 한다(Berg, Insoo Kim, and Yvonne Dolan, 2002).

⑦ 고객과 함께

- 코치가 고객의 반응에 창의적이고 감각적이며, 효과적으로 고객의 진행 속도에 맞추어 가는 것을 의미한다. 코칭 세션은 살아있는 유기체와 같아서, 계

획대로만 흘러가지 않으며 코치는 고객의 에너지, 감정 상태, 그 순간의 필요에 민감하게 반응하여 자신의 접근법을 유연하게 조정할 수 있어야 한다.

- 리더는 상황적 리더십(Situational Leadership)을 발현하여 리더가 구성원의 성숙도와 상황에 따라 리더십 스타일(지시형, 코치형, 지원형, 위임형)을 달리해야 하는 것과 같이 코치는 고객의 상태에 따라 때로는 깊이 공감하고, 때로는 강력하게 도전하며, 때로는 고객 스스로 할 수 있도록 지지하고 위임하는 등 다양한 스타일을 구사해야 한다.
- 이는 코칭 마인드셋의 유연성과 프레즌스의 결합으로 발현되는 고차원적인 코치의 역량이다.

⑧ 고객의 삶의 퍼즐을 찾아

- 고객의 삶에 반복되는 패턴 내에 숨겨진 퍼즐을 발견하게 돕는 것으로 특정 상황에서 왜 늘 같은 감정을 느끼고 비슷한 행동을 반복하는지 그 이면에 있는 핵심 신념의 유발 요인들 간의 상호 관련한 내용을 보도록 도와 패턴의 인식을 통한 변화의 시작점을 마련한다.
- 모든 요소는 독립적으로 존재하지 않으며 서로 연결된 하나의 시스템이라는 관점의 시스템 사고(Systems Thinking)로 고객의 행동은 그의 신념, 감정, 주변 환경과 복잡하게 얽혀있으며 이처럼 연결된 연결의 고리를 찾아볼 수 있도록 돕는 것은 근본적인 해결을 찾는 데 중요한 요소로 작용한다(김동환, 2018).
- 인지행동치료는 어떤 선행 사건(Activating event)이 신념 체계(Belief system)를 통해 특정한 정서적·행동적 결과(Consequence)를 낳는다고 보는 관점으로 코치는 고객이 자신의 고정적인 패턴의 연결고리를 식별하고, 비합리적인 신념을 수정 또는 보완하게 돕는다(Brackett, Marc. 2021).

⑨ 에너지 보고

- 통찰과 알아차림을 통하여 얻게 된 에너지는 미래지향적인 행동 에너지와 연

결해야 하며 이 과정은 고객의 아이디어를 쏟아내는 브레인스토밍 과정으로 코치는 고객이 자유롭게 앞으로 나아갈 수 있는 다양한 아이디어를 생성하도록 격려하고 지지한다.
- 창의적 문제 해결(Creative Problem-Solving)의 발산(Divergence)과 수렴(Convergence)의 단계를 거치는 문제 해결 과정은 아이디어의 질보다 양을 중시하며 가능한 한 고객이 많은 아이디어를 창출해 내도록 하는 발산의 과정과 같다.
- 고객의 자기결정성과 자기효능감을 높이는 중요한 과정이며 스스로 해결책을 생각해 내는 경험을 통하여 고객은 자신이 문제의 해결책을 창조해 내는 사람이라는 믿음을 갖게 된다.

⑩ 관점을 재구성(Reframing)

- 이는 고객이 자신의 경험이나 문제를 바라보는 관점(프레임)을 바꾸도록 돕는 것으로 문제를 기회로 실패를 경험과 배움으로 약점을 강점으로 재구성함으로써 고객은 부정적 감정에서 벗어나 새로운 가능성을 발견하게 된다.
- 인지적 재구성(Cognitive Reframing) 과정을 통하여 어떤 사건에 대한 자동적이고 부정적인 생각을 보다 균형 잡히고 현실적인 생각으로 바꾸는 과정으로 감정과 행동의 변화를 끌어낸다.
- 신경 언어 프로그래밍(NLP)에서는 '지도는 영토가 아니다(The map is not the territory)'라고 말한다. 이는 개인이 가진 내면의 지도(생각, 신념)는 실제 현실과 다르고 이 지도를 수정함으로써 경험을 바꿀 수 있다고 보고 재구성은 바로 개인 내면의 지도를 수정하는 핵심 기술이다.

⑪ 고객의 창문 열기

- 직접적인 커뮤니케이션 역량의 정수이며, 코치가 가진 가장 강력한 도구 중 하나로 코치는 자신이 코칭 과정에서 관찰된 고객의 반복적인 언어 패턴, 말

과 행동의 불일치 등에서 직관적으로 느낀 것, 떠오른 통찰에 용기를 가지고 집착 없이(without attachment) 공유하는 태도다. 단 고객은 그 공유의 내용을 받아서 수용할 수도 혹은 거부할 수도 있다.
- 조해리의 창(Johari Window)과 같이 타인과의 관계를 통해 자신을 이해하는 모델을 적용한 코치의 공유는 고객 스스로는 보지 못하거나 보이지 않는 창(Blind Spot)을 열어주어, 자기 이해의 폭을 넓히는 역할을 하게 된다(Luft, J., & Ingham, H., 1955).
- 코치의 이러한 공유는 고객에게 모델링(Modeling) 효과를 제공하여 코치의 생각과 느낌을 솔직하고 용기 있게 표현하는 모습을 보며, 고객 역시 자신의 내면을 더 솔직하게 표현하는 방법을 학습하게 된다.
- 고객은 막연했던 자신의 진의를 인지하여 구체적인 행동 계획으로 전환하는 경험으로 자신의 실행 계획이 명확해지고 실행에 대한 동기와 자신감을 얻는다. 고객은 코치와의 상호 책임 파트너 관계 내의 지지와 지원으로 미루거나 포기했던 행동을 실행에 옮기게 된다. 작은 성공들이 쌓이면서 자기효능감이 높아져 점차 코치의 도움 없이도 스스로 계획하고 실행하며 성장하는 선순환을 만들게 된다.

(8) 고객의 성장을 촉진

코칭 여정의 꽃을 피우는 단계로 모든 역량이 총결집되어 맺는 열매와 같다. 고객의 머릿속에서 일어난 알아차림과 통찰이 단순한 생각에 머무르지 않고, 현실의 행동과 지속 가능한 변화로 이어지도록 돕는 과정이다.

> ◎ 정의: 고객이 학습과 통찰을 행동으로 전환할 수 있도록 협력한다. 코칭 과정에서 고객의 자율성을 촉진한다.

코치는 이 과정에서 고객의 자율성(Autonomy)을 온전히 지지하여 고객 스스로 성장 로드맵을 그리고 실행하며 책임지는 주도적인 존재가 되도록 돕는 파트너 역할을 하며 통찰을 실질적인 행동과 지속 가능한 변화로 연결하는 다리를 놓는 과정으로 코칭의 진정한 성공은 고객이 코칭이 끝난 후에도 스스로 성장하는 힘을 얻는 것에 있다.

① **통찰과 알아차림의 걸음**
- 이는 통찰과 알아차림이 일회성으로 끝나지 않고 고객의 삶에 깊이 뿌리내리도록 돕는 과정으로 새로운 깨달음은 고객의 기존 신념 체계와 세계관에 어떤 영향을 미치고 있는지 그리고 변화의 관점이 앞으로의 구체적인 행동에 어떻게 반영될 수 있는지를 함께 탐색해 간다. 통찰을 내면화하고 체화시키는 과정은 진정한 변화의 시작이다.
- 교육학자 잭 메지로우(Jack Mezirow)가 제시한 변혁적 학습(Transformative Learning) 이론으로 개인이 자신의 기존 신념이나 관점의 틀(frame of reference)을 비판적으로 성찰하고 수정할 때 가장 깊이 있는 학습이 일어난다고 보는 이 과정은 새로운 통찰을 기준 관점의 틀에 통합시켜 그 안에서 새롭고 효과적인 변화를 끌어내는 과정이다(Mezirow, Jack, 2014).
- 스키마 이론(Schema Theory)에서 스키마는 세상을 이해하는 개인의 인지적 틀로 새로운 학습을 통합하는 것은 기존의 비효율적인 스키마를 수정하거나, 더 효과적인 새로운 스키마를 구축하는 것과 같다.

② **청사진과 행동 설계**
- 추상적인 통찰의 내용을 구체적인 현실로 만드는 행동 설계(Design) 과정으로 행동-목표-책임 측정 방안을 고객과 함께 명확히 하여 코칭의 성과를 실질적으로 만들어 내어 고객이 다음 단계로 나아가는 구체적인 로드맵을 그리게 한다.
- 심리학자 에드윈 로크(Edwin Locke) 등의 목표 설정 이론(Goal-Setting Theory)에 따르면 막연한 목표보다 구체적이고(Specific) 측정 가능하며(Measurable) 달성

가능하고(Achievable) 관련 있으며(Relevant) 기한이 정해진(Time-bound) SMART 한 목표가 훨씬 강한 동기가 부여된다는 것으로 이러한 원리를 적용하여 실행력을 높이는 과정이다(Locke, Edwin A., and Gary P. Latham. 1990).
- 심리학자 피터 골위처(Peter Gollwitzer)는 "만약 X라는 상황이 되면 나는 Y라는 행동을 하겠다는 구체적인 계획을 세우는 것이 목표 달성률을 높인다고 밝혔다. 행동과 책임 그리고 측정 방안을 설계하는 것이 바로 실행 의도(Implementation Intentions)를 구체화하게 한다(Gollwitzer, P. M., & Bargh, J. A. Eds., 1996).

③ 주인공 만들기

- 코칭의 주인은 고객이다. 목표와 행동 계획을 세우는 모든 과정에서 코치는 자신의 의견이나 해결책을 제시하려는 유혹을 내려놓고 철저히 고객의 선택과 결정을 지지해야 하고 코치는 아이디어를 탐색하도록 돕는 촉진자이며 최종 결정권자는 고객이다.
- 심리학자 에드워드 데시(Edward Deci)와 리처드 라이언(Richard Ryan)이 제시한 자기결정성 이론(Self-Determination Theory)은 인간이 자율성(Autonomy)과 유능성(Competence) 그리고 관계성(Relatedness)의 세 가지 심리적 욕구가 충족될 때 내적 동기가 극대화된다고 설명한다(Deci, Edward L., and Richard M. Ryan. 1985). 고객의 자율성에 대한 지지는 고객의 핵심 욕구를 드러내 지속 가능한 변화로 이끈다.

④ 고객 지지

- 모든 행동은 그 결과와 상관없이 소중한 학습의 기회이다. 코치는 고객이 실행한 성공이든 실패든 행동의 결과를 단순히 평가하는 것이 아니라 그 경험을 통해 무엇을 배웠는지 성찰하도록 돕는다. 실패는 존재하지 않으며 오직 피드백과 학습만이 존재한다는 관점을 갖고 지지한다.

- 교육학자 데이비드 콜브(David Kolb)는 경험 학습 사이클(Experiential Learning Cycle)은 진정한 학습이 구체적 경험 → 성찰적 관찰 → 추상적 개념화 → 능동적 실험의 순환을 통해 일어난다고 보았다. 코칭은 고객의 구체적인 경험에서 이루어진 행동의 결과를 바탕으로 성찰적 관찰을 하도록 돕는 것이다(Kolb, David A. 1984).
- 캐럴 드웩(Carol Dweck) 교수의 성장 마인드셋(Growth Mindset) 이론에 따르면 성장 마인드셋을 가진 사람은 결과를 통해 자신의 능력을 증명하는 것이 아니라 과정을 통해 배우고 성장하는 데 초점을 맞춘다는 것이다(Dweck, Carol S. 2017). 코치는 고객이 이러한 성장 마인드셋을 갖도록 격려자 역할을 한다.

⑤ **고객의 자원이 원료**

- 이는 행동 계획의 성공률을 높이기 위한 사전 점검 및 위기관리 과정으로 고객이 자신의 목표를 향해 나아갈 때 활용할 수 있는 내적/외적 자원은 무엇인지 도움을 받을 수 있는 사람은 누구인지 그리고 예상되는 어려움은 무엇이며 어떻게 대비할 수 있을지 미리 생각해 보고 막연한 낙관주의를 넘어 현실에 기반한 탄탄한 실행계획으로 고객이 앞으로 나아가는 과정에서 필요한 자원과 지원 그리고 잠재적 장애물을 고려하도록 한다.
- 심리학자 가브리엘 외팅겐(Gabriele Oettingen)이 개발한 목표 달성 전략 WOOP 모델은 소망(Wish), 결과(Outcome), 장애물(Obstacle), 계획(Plan)의 4단계를 거쳐 장애물을 미리 시각화하고 대비 계획을 세우는 것이 목표 달성에 매우 효과적임을 보여준다(Oettingen, Gabriele. 2015).
- 고객 개인의 시스템 사고(Systems Thinking)와 그를 둘러싼 전체 시스템(자원, 지원, 환경, 관계 등)을 함께 고려해야 성공적인 변화가 가능하다는 코칭의 관점을 반영한다(김동환, 2018).

⑥ **학습과 통찰의 연계**

- 학습한 내용을 주기적으로 요약하고 정리하는 것은 지식을 단기 기억에서 장기 기억으로 옮기는 것과 같다. 코치는 세션이 끝날 때 혹은 다음 세션을 시작할 때 고객이 직접 자신의 말로 지난번의 핵심적인 학습과 통찰을 요약하도록 한다. 이는 배움을 통한 학습을 강화하고 내면화하여 다음 단계로 나아갈 수 있는 단단한 발판을 만들어 준다.
- 교육심리학의 부호화 및 인출 원리(Encoding & Retrieval Principles)에 따라 학습한 정보를 자신의 언어로 다시 표현하고 요약하는 과정은 뇌에서 정보를 더욱 정교하게 부호화(Encoding)하여 기억을 공고히 하는 효과가 있으며 차후에 필요할 때 그 정보를 쉽게 인출(Retrieval)할 수 있게 한다.
- 메타인지(Metacognition)를 활용한 자신의 학습 과정을 스스로 점검하고 요약하는 활동은 자신이 무엇을 알고 무엇을 모르는지 파악하는 고객의 메타인지 능력을 향상시킨다.

⑦ 고객의 성공을 축하

- 성장의 가장 강력한 연료는 성공 경험이며 코치는 고객이 이룬 진전과 성공을 진심으로 알아주고 함께 기뻐하며 축하한다. 고객의 비위를 맞추거나 통상적인 의례의 기분 좋은 칭찬이 아닌 고객의 노력을 인정하는 긍정적인 행동의 강화를 위한 진심 어린 피드백은 고객의 다음 도전에 자신감을 불어넣는다.
- 심리학자 앨버트 반두라(Albert Bandura)의 자기효능감(Self-Efficacy)이론에 따르면 자기효능감을 높이는 가장 강력한 방법은 성공 경험(Mastery Experiences)이라 한다(Bandura, Albert. 1997). 코치가 고객의 작은 성공을 축하하는 행위는 고객이 자기효능감을 쌓아가도록 직접적으로 돕는 것이다.
- 긍정적인 행동에 대해 보상(축하, 인정)이 주어질 때 그 행동이 다시 일어날 확률이 높아진다는 강화이론(Reinforcement Theory)의 원리로 축하는 고객의 성장 지향적 행동에 대한 가장 강력한 긍정적 강화물이 된다.

⑧ 마무리

- 시작만큼 중요한 마무리 과정은 세션을 종료하는 것으로 그날의 대화를 의미 있게 마무리하고 고객이 편안하고 안정된 마음으로 평안한 일상으로의 복귀를 돕는다. 이는 그날의 학습을 다시 한번 확인하고 다음 행동에 대한 약속을 다짐하며 코치와 고객 간의 파트너십을 존중하는 방식으로 이루어진다.
- 게슈탈트 심리학의 완결(Closure) 개념으로 인간의 뇌는 완결되지 않은 과제나 경험에 대해 계속해서 심리적 에너지를 쓰는 경향(자이가르닉 효과-Zeigarnik effect)이 있다. 세션을 명확하게 종료하는 것은 고객에게 심리적 완결감을 제공하여 불필요한 에너지 소모를 막고 다음 행동에 집중하게 한다.

이처럼 ICF 코칭 핵심 역량은 코치에 대한 전반적인 사고, 행동, 의식, 변화, 실현이라는 코칭의 이론과 실전의 학습을 지속적으로 이어가며 익혀나가는 코치로서의 직무 역량의 총체이다.

코치들은 이러한 핵심 역량의 어느 한 부분도 간과함 없이 온전히 익혀야 한다. 이러한 역량은 코치 개인의 삶에 변화를 불러오고 나아가 고객의 변화에 이바지하게 되는 것이다.

3) OECD의 DeSeCo 생애핵심역량

DeSeCo(Definition and Selectionof Competencies) 프로젝트는 21세기 사회에서 개인의 성공적 삶과 사회의 발전에 요구되는 핵심 역량을 규명하기 위한 프로젝트로 경제협력개발기구(OECD)에서 주창했다.

OECD DeSeCo 프로젝트는 21세기 사회에서 개인의 성공적인 삶과 사회 발전에 요구되는 핵심 역량을 규명하기 위해 OECD에서 시작한 프로젝트로 이 프로젝트는 1997년부터 2003년까지 7년간 12개 국가가 참여하여 생애 핵심 역량에 대한 개념적이고 이론적인 기초를 마련, OECD는 DeSeCo 프로젝트를 통해 생애 핵심 역량을 크게 세 가지 범주로 발표했다.

(1) DeSeCo 프로젝트에서 정의하는 역량

OECD DeSeCo 프로젝트는 역량을 지식, 기술과 개인의 내적 특성(태도, 가치, 동기 등)을 이용해 특정 맥락의 복잡한 요구에 대처하는 능력으로 정의하고 있으며, 지식이나 기술을 아는 것을 넘어, 실제 상황에서 이를 활용하여 문제를 해결하는 능력을 강조하고 있다.

(2) DeSeCo 프로젝트에서 제시하는 세 가지 핵심 역량 범주

① 자율적으로 행동하기(acting autonomously)

불확실한 상황에서 스스로 목표를 설정하고, 계획을 세워 실행하는 능력으로 이 범주는 상대적인 자율성과 정체성에 초점을 두고 있으며 범주에 따른 구체적인 하위 행동으로는

- 자신의 자원, 권리, 제한점, 욕구를 규명하고 평가, 방어(identifying, evaluating and defending one's resources, rights, limits and needs)
- 프로젝트 실행 및 기획(forming and conducting projects)
- 학습전략 등을 개발(developing strategies)
- 상황, 체제, 관계 등을 분석(analyzing situations, systems, relationships, and force fields)

② 상호 도구 활용하기(using tools interactively)

정보와 기술을 효과적으로 활용하여 문제를 해결하는 능력으로 이 범주는 물리적, 사회문화적 도구를 통한 상호작용에 초점을 두고 있으며 범주에 따른 구체

적인 하위 행동으로는

- 목표 달성을 위한 기술 활용(using technology to accomplish goals)
- 정보 및 지식의 수집, 분석, 활용(gathering, analyzing and using knowledge and information)
- 문해력(literacy)
- 수리력(numeracy)

③ 사회적 이질집단과 협동하기(joining and functioning in socially heterogeneous groups)

다양한 사람들과 협력하고 갈등을 해결하는 능력으로 이 범주는 주로 타인과의 상호작용에 초점을 두고 있다.

(3) 범주에 따른 구체적인 하위 행동

① 타인과 관계 형성(relating well to others)
② 갈등 관리 및 해소(managing and resolving conflict)
③ 시너지 활동(acting in synergy)
④ 집단 작업 및 협동(cooperating, working in groups)
⑤ 타인에 대한 도움(guiding and supporting others)
⑥ 집단에 대한 참여(participating in a collective)

또한 OECD 교육 2030 프로젝트는 DeSeCo에서 규명한 핵심 역량의 토대를 두고 이를 좀 더 심화시킨 것으로, '변혁적 역량(Transformative Competencies)'이라는 새로운 개념을 제시하며 역량의 의미를 재규명했으며 OECD 교육 2030은 DeSeCo가 주목하지 않았던 행위 주체성(Student Agency)을 강조하는데, 이는 세상에 참여하려는 책임 의식을 갖고 사람, 사태, 환경 등에 더 나은 방향으로 영향을 미치려는 책임 의식을 의미한다.

DeSeCo 프로젝트는 개인이 변화하고, 복잡하며, 상호 의존적인 세계에 적응하기 위해 핵심 역량을 이용해야 함을 강조하며, 이는 빠르게 변화하는 기술에 적응하고 사회적 다양성 속에서 대인 관계를 형성하는 데 필요한 역량을 포함하고 있다.

미래 역량은 급변하는 사회에 성공적으로 적응하고 발전하는 데 필요한 능력들을 의미하며 OECD는 'OECD 교육 2030' 프로젝트를 통해 미래 사회에 필요한 역량과 교육의 방향을 제시하는 '학습 나침반 2030(Learning Compass 2030)' 프레임워크 개발을 통하여 OECD가 제시하는 미래 역량 요소의 핵심 기반은 다음과 같다.

(4) OECD가 제시하는 미래 역량 요소의 핵심 기반 (Core Foundations)

① 지식(Knowledge)

세상을 이해하고 문제를 해결하는 데 필요한 필수적인 정보로 문식성, 수리력, ICT/디지털 리터러시 등의 기초 소양이다.

② 기술(Skills)

문제 해결, 비판적 사고, 창의적 사고, 협업 능력, 의사소통 능력 등 실제 적용 가능한 능력을 의미한다.

③ 태도와 가치관(Attitudes and Values)

다른 사람들과 협력하고 지속 가능성을 추구하며 윤리적인 의사 결정을 내릴 수 있는 내적 성향과 신념이다.

④ 변혁적 역량(Transformative Competencies)

미래 사회의 불확실하고 복잡한 문제에 대처하고 새로운 가치를 창출하는 데 필요한 역량이다.

⑤ 새로운 가치 만들기(Creating New Value)

새로운 솔루션, 제품, 서비스, 일자리, 프로세스 등을 통해 사회에 가치를 더하는 능력으로 창의성, 적응력, 비판적 사고, 그리고 호기심을 갖고 질문하는 자세이다.

⑥ 긴장과 딜레마 해소하기(Reconciling Tensions and Dilemmas)

서로 상충하는 것처럼 보이는 다양한 생각, 입장, 가치 사이의 긴장과 딜레마를 이해하고 건설적으로 해결하는 능력으로 단기적인 요구와 장기적 지속가능성, 또는 개인의 자유와 공동체의 이익 같은 복잡한 문제들 사이에서 균형 잡힌 해결책을 찾아가는 과정을 포함하며 시스템적 사고와 공감 능력의 확장이다.

⑦ 책임감 가지기(Taking Responsibility)

자기 행동이 다른 사람과 사회 그리고 지구 전체에 미칠 결과를 예측하고 윤리적 판단에 따라 책임감 있게 행동하는 능력으로 자기 삶과 일을 책임지는 것과 함께 나아가 공동체와 미래 세대에 대한 책임까지 포함하는 개념이며 자기 성찰과 도덕성이 바탕이 된다.

OECD '학습 나침반 2030'은 이러한 역량이 '학생 주체성(Student Agency)'을 통해 길러진다고 강조하고 있으며 학생 주체성이란 학생 스스로 자신의 학습과 삶에 주인이 되어 목표를 설정하고 긍정적인 영향을 미치려는 의지와 능력이고 이는 '예측(Anticipation) → 행동(Action) → 성찰(Reflection)'의 순환 과정으로 자기 행동이 가져올 결과를 예측해 보고 실제로 계획을 실행에 옮기는 행동을 통하여 행동의 결과와 과정을 되돌아보며 배우고 다음 행동을 개선하는 성찰의 순환 과정을 통하여 강화된다.

OECD는 DeSeCo 프로젝트의 생애 핵심 역량은 미래 사회의 다각적인 변화에 대처하는 것에 초점을 맞추고 있고 미래 사회는 예측하기 어려운 변화와 복잡한 문제들이 끊임없이 발생하는 높은 불확실성과 복잡성의 총체로 이러한 환경에서 개인은 정해진 규칙이나 지식만으로는 대응하기 어려워지므로 개인의 자율적인 판단력과 문제 해결 능력이 필요하다.

글로벌화와 기술 발전으로 인해 다양한 배경을 가진 사람들과 협력하고 소통하는 능력이 중요해졌으며 이질적인 집단 속에서 갈등을 관리하고 서로 다른 의견을 조율하여 시너지를 창출하는 능력이 요구되는 사회이다.

정보와 기술의 폭발적인 증가로 정보량이 기하급수적으로 늘어나고 새로운 기술이 끊임없이 개발되고 있는 환경에서 정보를 단순히 수용하는 것을 넘어 필요한 정보를 찾아내고 분별하여 분석을 통한 효과적인 활용 능력이 중요해졌다.

이 프로젝트의 핵심은 급변하는 미래 사회에서 개인이 성공적으로 살아가고 사회 발전에 이바지하게 하는 필요한 역량의 개발에 있다.

(5) 코칭과 생애 핵심 역량

코칭은 이러한 생애 핵심 역량을 개발하는 데 매우 효과적인 실천 학문으로 잠재력을 발견하고 행동을 변화시키도록 돕는다.

① 자율성 향상

코칭을 통하여 개인이 스스로 자신의 목표와 가치를 발견하고, 이를 바탕으로 주체적인 행동 계획을 세우도록 하고 코치의 질문을 통해 고객이 스스로 문제를 분석하고 해결책을 찾도록 하여 자율적인 사고 능력을 길러준다.

② 협동 및 관계 능력 강화

대화와 경청을 기반하는 코칭을 통하여 타인과의 상호작용 능력과 상대방의 상황을 이해하는 효과적 소통법의 학습으로 이질적인 집단에서 협동하고 갈등을 관리하는 능력을 키운다.

③ 도구 활용 능력 개발

개인이 정보를 효율적으로 수집하고, 자신의 지식과 경험을 활용하여 문제를 해결하는 방식을 탐색하도록 돕는 코칭은 새로운 기술을 배워 활용하는 데 필요한 동기를 부여하고 전략을 세우도록 지원하여 도구 활용 능력이 향상된다.

이처럼 코칭은 미래 사회에 필요한 핵심 역량인 자율성, 협동, 문제 해결 능력을 개인 스스로 개발하도록 도와 궁극적으로 개인의 성공과 사회 발전에 긍정적인 영향을 미치게 한다.

OECD는 DeSeCo 프로젝트의 생애 핵심 역량은 미래 사회를 살아가는 사람들에게 필요한 보편적이고 일반적이며, 무엇보다 객관적 지표로 이루진 역량으로 해석된다. 생애 핵심 역량의 강화를 위해서는 개개인의 역량 지표의 확인이 필요하다.

OECD DeSeCo 프로젝트의 생애 핵심 역량은 자율적으로 행동하기, 상호 도구 활용하기, 사회적 이질집단과 협동하기'의 세 가지로 정의하고 있다(OECD, 2003). 이러한 역량은 불확실성과 다양성이 증대되는 미래 사회에서 개인이 성공적으로 살아가고 사회에 협력적인 참여로 이바지하게 되는 중요한 요목으로 코칭은 이러한 역량들을 효과적으로 개발하게 하는 미래 사회에 적응을 위한 실천 학문이다.

3. 적응 필요 역량

(1) 적응 필요 역량의 의미

구은미 박사의 연구에서 논의 된 적응 필요 역량은 주관적 적응 역량으로 의미는 다음과 같다.

① **자기 주도적 삶의 설계와 구축**

- 개인이 자기 삶에 긍정적이고 바람직한 의미를 창출하여 적응하는 단순히 변화에 살아남는 것을 넘어 자기 잠재력 발현과 발휘로 만족스럽고 행복한 삶을 구축해 나가는 데 필요한 역량이다.
- 긍정적이고 바람직한 삶은 외부 상황에 휩쓸리지 않으면서 스스로 삶의 방향을 설정하고 의미를 찾아나가는 것에서부터 시작하는 적응 필요 역량은 빠르게 변화하는 세상 속에서 자신의 가치관과 목표를 명확히 하여 삶의 방향을 유연하게 조정하고 필요한 것을 배워 성취해 가는 자기 주도적인 역량으로 계획대로 되지 않는 상황과 환경에서도 새로운 길을 모색해 나가는 열정을 일으키는 역량이다.

② **내면의 평화와 성장을 위한 자기 관리 능력**

- 개인이 자기 내면의 요구와 의도를 알아차려 개인 자신의 변화뿐만이 아니라 외부 환경의 변화에 적응을 위해 개인 내면의 강점, 가능성 잠재력을 찾아 자신의 요구와 의도에 부합하는 역량 순위를 설정하여 강화하거나 해결해 내는 역량이다.
- 삶에는 예측 불가능한 어려움과 스트레스는 필연적이며 적응 필요 역량은 이러한 상황에서 자신의 감정을 이해하고 조절하며 스트레스에 효과적으로 대처하고, 정신적, 신체적 건강을 유지하는 자기 관리 능력으로 스스로를 돌보고 휴식을 통해 재충전하는 시간을 가짐으로써 긍정적인 마음 상태를 유지하고 지속적으로 성장하는 기반을 마련하는 역량이다.

③ **주관적 성장을 위한 내적 에너지 동원**

- 필요 역량 순위에 따른 해결 방안을 탐색하고 실현하는 과정에서 발생하는 다양한 감정, 생각, 가치관의 변화를 인지하여 자기만의 성장과 발전을 위한 에너지를 동원하며 적응 요소들의 강화 및 해결에 필요한 개개인의 요구에

초점이 맞추어진 주관적 역량 요소를 발견하여 활용하는 역량이다.

④ 능동적인 가치 창출
- 변화 속에서 어떻게 생존하고 발전할 것인가에 대한 것으로 새로운 가치 창출을 위해 스스로 변화시키고 발전시키는 능동적인 적응 과정을 가능하게 하는 기반이 되는 에너지이며 복합적 문제 해결 능력으로 자신의 존재와 가치를 재정의하는 역량이다.

⑤ 의미 있는 관계를 맺고 유지하는 관계 지향 능력
- 인간은 사회적 존재이며 긍정적이고 바람직한 삶은 혼자서 이루어지지 않으며 적응 필요 역량은 가족, 친구, 동료 등 주변 사람들과 공감하고 소통하며, 서로를 이해하고 존중하는 건강한 관계를 구축하고 유지하는 역량으로 갈등 상황에서도 회피하기보다 지혜롭게 해결하고 타인과 협력하여 공동의 목표를 달성하는 과정에서 삶의 풍요로움과 만족감을 스스로 창출해 내는 역량이다.

⑥ 삶의 목적을 탐색하고 실현하는 의미 추구 능력
- 미래 사회는 끊임없이 새로운 도전과 함께 새로운 기회가 제공되며 적응 필요 역량은 익숙하지 않은 상황이나 예상치 못한 변화와 직면했을 때도 두려워하기보다 새로운 것을 배우고 시도하며 문제를 해결하는 과정에서 오히려 더 크게 성장하는 유연한 사고방식으로 이는 실패를 두려워하지 않고, 새로운 경험을 통해 자신을 확장해 나가는 용기와 개방성을 키우는 역량이다.
- 궁극적으로 긍정적이고 바람직한 삶은 단순히 잘 사는 것을 넘어 자신이 왜 살아가고 무엇을 추구하는지에 대한 의미를 찾아내고 그 의미를 삶 속에서 실현해 나가는 능력으로 적응 필요 역량은 이러한 목적의식을 바탕으로 변화하는 환경 속에서도 흔들림 없이 자신의 가치와 신념을 지키고 긍정적인

사회 참여를 통하여 주도적으로 자신의 삶을 이끄는 역량이다.

⑦ **종합적인 능력의 집합**
- 효과적인 방향성과 실천 과제들의 합으로 종합적인 능력의 집합이며 미래 사회를 두려움보다는 능동적으로 개척해 나가는 미래 지향적이고 능동적이며, 주도적인 역량이다.

⑧ **조직 성장의 필수 조건**
- 조직이 생존하고 성장하기 위해서는 반드시 개인의 적응 필요 역량의 탐색과 해결이 우선되어야 한다.

이처럼 개인이 자신의 삶을 긍정적이고 바람직하게 살아가기 위한 적응 필요 역량은 자신의 삶을 주체적으로 이끌고 내면의 평화를 유지하며 타인과 의미 있는 관계를 맺고 끊임없이 배우고 성장하여 자기 삶의 목적을 찾아 실현해 나가는 총체적인 능력이며 이는 단순히 외부 환경에 맞춰가는 것이 아닌 자신의 내적 외적 필요와 요구에 부합하는 자기 역량 개발 과정을 통하여 자신을 완성해 가는 역량 요소들의 집합이다.

구은미의 청소년 연구와 심우진의 신중년 연구에서 제시하는 적응 필요 역량에 대한 논의에서 구은미 박사는 청소년에 대한 적응 필요 역량에 대하여 청소년이 사회적 규범에서 벗어나 문제를 스스로 해결하는 능력으로 정의하고 있으며 이는 단순히 수동적으로 환경에 순응하는 것이 아닌 자기의 행동을 환경이 수용할 수 있는 행동으로 바꾸어 가면서 경험하는 성공과 성장의 바람직한 생활 대처 능력으로 정의하고 있다(구은미, 2015; 심우진 외, 2025).

또한 구은미는 선행 연구를 바탕으로 청소년에게 필요한 8가지 적응 필요 역량을 제시한다.

- 학습: 학교와 사회 전반에 걸친 평생 학습 능력.
- 자기 계발: 미래의 꿈과 비전을 위해 현재에 집중하는 능력
- 구체적 목표: 삶의 체계와 시간 관리를 통해 성취감을 얻는 능력.
- 관계 및 소통: 타인과의 긍정적이고 협력적인 관계 형성 능력
- 자기조절과 통제: 감정, 신체, 시간, 소비 등을 합리적으로 관리하는 능력.
- 성장·성공: 발전 의지와 도전적인 사고의 확장과 실천 능력
- 지지·존중: 자신과 타인의 지지와 존중을 통해 신뢰를 창출하는 능력.
- 진로·적성: 진학, 취업 등 상위 사회 진입을 위한 준비에 필요한 능력 등을 적응 필요 역량 요소로 도출해 냈다.

심우진의 신중년 적응 필요 역량 연구는 베이비붐(신중년) 세대의 적응에 필요한 역량을 탐색하는 데 초점을 맞추어 신중년이 이후 삶에 적응을 위해 필요한 역량 요소를 도출하였으며 신중년에게 필요한 8가지 적응 필요 역량을 제시한다.

- 관계·소통: 주변인과의 효과적인 관계 형성과 네트워크를 통한 협응 능력
- 배움·교육: 다양한 교육과 학습의 참여 증대를 통한 정보의 효율적인 활용 능력
- 자긍심: 자신의 존재감 강화와 자부심 획득을 통한 적응적인 사회 참여 능력
- 건강: 규칙적인 운동, 충분한 수면, 균형 잡힌 식사 등으로 건강 관리와 유지 능력
- 경제력: 개인의 경제력에 대한 필요와 지속적인 경제적 창출이 가능한 사회 활동 능력
- 자신감: 자신의 한계를 넓히고 긍정적인 자기 자원에 동기를 부여하는 능력
- 진로: 인생 2막을 넘어 새로운 진로를 설계하고 도전하는 사회활동 능력
- 지지·격려: 자신과 타인의 강점과 가능성에 집중하여 지지와 격려에 기반하는 소통 능력 등을 적응 필요 역량 요소를 도출하였다.

이 두 연구는 적응 필요 역량이라는 핵심 개념을 공통으로 탐구하고 있으며 각각의 연령층이 겪는 특수한 문제의 해결을 위해 필요한 구체적인 적응 필요 역량의 요소를 제시하고 있다.

이처럼 적응 필요 역량이 개인적 요구와 상황에 따라 다르게 나타나는 주관적 역량 요소로 개인 차원과 함께 사회 전반의 변화 요인과 통합적으로 연결되어 나타난다.

두 연구는 각기 다른 연령대가 처한 상황과 사회적 역할을 반영하여 적응 필요 역량의 개념을 구체화하고 있으며, 이러한 역량 개발이 삶의 질 향상과 사회적 역할 수행에 필수적이라는 공통된 지향점을 나타낸다(2013, 구은미).

(5) 코칭 역량, 개인 역량, 생애 핵심 역량

① ICF 코치 역량

- ICF의 8가지 코치의 역량이 코치들에게 있어 프로코치로서의 직무와 의식, 마인드 셋 등 전문가로서 갖추어야 하는 코칭 전반에 요구되는 역량이라면 이러한 프로 코치로서의 역량을 갖춘 코치가 고객의 생애 전반에 필요한 적응필요역량을 탐색하여 게슈탈트 이론의 지금/ 여기 그리고 전경/ 배경에 따른 주요 이슈의 해결을 통하여 고객의 적응력을 강화하는 것이다.

② OECD 생애 핵심 역량

- 사람들의 삶 속에서 OECD에서 제시하고 있는 객관적 역량인 생애 핵심 역량의 강화를 위해서는 개개인이 해결하고자 하는 적응을 위한 필요 요소들의 해결과 강화이며, 상위 역량의 도전을 가능하게 하기 위해서는 리바운드 에너지를 생성하는 원천인 개개인의 요구와 필요를 해결하는 적응 필요 역량은 상호 보완의 효과를 가져온다. 관계에 문제 해결에 필요한 것이 소통 능력

이 아닌 자기 개발이나 성공 경험 또는 지지와 존중이 될 수 있고, 자존감의 문제 해결에 필요한 것이 동기 부여나, 성장 성공이 아닌 배움, 경제력이 될 수 있다.

③ 적응 필요 역량

- 적응 필요 역량은 개개인의 부적응이나 비적응의 요목들을 탐색하여 자기 적응 요소의 순위에 따라 고객이 주도적으로 자기 역량을 강화하는 개인의 단위별 이슈의 해결이다.

④ 적응 필요 역량 에너지

- 적응 필요 역량은 개인이 인지하는 필요 역량 요소들의 단위 내용으로 단위 내용에 대한 이슈의 해결은 또 다른 적응 필요 역량의 강화를 가능하게 하는 도전 에너지를 만들거나 잉여 에너지를 비축하는 부기능 에너지로도 활용된다.
- 개인의 필요로 구성되는 적응 필요 역량은 개인의 다양한 상황, 환경, 상태, 감정, 사고방식 등에 따라 그 필요 순위는 다르게 나타나며 이러한 필요 역량의 강화와 해결을 통하여 OECD의 DeSeCo 프로젝트의 생애 핵심 역량을 강화할 수 있는 여지(틈)를 만들어내게 된다.

⑤ 코치 역량과 생애 역량

- 프로 코치는 프로로서 ICF 8가지 코치 핵심 역량을 갖추어 고객의 적응 필요 역량의 해결을 위한 코칭으로 생애 핵심 역량을 강화하는 시스템을 제공하여 코치와 고객의 동반 성장을 도모한다. 또한 개인의 적응 필요 역량의 개발로 가정과 조직 전반의 성장에 필요한 효과적 실천 방안을 찾아 적응 역량을 강화하여 인간의 존재가치와 실존 가치 등 개인의 삶 전반에 균형 잡힌 성장과 발전에 이바지한다.

⑥ 적응 필요 역량의 확산

- 적응 필요 역량은 다양한 분야에 광범위하게 적용될 수 있으며, 사회 전반에 긍정적인 영향을 미칠 것으로 보고 있다.

⑦ 코칭과 적응

- 코칭의 궁극적인 목적은 적응이다. 특히 적극적 적응을 통해 능동적인 변화를 끌어내는 것이 핵심이며 고객이 어디까지를 바라보고 발전해 나갈 수 있는지 고객이 원하는 이미지를 달성하기 위한 계획과 실행을 돕는다.

⑧ 주관적 적응

- 적응 필요 역량은 고객이 무엇에 적응하고자 하는지(이슈)를 찾는 데 도움을 주며, 고객의 강점(높은 적응 필요 역량)을 활용하여 낮은 역량을 보완하고 최적의 적응을 이루도록 코칭 질문을 통해 개발할 수 있다.

⑨ 수동적, 능동적 적응

- 사회에서 야기되는 다양한 문제 발생의 원인 중 대부분은 적응 문제와 관련되어 있으며, 필요성을 느끼지 못해 동기가 강화될 수 없는 상황과 연결되고 문제가 발생했을 때만 대응하는 수동적 적응을, 문제를 예측하고 예방하는 능동적 적응으로 전환하여 더 나은 결과와 성장을 추구해야 한다.

⑩ 구체적 적응

- 적응력은 단순히 정해진 스킬이 아니라 여러 역량을 아우르는 종합적인 핵심 역량이며, 이는 OECD에서도 언급된 바 있고 추상적인 적응의 개념을 적응 필요 역량을 구체화하는 과정을 통하여 실현에 이르게 하는 시스템이 중요하다.

구은미 박사의 적응 필요 역량 모델은 교육, 경영, 사회, 심리, 상담 등 다양한 곳에 개인과 조직의 진로, 학습, 비즈니스, 관계 등에 전방위적으로 적용될 수 있는 진취적인 모형이다.

특히 AI 시대에 학습 개념과 연계하여 정보의 변별과 인간의 적응 역량을 강화하는 방향에 가장 많이 활용될 것으로 예측된다. AI에 적응 개념이나 사고 프로세스, 문제 해결 방식을 학습시켜 다양한 문제 해결에 적용할 수 있다.

성공과 성장의 개념을 물질적인 것을 넘어 의식적인 성공 성장으로 확장하여 사회 변화에 대한 수용과 적응을 순조롭게 할 수 있는 개인 요구를 만족하는 맞춤형 적응 역량의 개발은 효과적 사회 협력과 참여 및 관계 형성으로 이어질 수 있다.

코칭의 기법과 기능

14 코칭 기법

코칭은 인지를 만들어 성찰을 유도하고, 결과적으로 변화를 끌어내는 과정으로 코칭에서 '인지'는 단순히 무언가를 아는 것을 넘어, 그것을 받아들이고 해석하는 과정을 포함한다.

성찰은 인지를 통해 스스로 깨닫는 것을 의미하며, 깨달음은 인지 자체와는 다르며 코칭은 궁극적으로 인지를 통해 성찰을 끌어내고, 이를 바탕으로 변화를 만들어내는 과정으로 인지는 받아들이고 해석하는 과정을 포함하며 이처럼 인지된 내용을 바탕으로 스스로 깨닫는 것이 성찰이며 코칭은 개인이 현재 집중하고 있는 지점 외의 틈을 발견하도록 돕고, 이를 통해 사고의 폭을 넓힌다. 이 틈을 발견하는 것에서 나아가, 그 틈을 받아들이고 인지하며 해석하는 과정을 거쳐 성찰에 도달하게 된다.

모든 개인에게 적용되는 보편적인 레시피(매뉴얼)는 존재하지 않는다. 개인의 역량과 의도에 맞는 맞춤형 코칭이 필요하다.

사건으로부터 자신을 분리하여 객관적으로 바라보는 것이 객관화와 분리이다.

객관화란 자신과 상황을 분리하여 바라보는 능력으로 객관화가 어려운 이유는 보통 자신이 처한 상황을 자신의 일부로 여기고, 사건으로부터 자신을 분리하지 못하기 때문이다.

객관화된 인지는 개인이 주변의 상황이나 사건 속에서 자신의 감정을 분리하여 판단할 수 있게 한다.

상황이나 사건에 감정이 붙으면 객관화가 어려워지고 자신의 본래 의도와 의미를 왜곡하게 된다.

  코칭을 지탱하고 있는 기술과 기법은 코칭을 실천 학문으로 자리매김하는 데 중심 역할을 하고 있으며, 인지 능력을 활성화하여 스스로 깨닫는 성찰의 시간을 제공하는 것은 물론 성찰의 내용을 실천하는 실행 계획의 실현을 통한 변화 가능성의 여지(틈)를 높이는 것이다.

  이러한 모든 과정은 코칭 기법의 바탕 위에서 진행된다.

  코칭의 철학을 실현하고, 고객의 내면과 외적 현실을 변화시키는 데 사용되는 핵심적인 실전 기술들은 서로 유기적으로 연결된 하나의 시스템을 이룬다.

1. 코칭 기술 시스템

  코칭 시스템의 중심은 대화를 통하여 이루어진다는 것이며 이 대화에 시스템이 적용한 것이 코칭의 과정으로 코치는 고객과의 코칭을 위하여 대화 안에 여지(틈)를 파악하거나 만들 수 있어야 하고 자신의 여지(틈)는 물론 고객의 여지(틈)를 매 순간 인지하여 경청, 질문, 피드백의 순간을 포착하고 적용할 수 있어야 한다.

  이러한 코칭 기술의 시스템과 메커니즘의 활용을 위하여 여지(틈), 경청 질문, 피드백의 기능과 기술을 중심으로 정리하고 정의하여 코칭이 단순히 기술에만 의존하는 학문이 아닌 기술 이상의 전문성이 요구되며 이러한 것들의 종합이 코칭학이고 코칭학에서 다루게 되는 코칭의 기법이다.

(1) 여지(틈)의 의미

  여지(틈)는 고객의 마음속에 있는 '틈' 또는 '여백'을 의미하며 코치는 여지(틈)를 탐색하고, 파악하고, 만들어 주고, 조절하는 역할을 한다. 이 틈은 코치가 고객에게 다가가 신뢰를 형성하는 통로가 되고 최종에는 코칭의 효과를 극대화하게 한다.

(2) 여지(틈)의 정의와 기능

① 여지(틈)의 본질: 총체성과 일회성
- 여지(틈)는 사고, 감정이나 본능, 무의식에 이르기까지 총체적인 개념이며, 상대적인 개념으로 누군가에게는 말할 여지(틈)가 없는 상황이 다른 사람에게는 들을 여지(틈)가 넘치는 상황일 수 있다.
- 여지(틈)는 한 번 사라지면 다시는 꼭 같은 기회를 만들거나 만나는 것이 어렵다. 이는 인간의 세포에 비유되며 한 번 죽은 세포는 처음 사라지기 전 세포와는 명확히 다르며 원래의 세포로는 돌아오지 못하는 것과 같다.

② 본능적 충족: 여지(틈)를 채우려는 경향성
- 사람은 본능적으로 비어 있는 여지(틈)를 채우려는 경향이 있으며 모르는 것에 대해 불안감과 불확실성을 해소하기 위하여 빈칸을 보면 채우고자 한다.
- 이것은 생존과 심리적 안정을 위해 여지(틈)를 채우려는 것이다.

③ 여지(틈)의 적용: 삶의 길라잡이
- 여지(틈)는 인간의 행동을 예측하고 삶의 길라잡이가 되는 개념으로 여지(틈)라는 개념은 코칭에만 국한되지 않고, 교육, 경영, 사회의 조직 그 안에 소속된 개인에 이르기까지 우주 전반의 시스템을 포함하여 다양한 분야에 적용될 수 있다.

④ 여지(틈)의 영향: 관계의 대처
- 사람들은 여지(틈)가 없다고 느끼거나 불안할 때 말이 많아지거나 빨라질 수 있다. 또한 상대방에 대한 정보가 부족할수록 말이 많아지는 경향이 있으며, 여지(틈)를 내부 vs. 외부로 자신에게 있는 여지(틈)인지, 타인에게 있는 여지(틈)(틈)인지에 따라 구분된다.

- 상대에게서 여지(틈)를 발견하는 경우 그 사람이 만만해 보이거나, 친해지려고 하는 상대에 대한 대처 행동 양식이 달라진다.

⑤ 여지의 양면성 긍정 vs. 부정

- 여지(틈)의 긍정 vs. 부정: 여지(틈)가 긍정적인지 부정적인지에 따라서도 행동이 달라지고 긍정적인 여지(틈)는 호감이나 친밀감을 느끼게 하는 반면, 부정적인 여지(틈)는 무시나 비난과 같은 행동으로 나타나게 된다. 나에게 있는 여지(틈)와 상대에게서 찾은 여지(틈)를 어떻게 활용하고 적용하느냐에 따라 그 결과는 다르게 나타나게 된다.

⑥ 여지(틈)의 활용: 채움과 비움의 균형

- 구조적 여지(틈): 사회적 관계, 공적 관계, 사적 관계 등 구조적인 관점에서도 여지(틈)는 구분될 수 있다.
- 여지(틈)는 채우는 것뿐만 아니라, 비워야 할 때도 있으며 인간이 가지고 있는 심리적인 불안 또는 정보의 부재에서 오는 두려움 등을 채워 안도감과 안전함을 느끼거나 명상처럼 비우는 훈련을 통해 불안을 극복하고, 새로운 정보를 받아들일 준비를 할 수도 있다.

⑦ 여지(틈)의 상호 작용 원리: 인식과 소통

- 상대의 여지(틈)를 인식함으로 자신의 정보와 의견을 전달할 수 있고 자신의 여지(틈)를 알아차림으로 상대의 정보를 탐색하거나 의견을 수용할 수 있게 되는 것이다.

(3) 여지(틈)의 보편적 해석

여지(틈)는 상황에 따라 여러 가지 의미로 해석될 수 있다. 핵심적으로는 남아있는 공간, 가능성, 여유로 해석될 수 있지만 맥락이나 뉘앙스에 따라 의미는 재해석되거나 달라진다.

① **물리적/공간적 관점**
- 남아있는 공간: 여지(틈)는 물리적으로 남은 공간이며 이는 단순한 물리적 제약으로 더 이상 수용할 수 있는 공간이 있거나 없음을 의미한다.

② **시간적 관점: 시간적 여유 또는 기한**
- 여지(틈)는 시간적인 여유나 기한을 나타내며 이는 어떤 행동을 수행하거나 결정을 내릴 수 있는 시간의 틈을 활용하여 시간을 만들거나 시간적 제한으로 부족하거나 촉박한 상황에 필요한 시간을 의미한다.

③ **가능성/잠재력 관점: 발전하거나 변화할 가능성**
- 여지(틈)는 미래에 대한 가능성, 잠재력, 또는 변화의 여지(틈)로 이는 긍정적인 방향으로 나아갈 수 있는 잠재적 상황을 나타내며 주로 발전, 개선, 가능성을 의미한다.

④ **재량/선택 관점**
- 선택하거나 조정할 수 있는 재량권으로서의 여지(틈)는 어떤 상황이나 규칙 내에서 유연하게 대처할 수 있는 공간이며 개인이 판단할 수 있는 재량권이 있거나 없음을 의미한다.

⑤ **감정적/심리적 관점**
- 마음의 여유 또는 감정의 공간으로서의 여지(틈)는 특정 감정을 받아들이거나 수용 또는 거부의 형태로 반응할 수 있는 심리적 상태를 의미한다.
- "여지(틈)"는 단순한 공간 개념을 넘어, 시간, 가능성, 재량, 심지어 감정적인

측면까지 포괄하는 다층적인 의미를 가지며 어떤 맥락에서 사용되는지에 따라 그 의미가 긍정적인지 부정적인지에 관한 여지(틈)의 근거가 다양하게 해석된다.

(4) 여지(틈)의 다양한 관점 해석

① 심리학적 해석: 마음의 공간, 유연성, 그리고 성장의 잠재력

여지(틈)라는 개념은 단순한 물리적 공간을 넘어, 마음의 공간, 인지적 유연성, 정서적 수용성, 그리고 개인의 성장을 위한 잠재력을 의미하는 중요한 개념으로 해석된다.

- 인지적 여지(틈): 생각의 유연성과 개방성

정의: 인지적 여지(틈)는 개인이 새로운 정보, 다른 관점, 또는 불확실한 상황에 대해 얼마나 개방적이고 유연하게 사고할 수 있는지를 의미하며 인지적 여지(틈)가 넓다(인지적 개방성)는 것은 고정관념에 갇히지 않고 다양한 가능성을 탐색하며, 변화에 대한 저항이 줄이는 문제 해결 능력, 창의성, 그리고 학습 능력과 직결되어 심리적으로 건강한 상태일수록 인지적 여지(틈)가 넓어질 경향이 높다.

또한 인지적 여지(틈)가 좁다(인지적 경직성)는 것은 경직된 사고방식, 흑백논리, 그리고 변화에 대한 강한 저항을 보이며 스트레스에 취약하고, 새로운 상황에 적응이 어려워 사회적 관계의 문제로 이어질 수 있다.

- 정서적 여지(틈): 감정 수용과 회복력

정의: 정서적 여지(틈)는 개인이 자신의 감정이나 타인의 감정을 수용하고 처리할 수 있는 능력의 정도로 스트레스나 역경을 겪은 후 다시 평정을 찾을 수 있는 회복탄력성과도 연결된다.

정서적 여지(틈)가 있다는 것은 스트레스 상황에서도 감정을 조절하고, 타인의 어려움을 공감하며, 주변으로부터의 조언이나 비판, 제재, 훈계 등을 받아들일 정서적 여유로 심리적 안녕감과 관련하며 갈등 상황에서 침착하게 대응하는 높은 정서 지능(EQ)을 포함한다.

반면 정서적 여지(틈)가 없다는 것은 사소한 자극에도 쉽게 좌절하거나 분노하며, 자신의 감정을 억압하거나 폭발하는 양극단의 표현 형태로 나타나기도 하며 번아웃, 우울, 불안, 은둔, 공격성, 폭력 등 심리적 어려움으로 비적응 또는 부적응으로 이어질 수 있다.

- 행동적 여지(틈): 유연한 대처와 적응력

정의: 행동적 여지(틈)는 특정 상황이나 문제에 직면했을 때, 개인이 얼마나 다양한 행동 전략을 시도하고 변화에 유연하게 대처할 수 있는지에 관한 것이다.

행동적 여지(틈)가 넓다는 것은 문제 해결을 위해 여러 방법을 시도하고, 계획이 틀어지더라도 다른 대안을 찾아 적응하는 것으로 변화하는 환경에 대한 높은 적응력을 의미한다.

또한 행동적 여지(틈)가 좁다는 것은 익숙한 방식만을 고집하고 계획이 틀어졌을 때는 쉽게 좌절하거나 포기하는 강박적 행동이나 무기력한 행동 양식으로 이어질 수 있다.

- 관계적 여지(틈): 수용과 성장의 공간

정의: 관계적 여지(틈)는 자신과 타인의 다름을 수용하고, 관계 내에서 서로에게 성장하고 변화할 수 있는 공간을 허용하는 것이다.

관계에 여지(틈)를 둔다는 것은 상대방의 실수나 불완전함을 이해하고, 관계가 발전할 기회를 제공하는 건강하고 지속적인 관계의 기반을 만든다.

반면 관계에 여지(틈)가 없다는 것은 타인의 단점이나 실수에 대해 비판적이고, 관계가 특정 틀에서 벗어나는 것을 용납하지 못하여 갈등을 유발하여 관계 단절로 이어질 수 있다.

이처럼 여지(틈)는 심리학적 관점에서 마음의 넉넉함, 유연성, 그리고 성장의 잠재력을 의미하며 인지적, 정서적, 행동적, 관계적 측면에서 여지(틈)를 확보하고 확장하는 것은 개인의 심리적 웰빙을 증진하고, 스트레스에 효과적으로 대처하며, 더욱 풍요로운 삶을 살아가는 데 필수적인 요소라고 할 수 있다. 심리 상담이나 자기 계발 과정은 개인이 이러한 여지(틈)를 넓힐 수 있도록 돕는 방향으로 진행된다.

② 뇌공학적, 뇌과학적 관점의 여지(틈)

여지(틈)라는 개념을 뇌공학적, 뇌과학적 관점에서 해석하는 것은 뇌는 정보를 받아들이고 처리하는 기술적 기능을 넘어서 끊임없이 변화하고 적응하며 새로운 가능성을 만들어내는 복잡한 시스템이며 여지(틈)는 뇌의 이러한 역동적인 특성이 통합적으로 작동하는 컨트롤타워로 해석된다.

- 뇌 가소성 (Neuroplasticity): 변화와 성장의 여지(틈)

뇌과학에서 뇌 가소성은 여지(틈)의 개념과 가장 밀접하게 연결되며 뇌 가소성은 뇌가 한 경험, 학습, 환경 변화, 심지어 손상에 반응하여 자신의 구조와 기능을 변화시키고 재조직하는 능력이다.

시냅스 가소성의 관점이라는 가장 기본적인 수준에서, 뉴런(신경세포) 사이의 연결(시냅스)은 학습과 경험에 따라 강화되거나 약화하기도 하며, 새로운 연결이 형성되거나 기존 연결이 사라지기도 하는 이러한 시냅스의 변화가 바로 뇌가 새로운 정보를 저장하고, 기술을 습득하며, 행동 패턴을 학습하고 수정할 수 있는 여지(틈)를 만들어낸다.

- 구조적 가소성

더 큰 규모에서는 뇌의 특정 영역의 크기나 회백질 밀도 자체가 확장되는 것으로 뇌는 특정 환경에 적응하여 구조적으로 변화할 수 있는 여지(틈)의 공간으로 뇌 가소성은 뇌가 끊임없이 개선되고, 적응하며, 심지어 손상 후에도 회복할 수 있는 잠재력이라는 여지(틈)가 있다는 것을 의미한다.

- **신경 네트워크의 유연성:** 정보 처리와 의사 결정의 여지(틈)

뇌는 고정된 회로가 아니라 끊임없이 재구성되고 조절되는 복잡한 신경 네트워크로 이루어져 있으며 이 네트워크의 유연성이 정보 처리와 의사 결정의 여지(틈)의 공간을 확보하게 한다.

기능적 중복성: 뇌는 특정 기능에 대해 여러 경로를 가지며 한 경로가 손상되더라도 다른 경로가 기능을 대체하게 되는데 이는 뇌 손상 후 재활을 통해 기능이 회복되는 기전의 일부이다.

병렬 처리: 뇌는 여러 정보를 동시에 처리할 수 있는 병렬 처리 능력이 있으며 이는 하나의 작업에 집중하면서도 주변 환경의 다른 정보를 놓치지 않게 하는 여지(틈)를 제공하며, 복잡한 상황에서도 빠른 의사 결정을 내릴 수 있게 한다.

의사 결정의 여지(틈): 뇌는 정보를 종합하고, 과거 경험을 바탕으로 미래를 예측하며, 다양한 선택지 중에서 최적의 결정을 내리는 과정에서 뇌는 다양한 정보와 예측 결과를 고려하고, 심지어 불확실성 속에서도 자신이 나아갈 방향에 대해 탐색하게 하는 것이 의사 결정을 효과적으로 하게 하는 여지(틈)의 공간이다.

인간의 자유 의지에 대한 뇌과학적 논쟁은 우리가 의사 결정 과정에서 얼마나 많은 여지(틈)를 가졌는지를 알게 한다.

- **디폴트 모드 네트워크(Default Mode Network)와 인지적 여지(틈)**

뇌는 특정 과제에 집중할 때 활성화되는 영역 외에도, 아무것도 하지 않을 때 활성화되는 디폴트 모드 네트워크(DMN)라는 것이 존재하며 DMN은 자아 성찰, 미래 계획, 과거 회상, 타인의 마음 이해 등과도 관련된다(리버먼, M. D, 2015).

DMN이 활성화되는 시기는 뇌가 외부에 집중하지 않고 내부적인 처리와 연결성을 탐색할 수 있는 여지(틈)를 가질 때이며 여지(틈)는 창의적 사고, 문제 해결, 그리고 심리적 회복력을 위한 중요한 기반이 된다. 뇌가 바쁘게 외부 정보를 처리하지 않을 때, 숨겨진 연결을 만들고 새로운 아이디어를 떠올릴 여지(틈)가 생긴다.

이처럼 뇌공학 및 뇌과학적 관점에서 여지(틈)는 변화와 적응의 잠재력의 공간인 뇌 가소성을 통해 뇌가 스스로를 변화시키고 개선할 수 있는 능력을 갖추어 신경 네트워크가 다양한 방식으로 정보를 처리하고 경로를 변경할 수 있게 하는 유연한 정보 처리 능력의 강화이다.

다양한 선택지를 탐색하고 최적의 경로를 결정할 수 있는 자유로운 의사 결정 능력의 강화를 위하여 뇌가 내부적인 과정을 탐색하고 새로운 연결을 만드는 시간과 공간은 인지적 휴식과 창의성으로 결국, 뇌는 단순히 입력에 반응하는 것만이 아닌 끊임없이 자신을 재구성하고 새로운 가능성을 탐색하는 미래를 향해 열려 있는 여지(틈)가 가득한 역동적인 시스템의 종합이다.

③ 정신 건강 측면에서의 여지(틈): 회복, 성장, 그리고 유연성

여지(틈)는 정신 건강의 맥락에서 매우 중요한 개념으로 이는 남아있는 공간을 넘어, 개인이 심리적 어려움에서 회복하고, 회복을 통한 성장의 경험을 삶의 다양한 부분의 도전에 유연하게 대처할 수 있는 능력과 가능성을 의미하며 정신 건강 측면에서 여지(틈)는 다음과 같은 다층적인 의미가 있다.

- **심리적 회복을 위한 여지(틈)**: 치유와 재건의 공간

정신 건강 문제나 심리적 외상을 겪은 후, 개인에게는 회복하고 치유될 수 있는 여지(틈)가 필요하며 정신적 고통을 겪은 후에는 감정을 처리하고, 상처를 받아들이며, 새로운 대처 방식을 배울 충분한 치유의 시간과 공간의 확보로 조급하게 모든 것을 해결하려 하기보다는, 뇌와 마음이 스스로 재조직할 수 있는 여유로 여지(틈)의 공간이 필요하다.

완벽하지 않음, 실수, 그리고 약점과 오류를 인정하고 받아들일 수 있는 여지(틈)

는 자기 비난의 고리에서 벗어나 회복으로 나아가는 첫걸음으로 자신에게 너그러운 태도를 가지는 자기 연민과 수용 여지(틈)를 통해 치유가 가능하다.

때로는 자신의 힘만으로는 회복의 여지(틈)를 찾기 어려울 때가 있고 이때는 전문가(심리 상담사, 정신과 의사 등)의 도움을 받아들일 수 있는 용기 있는 선택의 과정으로 개방성의 여지(틈)를 통해 전문적인 도움을 수용한다.

- 감정적 여지(틈): 감정과 수용의 능력

여지(틈)는 개인이 긍정적인 감정뿐만 아니라 분노, 슬픔, 불안 등 부정적인 감정까지도 억압하지 않고 인지하며 처리할 수 있는 내면의 공간으로 감정 수용의 공간인 여지(틈)의 폭을 넓혀 감정에 압도되지 않고 건강하게 대처해야 한다.

스트레스 상황이나 갈등 상황에서 즉각적으로 반응하기보다는, 한 걸음 물러서서 상황을 객관적으로 보고 합리적인 선택을 하게 하는 정신적 여유로 충동적인 행동이나 결정을 감소시키거나 완화하는 충동 조절과 반응의 유연성을 위한 여지(틈)의 공간은 자신과 타인의 감정에도 귀 기울이고 공감하는 심리적 여지(틈)는 이해 및 공감의 능력을 강화하여, 더 건강하고 협력적인 대인관계를 형성하게 한다.

- 인지적 여지(틈): 유연한 사고와 문제 해결 능력

정신 건강에서 인지적 여지(틈)는 개인이 세상과 자신을 어떻게 이해하고 반응하는지와 관련되며 새로운 정보나 다른 관점에 대해 마음을 열고, 기존의 사고방식을 수정하는 능력으로 고정관념이나 편향된 시각에 갇히지 않고 다양한 가능성을 탐색하는 인지적 유연성의 공간인 여지(틈)는 문제 해결 능력과 창의성을 높인다.

예측 불가능한 요소로 가득한 것이 인간의 삶이며 불확실성에 대한 수용으로 인지적 여지(틈)가 충분한 사람은 불확실성에 대한 불안감을 인지하고, 명확한 답을 찾지 못하고 있는 동안에도 꾸준히 대안을 모색하거나 기다릴 수 있는 심리적 인내가 가능하다.

인지적 여지(틈)는 자신에게 비판적이거나 부정적인 생각이 들 때조차도 상황을 객관적으로 보고 자신의 사고 패턴을 찾는 유연성을 높이는 여지(틈)의 공간이다.

- 성장을 위한 여지(틈): 잠재력 발현과 삶의 확장

궁극적으로 정신 건강 측면에서의 여지(틈)는 개인이 잠재력을 발현하고 삶의 영역을 확장해 나갈 수 있는 미래 지향적인 공간을 의미한다.

새로운 경험의 수용을 통하여 두려움이나 익숙함에서 벗어나 새로운 도전을 받아들여 미지의 영역으로 발을 내디딜 수 있는 용기와 개방성의 공간으로서 여지(틈)이며 자신의 실패나 한계를 좌절이나 실패의 극단적 상황으로 여기지 않고, 이를 통해 배우고 발전하는 기회로 삼는 긍정적인 시각을 갖게 하여 궁극적으로 개인의 회복탄력성과 자기 효능감을 높이는 잠재력 발현의 여지(틈)이다.

정신 건강을 위한 여지(틈)를 확보하고 확장하는 것은 꾸준한 자기 성찰, 스트레스 관리, 건강한 관계 유지와 필요시 전문가의 도움을 받는 등 마음속에 충분한 여지(틈)의 공간을 인지하고 확보하는 것은 유연하고 강인하며, 행복한 삶을 가능하게 한다.

(5) 학문적 관점에서 여지의 의미와 중요성

① 철학적 관점: 자유 의지, 가능성, 존재론적 공간

철학적인 의미에서 여지(틈)는 인간의 자유 의지와 가능성에 대한 것으로 인간이 외부의 힘이나 강요에 완전히 구속되지 않고, 스스로 선택하고 행동할 수 있는 도덕적, 존재론적 공간의 의미로 인간의 자유 의지로서의 여지(틈)는 인간이 책임감을 가질 수 있는 근거가 되며, 예측 불가능한 미래를 만들어갈 수 있는 능력을 부여하고 숙명론이나 결정론에 반하는 인간에게는 자신의 삶에 대한 선택의 여지(틈)가 있다는 관점이다.

아직 실현되지 않았지만, 잠재적으로 존재할 수 있는 상태나 사건에 대한 것으로 특정 상황이 완전히 고정되지 않고 다르게 전개될 수 있는 잠재적 대안을 의미하며, 이는 미래에 대한 개방적 사고나 태도와도 연결된다.

실존주의 철학 관점에서 개인이 사회적 압력이나 기존의 규범 속에서도 자신의 본질을 찾아갈 수 있는 내면의 공간을 만들고 인지하는 것이다(Jaspers, K. 2011).

② 코칭학적 관점: 잠재력 발현을 돕는 코칭의 코어(Core)

코칭학적 관점에서 여지(틈)는 수동적인 결과물이 아닌, 코치가 적극적으로 설계하고 구축해야 할 핵심적인 코어(Core)이며, 고객의 의미 있는 변화와 성장은 단순히 대화의 기술이나 목표 설정의 정교함만으로 이루어지지 않는다.

진정한 변혁은 고객이 자신의 삶을 성찰하고, 새로운 가능성을 탐색하여, 도전을 감행할 수 있는 내적·외적 코어(Core)를 확보하는 것으로 고객의 여지(틈)를 다루는 기술이며, 코치의 역할은 대화의 조력자(facilitator)를 넘어, 고객의 심리적, 감정적, 인지적 공간을 창조하는 여지(틈)의 설계자(Margin Architect)이다.

인간의 삶에서 여지(틈)를 가진다는 것은 단순히 한가로운 시간을 보낸다는 의미가 아니며 코치는 고객의 여지(틈)를 통하여 예측 불가능성에 대비하고, 스트레스를 관리하며, 개인의 성장과 행복을 위한 필수적인 공간의 확보를 의미한다.

③ 교육적 관점: 학습자(학생)의 인내력, 창의성, 문제 해결 능력의 공간

학습자(학생)가 스스로 질문하고 탐색하며 성장하는 자기주도적 학습자(학생)가 되도록 돕는 것으로 비워진 곳을 채워나가는 과정에서 학습자(학생)들은 비판적 사고력, 창의력, 문제해결력과 같은 미래 사회의 핵심 역량을 자연스럽게 체득하게 된다.

학습은 단순히 지식을 채우는 과정이 아니며 학습자(학생)가 배울 준비, 즉 들을 여지(틈)가 없고 참여할 여지(틈)가 없는 상태에서 제공되는 정보는 소음이 된다. 따라서 진정한 교육은 지식 전달에 앞서 학습자(학생) 내면에서부터 학습에 대한 동기가 일어날 수 있는 여지(틈)를 만드는 것에서 시작되어야 한다.

학습자(학생)의 학습력을 기르기 위해서는 교수자와 학습자(학생)가 여지(틈)를 잘 다루는 훈련을 통해 학습자에게 새로운 정보 탐색과 창의적인 사고의 여지(틈)를 만들어 학습자의 잠재력과 가능성을 발현시키고 주체적인 성장을 이끌고 학습자(학생) 스스로 생각하고 탐색하며 자신의 답을 찾아가도록 돕는 모든 교육적 장치를 포함한다.

④ 시스템 이론의 관점: 유연성, 복원력, 적응 능력

시스템 이론의 관점에서 여지(틈)는 시스템의 효율성, 안정성, 그리고 변화에 대한 대처 능력과 직결되며 시스템의 예상치 못한 외부 충격이나 내부 오류에 대비한 예비 자원, 시간, 또는 용량의 의미로 시스템의 복원력(resilience)과 관련이 깊으며, 위기 상황에서도 완충 여지(틈)(Buffer/Slack)로 기능이 마비되지 않고 지속될 수 있는 안정성을 제공하게 된다.

시스템 내에서 독립적으로 변화할 수 있는 자유도(Degrees of Freedom)는 변수의 수 또는 구성 요소가 움직일 수 있는 방향의 수와도 연결되며 자유도가 높다는 것은 시스템이 더 다양한 방식으로 작동하고 변화에 유연하게 적응할 수 있는 여지(틈)가 많음을 의미한다.

개방 시스템을 통하여 환경과 상호작용을 하며 끊임없이 정보를 교환하고 변화하는 시스템은 외부로부터 새로운 자극을 받아들여 스스로를 개선하고 발전시킬 여지(틈)를 가지고 있다.

⑤ 경제학 및 경영학적 관점: 기회 비용, 전략적 유연성, 경쟁 우위

경제학 및 경영학의 관점에서 여지(틈)는 효율적인 자원 배분, 위험 관리, 그리고 시장에서의 경쟁력 확보와 관련한다.

기회비용(Opportunity Cost)의 여지(틈)로 특정한 무엇인가를 선택 함으로써 상대적으로 포기하게 되는 다른 선택의 가치를 의미하며 합리적인 의사결정은 다양한 선택지들 가운데 많은 여지(틈)와 가능성을 고려하고, 어떤 선택을 할 것인가를 파악하는 데 효과적이다.

기업이 급변하는 시장 환경에 맞춰 자원과 역량을 신속하게 재배치하고, 새로운 전략을 수립하기 위한 전략적 유연성(Strategic Flexibility)의 여지(틈)를 의미하는 것으로 예측 불가능한 상황에서도 기업이 생존하고 성장할 여지(틈)를 확보하게 한다.

기업의 초과 생산 능력(Excess Capacity) 또는 유휴 자원의 탐색과 활용으로 생산 라인, 인력, 자본 등에 여유를 두어 갑작스러운 수요 증가나 기술 변화에 대응할 수 있는 생산적 여지(틈)를 확보하는 것이며 이는 단기적으로는 비효율적으로 보일 수 있으나, 장기적인 경쟁 우위의 확보 가능성을 높인다.

여지(틈)는 불확실성과 변화에 대한 대처 능력과 개인과 조직의 잠재 가능성의 발현 그리고 유연성 확보라는 통합적인 시스템의 지속 가능한 성장과 존속에 요구되는 핵심적인 의미를 담고 있는 고도로 복잡하고 역동적인 사회에서 작동하는 개인과 조직의 생존시스템이다.

"여지"를 다양한 관점(심리학, 뇌 과학, 관계학, 학문적 해석, 상황 적용, 코칭 기법)에서 살펴보았다. 이 모든 논의를 종합해 볼 때, "여지"는 단순한 '남는 공간'이 아니라 불확실성과 변화에 대응하고, 잠재력을 실현하며, 삶의 질을 향상시키는 핵심적인 전략적 자원임을 알 수 있다.

(6) 여지와 코칭 기법

'여지'를 코칭 기법 (경청, 질문, 피드백)에 적용하면 잠재력 발현을 돕는 코칭의 중심(Core)으로 코칭에서 '여지'는 고객 스스로 탐색하고, 새로운 관점을 발견하며, 해결책을 찾아낼 수 있는 심리적이고 인지적인 공간을 의미한다.

코치는 이러한 여지를 효과적으로 만들어 활용한다. 경청, 질문, 피드백이라는 코칭의 핵심 기법들은 바로 이 '여지'를 열어주고 확장하는 의식적 환경을 제공하는 것이다.

◎ 경청(Listening)과 여지

경청에 있어 여지를 적용하는 것은 고객이 자기 생각과 감정을 살피고 다시 한 번 점검하게 한다.

① 침묵까지 듣는 공감의 여지

- 침묵과 공감의 공간으로 코칭에서 경청은 단순히 상대방의 말을 듣는 것을 넘어, 말하지 않는 것까지 이해하고 알아차리는 고도의 몰입과 집중을 요구하는 기법이다.

② 침묵의 여지

- 코치는 고객이 말을 마친 후, 즉시 다음 질문을 던지기보다 의도적인 침묵의 시간을 가진다. 침묵은 코치와 고객 모두에게 현재 상태에 더 깊은 몰입과 통찰의 발견을 위한 시간적, 공간적, 여지(틈)를 만드는 것으로 아직 인지하지 못했던 상황, 상태, 감정, 아이디어 등을 탐색하는 의식의 공간이다. 코치의 침묵하는 시간 감내는 고객에게 생각의 여지를 통해 자신의 진정한 이슈를 찾아가게 한다.

③ 포지션의 여지

- 고객의 말을 판단하거나 조언하려는 태도를 버리고, 고객의 이야기를 있는 그대로 받아들이기 위해서는 코치는 고객의 말을 경청할 생각과 마음에 '여지'를 만든다. 이는 고객이 솔직하고 취약한 부분을 드러내도 괜찮다는 안전한 심리적 공간을 느끼게 하여, 깊이 있는 자기 탐색을 가능하게 하고 코칭 주제의 주도권을 고객에게 위임하는 포지션의 여지를 제공하여 자존감을 강화하게 한다.

◎ **질문(Questioning)의 여지: 사고의 확장 공간 열기**

코칭 질문은 고객의 사고를 새로운 가능성과 관점을 탐색할 수 있는 '인지적 여지'를 확장하는 데 있다.

① **다양한 관점을 탐색할 여지**
- 개방형 질문을 활용하여 고객이 자신의 문제나 목표를 다양한 각도에서 바라보고, 숨겨진 자원이나 해결책을 발견할 수 있는 사고의 '여지'로 질문은 사고의 경계를 확장한다. 코치는 고객의 들을 여지를 포착할 수 있어야 하고 바로 코치 자신도 고객의 답을 수용할 여지를 확보해야 한다.

② **선택의 여지**
- 고객이 주도적으로 해결책을 찾고 실행할 수 있으며, 스스로 선택하고 책임지는 재량의 여지를 부여하는 질문을 통하여 자기 주도적인 행동을 강화한다.

◎ **피드백(Feedback)의 여지: 성장과 개선의 공간 제공**

코칭 피드백은 고객이 자신의 행동과 결과에 대해 성찰하고, 스스로 개선점을 찾아가게 하는 '성장에 기반한 행동 선택의 여지'를 제공하는 것으로 자기 행동에 변화를 위해 선택의 여지가 있다는 것을 알게 한다.

① **해석의 여지**
- 코치는 자신의 해석이나 판단을 직접적으로 전달하기보다, 관찰된 사실을 객관적이고 중립적으로 제시하고 고객이 스스로 의미를 찾을 수 있는 '해석의 여지'를 제공하여 고객이 방어적으로 반응하기보다 개방적으로 자신의 행동 성찰을 위한 피드백을 통하여 스스로 행동을 돌아보게 한다.

② **개선 방안을 찾을 여지**
- 고객 스스로 더 나은 방법을 고민하고 시도해 볼만한 '실현의 여지'를 찾아내도록 격려의 피드백으로 자기 주도적인 개선에 여지를 탐색하게 한다.

③ **긍정적 강점의 여지**
- 문제 중심에서 고객의 강점과 성공 경험을 인식시키고 이를 활용할 수 있는 '긍정적 피드백에 대한 수용 여지'의 포착은 고객의 자신감을 높이고, 강점을 바탕으로 더 큰 도전을 할 수 있는 동기로 작용하여 긍정적인 에너지를 동원하게 한다.

결론적으로, 코칭에서 '여지'는 고객이 스스로 변화와 성장의 주체가 될 수 있게 하는 코치의 핵심적인 역할로 경청, 질문, 피드백이라는 도구를 통해 코치는 고객 내면에 잠들어 있는 잠재력을 일깨워 고객이 자신의 길을 찾아나갈 수 있는 넓은 '여지'를 탐색하고 탐색 된 정보 안에서 기회를 포착하거나, 한 걸음 뒤에서 관조하며 코치와 고객의 충분한 여지를 활용할 때 코칭은 진정한 변화를 끌어내는 강력한 힘을 발휘한다.

(7) 코치의 여지

코치는 자신의 여지(틈)를 인지하고 있어야 하며, 특별히 고객과의 코칭 세션 전에는 자신의 여지(틈)를 충분히 확보하고 있어야 한다. 확보된 여지(틈)는 고객의 언어적, 비언어적 표현에 몰입력을 높여 고객이 코치의 질문과 피드백을 언제 수용할 수 있는지 기회를 포착하는 감각을 증대시켜 매 순간 고객과의 소통을 원활하게 한다.

코치 자신의 감정적, 정신적 여지의 확보는 자기 감정이나 상태에 걸림돌로 인하여 고객에게 온전히 몰입하지 못하게 한다.

코치에게 있어서 여지는 전문가로서 강화되어야 하는 역량으로 감정과 상황을 전환하는 꾸준한 훈련으로 확보되는 역량이다.

고객과의 코칭 과정에 코치의 포지션을 유지하게 하고, 고객의 발전과 성장을 위해 헌신하게 한다.

코치의 여지는 코치로서 자세와 전문가의 역할에 대한 책임과 의무와도 연결되는 요소이다.

코치의 '여지(틈)'는 고객의 성장을 돕기 위한 필수적인 전제 조건이자, 코치가 의식적으로 확보하고 관리해야 하는 핵심적인 전문 역량이다.

코치의 여지는 단순히 코칭 세션 전 마음을 비우는 것을 넘어, 고객에게 온전히 헌신하고 코칭의 효과를 극대화하는 데 필요한 의식적인 내면의 공간으로 이 공간은 다음과 같은 구체적인 요소들을 통해 확보되고 강화된다.

◎ 코칭의 효과를 극대화하는 코치의 구체적 여지(틈) 요소

① 심리적 안전감 조성 능력
- 코치가 확보한 내면의 여지는 고객을 위한 심리적 안전감(Psychological Safety)을 만드는 가장 중요한 요소이다.

② 비판단적 수용(Non-judgmental Acceptance)
- 코치가 충분한 여지를 가질 때, 고객이 어떤 감정, 생각, 실패 경험을 털어놓아도 이를 주관적 틀로 받아들이거나 성급하게 판단하지 않을 수 있으며 코치의 이러한 안정된 태도는 고객이 방어기제를 내려놓고 솔직하게 자신을 탐색할 수 있는 안전한 환경을 조성한다.

③ 취약성을 담아내는 그릇

- 코치의 여지는 고객의 혼란, 두려움, 취약함까지도 담아낼 수 있는 '넓고 안전한 그릇'과 같으며 코치가 정서적으로 흔들리지 않아야 고객은 안심하고 자신의 가장 깊은 이슈를 꺼내놓을 수 있다.

④ 높은 정서 지능(EQ)과 자기 조절 능력

- 코치의 여지는 높은 수준의 정서 지능(EQ)에 기반하며, 이는 꾸준한 자기 조절과 통제 훈련을 통해 강화된다.

⑤ '알아차림'과 '분리'

- 코칭 중 자신의 감정(예: 지루함, 조급함, 특정 이슈에 대한 불편함)이 올라오는 것을 즉각적으로 '알아차리는' 능력으로 그 감정이 코칭 공간에 영향을 주지 않도록 '분리'하여 조절하는 것이 중요하며 이것이 여지를 활용한 코치의 자기 조절과 통제의 영역이다.

⑥ 감정적 전이 방지

- 코치가 자신의 미해결 과제나 감정적 동요에 사로잡히면, 이를 고객에게 무의식적으로 투사하게 될 위험이 커진다. 코치의 충분한 여지(틈)는 코치 자신의 이슈와 고객의 이슈를 명확히 분리하여 코칭의 순수성을 지키는 방화벽 역할을 한다.

⑦ 전문가적 경계 설정과 유지

- 여지는 건강한 전문가적 경계(Professional Boundaries)를 설정하고 유지하는 능력과 직결된다.

⑧ 심리적 거리 확보
- 코치는 고객의 문제에 깊이 공감하되, 그 문제와 자신을 동일시하지 않는 적절한 '심리적 거리'를 유지해야 하며, 이 거리가 바로 객관적인 관점과 통찰을 제공할 수 있는 '여지(틈)'가 된다. 이 경계가 무너지면 코치는 고객의 문제에 휘말려 전문가로서 해야 할 역할에 온전히 몰입하지 못하게 되고 코칭의 결과에도 부정적인 영향을 초래하게 된다.

⑨ 에너지 관리와 소진(Burnout) 방지
- 세션 시간, 역할, 책임의 범위를 명확히 하는 것은 코치 자신의 에너지를 보호하는 행위이며, 이는 장기적으로 코치가 지치지 않고 꾸준히 높은 질의 코칭을 제공할 수 있게 하는 '지속가능성의 여지(틈)'를 확보하게 한다.

⑩ 성찰적 실천(Reflective Practice)
- 코칭이 끝난 후 자신의 코칭 과정과 그때의 내면 상태를 돌아보는 성찰적 실천은 여지(틈)를 지속적으로 관리하는데 핵심이 된다.

⑪ 자기 성찰을 통한 성장
- "나는 그 순간 왜 그런 질문을 했는가?", "고객의 특정 발언에 내 안에서 어떤 감정이 일었는가?"와 같은 질문을 스스로에게 던지는 과정을 통해, 코치는 자신의 무의식적인 패턴이나 편견을 인지하게 되고 이러한 자기 이해는 다음 코칭에서 더 넓은 여지(틈)를 가지고 임할 수 있게 된다.

⑫ 슈퍼비전과 코칭
- 동료 코치나 슈퍼바이저와의 대화를 통해 자신의 코칭을 객관적으로 점검받는 것은 개인적인 성찰만으로는 발견하기 어려운 '사각지대'를 발견하게 하고 이는 코치의 여지를 전문가와 공동체 안에서 단련하고 확장하는 중요한 과

정이다.

결론적으로 코치의 여지는 고객을 맞이하기 위한 일회성 '준비'가 아니라, 전문가로서의 윤리적 책임이자 끊임없이 연마해야 할 핵심 역량이다. 이 여지를 통해 코치는 비로소 고객의 위대함을 발견하고 그들의 성장을 온전히 지지하는 강력한 파트너가 될 수 있다.

(8) 고객의 여지

고객이 자신의 문제 해결을 위해 문제에만 과도하게 집중하고 있는 경우 코칭을 통한 변화와 성장의 과정에 몰입할 수 없게 되고 자신의 상태를 푸념의 형태로 토로하게 될 가능성이 높다. 고객이 코치의 질문이나 인정, 칭찬, 지지와 격려를 의문 없이 받아들이고 수용할 수 있도록 고객의 상황과 상태에 붙어있는 감정과 정신적 에너지를 분산시켜 여지를 확보하는 것이 중요하다.

고객의 급박한 상황에서도 예외의 여지(틈)는 존재하고 있다.
이 여지(틈)를 고객이 인지하는 순간 자신의 상황에서 쉼과 호흡을 찾게 되며, 고객의 여지(틈)는 생각과 감정 그리고 잠재력과 가능성이 있는 유휴공간이다. 고객이 문제에만 과도하게 집중하면 '터널 시야(Tunnel Vision)'에 갇히게 되며, 여지(틈)는 이 터널에서 벗어나 더 넓은 시야를 갖는 전환점이다.
고객의 여지(틈)는 문제에 압도된 상태에서 벗어나 변화와 성장이 일어날 수 있는 심리적, 인지적 공간으로 이 공간이 확보될 때, 고객은 비로소 코칭의 진정한 파트너가 되어 자기 잠재력을 발견하고 해결책을 찾아 나설 힘을 얻게 된다.

◎ 고객의 '문제'에서 '가능성'으로 관점 전환의 여지(틈)

① 문제와 거리두기
- 고객은 자신의 문제와 자신을 잠시 분리하여 한 걸음 떨어져서 바라볼 '심리적 여지'를 갖는 것으로 문제에 함몰되어 보이지 않는 새로운 길과 해결의 실마리를 찾아보게 된다.

② 관점의 재구성(Reframing)
- 확보된 여지 안에서 고객은 자신의 상황을 '극복 불가능한 장애물'이 아닌 '해결해야 하는 도전'으로 재해석할 기회를 얻고 "왜 나에게만 이런 일이 생기는가?"라는 푸념이 "이 상황을 통해 내가 무엇을 배울 수 있을까?"라는 성장 지향적 관점으로 전환되는 공간이다.

③ 내면 자원 탐색과 자기 효능감 증진
- 고객이 평정심을 찾게 되는 여지(틈)는 외부가 아닌 자기 내면에서 힘을 발견하게 하는 통로이다.

④ 잠재된 자원 발견
- 문제에 집중된 에너지가 분산되면, 고객은 자신의 강점, 과거의 성공 경험, 가치관 등 잊고 있던 내면의 자원(Internal Resources)을 돌아볼 여유를 갖게 된다. 코치는 이 여지(틈)를 활용해 고객이 자신의 능력을 재인식하도록 한다.

⑤ 자기 효능감(Self-Efficacy) 향상
- 자신의 힘으로 상황을 변화시킬 수 있다는 믿음인 '자기 효능감'은 여지(틈) 안에서 시작되고 작은 성공 가능성, 사소한 예외의 발견만으로도 고객은 "아, 내가 할 수 있는 것이 있구나"라는 인식을 갖게 되며, 이는 변화를 시도

할 수 있는 강력한 동기가 된다.

⑥ 선택권과 주도성의 회복
- 급박한 상황 속에서 '예외의 여지'를 인지하는 순간은 고객이 자신의 삶에 대한 통제력과 주도권을 되찾는 결정적인 계기가 된다.

⑦ '어쩔 수 없음'에서 '선택 가능함'으로
- 여지가 없다고 느낄 때 고객은 자신이 상황의 피해자라고 인식하기 쉽다. 그러나 고객이 자신의 여지(틈)를 발견하는 순간, 모든 것을 바꿀 수는 없어도 자신의 '반응'은 선택할 수 있다는 것을 깨닫게 된다. 이는 고객이 수동적인 자세에서 벗어나 자신의 삶을 주도하는 주체로 변화되는 계기가 된다.

⑧ 새로운 행동 실험
- 여지(틈)는 완벽하지 않더라도 새로운 시도를 해볼 수 있는 '안전한 실험실' 역할을 하며, 실패에 대한 두려움으로 굳어 있던 상태에서 벗어나, 크고 작은 행동을 시도하고 그 결과를 통해 배울 수 있는 유연성을 갖게 된다.

⑨ 감정의 수용과 회복탄력성 강화
- 고객의 여지(틈)는 문제에 단단히 붙은 격한 감정을 억누르거나 외면하는 것이 아닌, 있는 그대로 바라보고 다룰 수 있는 공간을 제공한다.

⑩ 감정의 객관화
- "화가 난다"라는 감정에 휩싸이는 대신, "내 안에서 화라는 감정이 일어나고 있구나"라고 관찰할 수 있는 심리적 공간으로 확보된 이 여지(틈)를 통해 고객은 감정의 노예가 되는 것이 아니라 감정으로부터 유용한 정보를 얻는 주인이 된다.

⑪ 회복탄력성(Resilience) 증진

어려운 상황 속에서도 긍정적인 측면을 발견하고 다시 일어서는 힘인 회복탄력성은 바로 이 '여지(틈)'를 발견하고 활용하는 능력으로 어떤 위기 속에서도 여지(틈)를 찾아내고 숨을 고를 수 있는 사람은 좌절하지 않고 다시 나아갈 힘을 얻는다.

결론적으로 고객의 여지는 코칭을 통해 얻는 가장 귀한 결과물로 코치는 고객이 문제의 무게에 짓눌린 상태에서 벗어나, 스스로 '쉼과 호흡의 공간'을 발견하고, 그 안에서 자신의 힘과 가능성을 깨달아 삶의 주도권을 되찾도록 돕는 여정의 동반자가 된다.

2. 경청

코칭에서 반드시 다루어야 할 내용으로 코칭 기법과 의식이 있다. 코칭 기법 가운데 중요하게 다루어지고 있는 기법이 경청이다. 코칭에서 경청은 상대의 마음을 움직이고 의식을 확장하는 능력을 발휘하는 것까지도 포함한다.

코치는 주의 깊은 경청을 통해 상대의 마음을 움직이고 의식을 확장함으로써 고객이 문제를 스스로 해결할 수 있도록 도와야 한다. 탁월한 경청자는 사람들의 표면적인 욕구와 내면적인 의도를 면밀하게 관찰하고 인식해서, 직관적으로 그들의 진짜 의도를 분별해 내는 역량의 소유자다. 탁월한 경청은 고객이 자신의 필요와 욕구들 그리고 문제를 스스로 해결하도록 적절하면서 강력한 질문을 가능하게 된다. 즉 듣는 만큼 질문할 수 있다.

대부분 경청이 어려운 이유는 사람들은 1초에 4천억 비트의 정보를 접하게 되며 그중 2천 비트의 정보밖에 인식하지 못하기 때문이라고 한다(2014, 구은미).

언어는 개개인의 주관적인 모습으로 받아들여지며, 언어 자체가 추상화 과정을 거쳐 생겨나는 것으로 이것은 말하는 사람과 듣는 사람 모두 메시지를 다르게 해석할 수 있다. 우리는 오감으로 경험한 외부 세상을 왜곡, 생략 또는 일반화의 과정을 통해 자기만의 머릿속 지도를 그려 내는 경향이 있어 사람마다 내적 지도가 모두 다르다. 대부분 사람은 보고 싶은 것만 보고, 듣고 싶은 것만 들으려 하며 이 경향을 뇌 과학적으로 보면 시놉시스라는 구조 때문으로 해석할 수 있다.

(1) 1단계: 자기중심적 경청

자신의 관점에서 판단하고 자신의 의도대로 받아들이고 듣는 것을 말한다.

① 우리도 모르게 취하는 경청 자세

첫째, 좋게 보이려고 적당히 행동하며

둘째, 집중하지 않고 딴짓하며 듣고

셋째, 상대의 말을 자기식으로 해석해 영향을 주려고 하며

넷째, 자신의 옳음을 증명하기 위해 반격을 가할 허점을 찾거나

다섯째, 특정 정보를 찾기 위해 다른 것을 무시하는 행동을 취하기도 하고

여섯째, 자신의 다음 말을 준비하며

일곱째, 입을 다물고 가만히 있기도 한다.

- 상대가 이런 상태로 이야기를 듣는다면 대화를 나눌 마음도 의욕도 떨어져 대화를 이어나가기 어렵다.
- 사람은 외부의 경험을 받아들일 때 자신의 경험을 통해 받아들인다.

② 일반적 경청

사람의 무의식적인 뇌는 그 사람이 가지고 있는 모든 습관, 육체적인 습관과 정신적인 습관을 모두 저장하고 있는 창고이며 사람 몸의 기본적인 운영 체계를 관장할 뿐만 아니라 프로그램이 가능한 모든 소프트웨어까지도 관장한다.

③ 일반적 경청의 특징

동일한 대상을 놓고 동일한 내용을 반복해서 생각한다면, 이것은, 결국 생각의 습관이 되고 만다. 생각의 습관이 오래 지속되고 반복되면 태도나 믿음이 된다. 이것을 신념이라고 한다.

④ 외부의 경험을 받아들일 때의 특징

- 생략: 보고 싶은 것만 보고 듣고 싶은 것만 들으며 나머지는 간과한다.
- 왜곡: 보고 싶은 대로 보고, 듣고 싶은 대로 들으며, 느끼고 싶은 대로 느낀다.
- 일반화: 상대의 개인적 측면에서 보기보다 사회 전반적 현상이나 상황으로 해석한다.

인간은 과거의 경험으로 생긴 고정된 관념으로 대상을 받아들이게 된다. UCLA의 사회심리학자 앨버트 메러비언의 연구에 따르면 여러 내용이 뒤섞인 혼란스러운 메시지를 전달했을 경우 아래와 같은 연구 결과가 나왔다는 것이다. 다시 말해 상대가 하는 말이 그 사람의 말투나 표정 혹은 몸짓과 일치하지 않을 때 어느 것을 믿어야 하는가의 내용이다.

- 커뮤니케이션에서 언어가 미치는 영향: 7%
- 감정, 욕구, 제스처, 뉘앙스, 의도 등이 미치는 영향: 93%

따라서 고객을 온전히 경청하고 파악하려는 노력이 필요하며 표현된 말보다 비언어적인 메시지에도 관심을 기울이는 노력이 필요하다.

말의 내용보다는 목소리의 강약과 떨림, 시선, 제스처, 억양, 표정, 자세 등에 더 많은 내면적 정보가 실리기 때문에 상대의 말을 이해하고 경청하기 위해서는 이러한 비언어적 메시지에 관심을 기울여야 한다.

상대에게 호감을 느끼게 하고 자신의 진의를 분명히 전달하기 위해서는 다른 사람의 말을 열심히 듣는 것이 중요하다. 즉 듣는 만큼 말할 수 있다.

⑤ 효과
- 코칭을 통해 얻게 되는 가장 두드러진 변화는 자신감이다. 코칭을 통해 자신감이 향상되는 이유는 경청 능력이 향상되기 때문이다. 경청 능력의 향상이 곧 커뮤니케이션의 능력에 영향을 미치게 된다.
- 경청 능력이 향상되면, 직관력 역시 예리해지므로 순간적인 판단력이나 문제 해결 능력도 향상된다.
- 탁월한 코치는 탁월한 경청 능력을 갖추고 있으며 이것은 리더십에도 중요한 요소로 작용한다.

(2) 2단계: 상대 중심적 경청

상대에 집중하여 상대의 어조, 속도, 태도 등에 맞추며 반응하고 상호 교감하면서 경청하는 것이며, 상대에 대한 배려와 집중력이 있어야 한다.

① 상대 중심적 경청을 위해
- 아이콘택트(Eye contact): 상대가 이야기하는 동안 상대의 얼굴과 눈을 바라보며 집중한다.
- 미러링(Mirroring): 상대방과 같은 자세와 태도, 동작에 맞추어 공감, 동작을 따라 한다.
- 페이싱(Pacing): 호흡이나 동작, 음조를 맞추고 음색과 톤을 따라 한다.
- 백트래킹(Backtracking): 상대의 말을 요약, 반복하고 적절히 반응하는 것으로 상대의 말에 주요 key-word를 찾아 따라 한다.

② 경청의 신호
- 이야기 사이사이 잘 듣고 있다는 신호를 보내주는 것으로 안정감 있는 상태에서 상대방과 좀 더 깊은 이야기로 들어갈 수 있게 한다.

③ 반응에 주의 집중
- 자기중심적 경청과 같이 자유 형식으로 이야기를 나누지만, 상대의 입장을 배려하며 이해하려고 노력하는 언어적, 비언어적 반응에도 주의를 기울여 듣는다.

(3) 3단계: 공감적 경청

① 직관적 통찰
- 대화 중 직관적으로 상대의 진짜 감정과 의도를 듣는 것이다. 직관력과 통찰력을 사용하여 상대의 장점이나 탁월함까지도 경청한다.

② 무의식까지 듣는 경청
- 2단계의 상대 중심적 경청이 들리는 소리와 눈에 보이는 상태에 집중하여 그것을 반영하는 것이라면, 3단계 공감적 경청은 들리지도, 보이지도 않는 상대의 의식과 무의식 수준까지도 경청하는 고도의 경청 기법이다.

③ 몰입과 집중
- 선입견이나 개인적 상념을 배제하고 온전히 코칭 시간에 집중하여 고객에게 몰입하여 경청한다.

④ 상대 관점의 이해
- 상대방의 경험, 정서 상태, 생각 등을 상대방의 관점과 입장에서 이해하고

느끼는 감정을 공감하는 상태의 경청이다.

(4) 공감

① **고객 관점의 감정 지각과 반영**
- 공감은 고객의 생각, 가치관, 현재의 환경 상태 등에서 느끼는 감정을 코치가 고객 관점에서 느끼고 지각하여 그것을 고객에게 반영해 주는 행위이다.

② **의식과 무의식 경험의 공유**
- 공감하는 것은 고객의 의식과 무의식의 세계에 들어가 고객의 경험을 코치 자신의 세계인 것처럼 경험하는 것이다.

③ **객관성을 견지한 공감**
- 공감적 이해는 고객이 느끼는 감정에 코치가 객관적 입장을 견지하여 반영해 주는 것이다.

따라서 공감은 고객의 생각과 가치관 및 처한 상황에서 느꼈던 감정을 상대 관점에서 이해하고 그것을 반영해 주는 행위이다.

④ **공감의 효과**
- 고객이 느끼는 감정에 반응해 주는 것만으로도 공감대가 형성되며, 고객의 마음을 헤아려 공감하게 되면 고객은 안정감과 위안을 느끼게 된다.
- 고객의 인지적인 내용에 공감하면 고객은 객관적으로 자신의 인지 내용을 살피고 직면하는 용기를 얻게 된다.
- 공감은 고객에 대한 코치의 온정과 지지의 마음을 전달하는 최고의 방법으로 공감을 통하여 상호 간의 신뢰가 깊어진다.

- 고객이 안고 있는 해결 과제가 현실적으로 도저히 해결책을 찾을 수 없는 경우에도 코치가 고객의 마음을 이해하고 고객의 story에 진정성 있게 경청하는 것 자체만으로도 위안과 힘이 된다.

(5) 경청 확장

① 상대의 감정 상태를 직감적으로 느껴야 한다.
② 상대의 진짜 의도를 파악해야 한다.
③ 상대의 장점과 탁월성을 분별해 낼 수 있어야 한다.
④ 상대의 비언어를 경청해야 한다.
⑤ 상대의 불일치, 패턴, 기회, 암시를 식별해 내야 한다.

직관적 경청은 일상에 그냥 지나치기 쉬운 상황도 즉각적으로 반응하여 고객의 내면으로 더 깊이 들어갈 수 있게 되며 직관력은 오랜 시간에 걸친 집중적 훈련을 통해 개발되고 더욱 숙련되게 된다.

(6) 三聽(삼청) 기법

事聽(actualities), 感聽(Feel), 眞聽(truth)으로 나누며, 사람들이 이야기하지 않을 때조차도 그들이 말하고자 하는 사실과 감정 및 진실을 직관적으로 알아차리는 것이다.

① 事聽-사청(Actualities)

- 판단하지 않고 있는 그대로의 사실만을 듣는 것이다.
- 상대방의 말 중에서 사실이 무엇인지를 정확하게 파악하려는 노력이 필요하며, 탁월한 코치는 상황이나 사실에 집중하여 경청하고 판단 없이 사실만 요약한다. 사실을 잘 인식하고 사실만을 전달하는 능력은 잘못된 커뮤니케이

션에서 발생할 수 있는 잘못된 판단과 수많은 오류를 예방해 준다.

② 感聽-감청(Feel)
- 상대의 이야기를 들으며 상대가 어떤 감정 상태에 있는지를 감지하며 듣는 것이다.
- 이것은 상대방의 감정 상태를 감지하고 공감하며 그 느낌을 상대에게 반영해 주는 것까지도 포함하며, 공감이란 상대의 감정을 민감하게 포착할 때만 가능하다.

③ 眞聽-진청(truth)
- 진청은 진정으로 원하는 것과 바라는 것이 무엇인지 파악하며 듣는 것이다. 즉 현재 상대방이 무엇을 진실로 원하고 바라는지를 듣고 피드백하는 것으로 코치는 상대가 말하지 않더라도 진실로 원하는 것을 탐색하여 피드백한다.
- 상대의 진의를 알아차리지 못한다면 상대가 원하는 중요한 목표와 목적을 이루는 데 도움을 주지 못한다. 사람들은 흔히 다른 말이나 표현, 행동 등으로 자신의 의도를 간접적으로 나타내기도 하므로 상대의 이야기나 행동을 통해 내면의 숨은 의도를 파악하기 위해서는 많은 임상경험과 훈련을 통해 직관력을 키워야 한다.
- 코치의 깊은 진청을 통해 상대방의 진의를 알아내면, 고객이 이루고자 하는 목표와 목적에 부합하는 다양한 대안을 효과적이고 효율적으로 찾게 된다.

④ 일반적 경청 자세
- 내 경험: 자신의 경험에 준거하여 상대를 경청한다.
- 내 감정: 자신의 감정 상태에 따라 해석하고 받아들인다.
- 내 진의: 자신이 원하는 방향으로 유도하려는 방편으로 경청한다.

⑤ 언어적 비언어적 단서

- 코치가 고객의 감정을 알아차리기 위해서는 고객의 언어적 비언어적 단서를 읽을 수 있어야 한다. 이러한 단서는 고객이 코치라는 거울을 통해 자신을 볼 수 있도록 함은 물론 코치가 고객의 진의를 탐색하는 데 많은 영향을 미친다.

- 비언어적인 정보는 머리나 안면의 움직임, 몸의 위치나 자세, 제스처와 같은 단서를 통해 고객의 메시지를 찾아내는 것으로 이러한 비언어적인 단서는 코칭 과정 전반에 코치의 고객에 대한 몰입 정도에 따라 더 많은 정보를 얻을 수 있다. 때에 따라 비언어적인 단서는 언어적인 단서 이상으로 고객의 진의에 더 깊이 접근할 수 있다.

- 진청을 통한 고객의 언어적 단서와 비언어적 단서의 불일치를 확인하는 것은 고객의 불일치를 직접적으로도 다룰 수 있게 한다.

- 비언어적인 단서

    제스처, 억양, 음색, 톤, 표정, 호흡 등 눈으로 확인할 수 있는 외적 단서

- 언어적 단서

    사람마다 매우 다른 감정이 있기는 하지만 언어나 정서로 확인할 수 있는 대부분의 감정은 네 가지의 정신 상태에 해당된다. 긍정적이거나 지지적인 감정, 공격적인/방어적인 감정, 두려움/불안한 감정, 그리고 영적/실존적 감정. 이런 감정의 대부분은 구체적인 정서 단어의 사용으로 확인할 수 있다.

부가적으로 주요 감정의 범주에서 각각의 감정을 하위범주화할 수 있다. 감정을 나타내는 단어나 기분을 사용하는데, 단어가 상당히 강렬한 감정이나 심지어 상이한 감정을 감추기도 한다는 것을 기억하는 것이 중요하다.

⑥ 삼청(三聽)을 활용한 대화의 목적

- 신뢰 형성의 매개: 대화는 신뢰라는 관계의 자산을 쌓는 가장 기본적인 방법으로 진솔한 대화를 통해 서로의 생각, 감정, 가치관을 공유하게 되면 상대

방에 대한 이해가 깊어진다.

이 과정에서 경험하게 된 존중은 내 이야기에 진심으로 귀 기울이고 있다는 느낌을 받게 되어 심리적 유대감인 라포(Rapport)가 형성되어 자신의 취약한 부분에 이르기까지 솔직하게 털어놓고, 상대방이 이를 공감하며 수용해 줄 때 신뢰는 급격히 깊어진다. 꾸준한 대화는 예측 가능성과 일관성을 부여하여 상대에 대한 믿음의 확신을 주며, 이는 모든 긍정적 관계의 시작점이다.

- **상대의 욕구 충족**: 효과적인 대화는 상대방이 무엇을 원하고 필요로 하는지 파악하고 이를 반영하는 과정으로 인간에게는 인정받고, 이해받고, 존중받고 싶은 근본적인 욕구가 있어 적극적으로 경청하고, 적절한 질문을 통해 상대의 생각과 감정을 더 깊이 이해하려 노력하는 것 자체가 상대의 정서적 욕구를 충족시키는 행위이다(2017, 구은미).

상대방의 문제에 대해 해결책을 제시하는 것만이 욕구 충족이 아니며 때로는 그저 들어주고 공감해 주는 것만으로도 상대는 충분한 위로와 지지를 얻으며, 자신의 문제가 해결되었다고 느끼게 만들기도 하는 대화는 상대방에게 심리적 만족감과 안정감을 제공하는 중요한 수단이 된다.

- **자신의 욕구 전달을 위한 소통의 도구**: 대화는 상대방의 욕구를 충족시키는 동시에 자신이 원하는 바를 명확하고 건강하게 전달하는 중요한 도구이다. 자신의 생각, 감정, 필요를 솔직하면서도 상대를 존중하는 방식으로 표현(Assertive Communication)할 때, 상대방은 나를 더 잘 이해하고 공감하게 된다. 무조건 참거나 회피하는 소극적 소통, 혹은 상대를 비난하며 강요하는 공격적 소통은 관계를 해치고 자신의 욕구도 제대로 충족시키기 어렵다. 차분하게 자신의 상태와 욕구의 표현은 문제 해결에 협력자를 만나게 될 가능성을 높인다.

- **협력을 위한 교두보**: 대화는 공동의 목표를 향해 나아가는 협력의 출발점으로 서로 다른 생각과 의견을 가진 사람들이 대화를 통해 아이디어를 교환하고 조율함으로써 혼자서는 이룰 수 없는 시너지를 창출할 수 있다.

갈등 상황에서 대화는 서로의 상황을 이해하고 오해를 풀며, '우리 모두에게 이익이 되는' 해결책(Win-Win Solution)을 찾아가는 핵심적인 과정으로 목표를 설정하고, 역할을 분담하며, 진행 상황을 공유하는 모든 협력의 단계는 원활한 대화를 기반으로 이루어진다.

- 미래의 긍정적 관계를 위한 토대: 오늘의 대화가 내일의 관계를 결정한다. 긍정적이고 건설적인 대화 경험은 서로에 대한 좋은 인상과 기억을 남겨, 미래의 관계를 더욱 돈독하게 만드는 자양분이 되며, 반면에 상처를 주거나 무시하는 대화는 관계에 균열을 만들고 회복하기 어려운 앙금으로 남을 수 있다. 갈등이 생겼을 때라도 서로를 존중하며 문제를 해결하려는 대화의 노력은 관계의 위기를 성장의 기회로 만들 수 있으며 지금 나누는 사소한 대화 하나가 모여 미래의 관계라는 집을 짓는 벽돌이 된다.
- 상호 정보 교류의 통로: 대화는 지식, 경험, 노하우 등 유무형의 정보를 주고받는 가장 효율적인 통로로 우리는 대화를 통해 새로운 것을 배우고, 기존의 생각을 확장하며, 세상에 대한 이해를 넓힌다.

단순한 사실 전달을 넘어, 정보에 담긴 상대방의 해석, 감정, 의도까지 파악할 수 있다는 점에서 일방적인 매체(책, 미디어 등)와 차별화되며 질문하고 피드백을 받는 상호작용을 통하여 정보의 정확성과 활용도를 높여 개인의 성장뿐만 아니라 집단과 사회 전체의 발전을 이끄는 원동력이 된다.

⑦ 코치의 경청

- 고객 스스로 목표를 발견하도록 독려하기 위해 온전한 집중과 몰입으로 고객의 가능성에 지지와 응원을 아끼지 않는다.
- 고객이 달성하고자 하는 목표를 발견하여 명확히 정렬하기 위해 고객의 목표를 향한 가능성의 계단을 탐색해 본다.
- 고객 스스로 해결책 및 전략을 도출하도록 끌어 주기 위해 고객의 정보와 경험을 공유하고 존중한다.

- 고객 스스로가 책임감을 강화할 수 있도록 고객의 스토리를 반영한다.
- 고객의 관점에서 공감하고 수용하며 이해한다는 의미를 포함한 반영을 위해 코치는 고객의 Key-word를 찾아야 한다.
- 고객의 언어적 비언어적 반응의 중심을 찾아 공감하기 위해 코치는 고객의 모든 것을 경청한다.

⑧ **삼청의 핵심 전략**
- 포커싱 → 고객
  코칭 현장의 모든 환경을 고객의 환경으로 전환한다.
- 자제력 → 스스로
  자신의 현재 상태와 변화를 받아들이도록 한다.
- 적응력 → 상황 및 환경
  고객 스스로 생각해 보지 않은 것을 생각하고 실행해 보지 않은 것을 실행해 보는 새로운 환경의 적응을 위한 기다림의 가치를 경험하도록 한다.
- 몰입력 → 고객은 자신에 대해 인지하기 위한 내면의 몰입과 코치는 그러한 고객의 변화를 인지하는 고객에 대한 몰입이다.
- 에너지 → 상호 순환
  경청을 통해 고객의 에너지를 인지하여 부정 에너지를 긍정에너지로 전환함과 동시에 코치 자신의 부정 에너지 또한 긍정에너지로 전환하여 선순환의 과정을 만든다.

고객의 모든 메시지에서 전달되는 감각에 주의를 기울이고 그것이 보내는 상태와 의미에 귀를 기울이면 코치는 고객의 욕구에 대한 중요한 단서를 얻을 수 있다.

코치에게 있어서 경청은 상대의 탁월함을 경청하고 그 탁월함을 더 계발하고 발휘하는 데 헌신하고 집중하는 것이다.

누군가가 나에 대해 온전히 집중하고 헌신하며 믿음과 신뢰를 주는 존재로 늘 나와 함께 나의 모든 것을 경청하는 이가 있다면 그 삶은 최상의 풍요를 누리게 될 것이다. 코치는 고객과 그런 존재로 함께한다.

세상 대부분의 사람이 가장 원하는 것은 자신에게 정말로 어떠한 일들이 일어나고 있는지를 들어주고 이해해 주는 것이다.

고객 스스로가 자신을 포기하는 순간에도 코치는 단 0.1%의 가능성만으로도 고객의 삶에 대한 의도를 경청하고 지지하여 열정에 불씨를 키우는 사명과 책무가 있다.

3. 질문

(1) 질문의 중요성

질문은 코칭의 기법 중 경청과 함께 중요하게 사용되는 기법으로 어떤 질문을 하는가 보다는 어떤 상황에서 어떻게 질문을 사용하는가가 더 중요하다.

상황에 부합하는 적절하고도 탁월한 질문은 코치나 고객 모두에게 변화의 초석이 된다. 도로시 리즈(Dorothy Leeds, 2000)는 질문의 중요성에 대해 다음과 같이 논하고 있다.

첫째, 질문을 하면 대부분 답을 하므로 그 개인에 대해 매우 중요하고 특별한 정보를 얻을 수 있다.

둘째, 질문을 통해 코치와 고객 간에 특별한 관계를 수립할 수 있게 되고 질문은 다른 사람들을 설득하고 자극할 수 있다.

셋째, 고객을 좀 더 창의적으로 생각하게 하고 생활에 중요한 변화를 불러오게 된다.

① 코칭 질문의 영향력과 전환적 힘
- 질문은 의외로 단순하면서도 강력하고 심도가 있어야 한다. 코치의 질문은 고객 대답의 질을 바꿀 수 있고 코칭 공간의 대화 패턴과 방향을 전환하게 한다.

② 고객의 언어를 활용한 질문의 중요성
- 질문에 사용되는 단어는 고객의 단어가 필수적으로 포함되어야 하며, 자신의 단어가 질문으로 되돌아올 때 고객은 자신의 언어 패턴과 사고 패턴을 객관적으로 전달받게 되며, 고객이 사용하고 있는 언어 또는 비언어적 표현에 변화의 key-word와 메시지가 들어있다.

③ 영향력 있는 질문의 전제 조건으로서의 몰입적 경청
- 충분히 몰입하고 집중해서 경청할 때만이 상황에 적절한 탁월하고 영향력 있는 질문이 가능하다.
- 코칭에서 코치의 질문은 고객이 자신의 문제에 대해 고찰하고 그에 따른 해결 방법을 스스로 찾을 수 있도록 하며 문제의 해결력을 높이는 데 그 의미가 있다.

④ 질문과 대답 과정에서 피드백의 필수적 역할
- 코치가 고객에게 질문하여 고객으로부터의 답변에는 어떠한 형태로든 피드백은 필수 요건이며, 부정적인 스토리에는 코치는 감정 공감만 하고 내용과 상황에 대해서는 후속 질문을 통해 고객 스스로 자신의 답을 정리할 수 있게 한다.

⑤ 부정적 이야기의 흐름을 바꾸는 전환적 질문의 기능

- 부정 스토리에 마침표를 찍는 질문도 코칭에 있어서는 코칭의 방향을 전환하는 주요 영향으로 작용하게 된다. 지금의 상태에 대한 비관 또는 비난과 불평 등의 만족도가 낮은 내용을 서술하는 경우 코치는 그 대신에 어떻게 되기를 원하는지에 대한 내용으로 구성하여 질문을 할 수 있으며, 또는 '어떻게'라는 단어를 넣어 반대 즉 성장의 key-word로 전환하여 질문을 이어간다.

⑥ 피드백 없는 반복적 질문의 정서적 부작용

- 고객들에게 피드백 없이 반복적으로 진행되는 질문은 위축, 조급함, 위압감, 초조함, 심문, 종용 등의 다그침을 당하는 정서 경험을 제공하게 되어 코칭에 비협조적이 되거나 회피하고 또는 자신을 진솔하게 들어내지 못하고 위장하게 된다.

⑦ 긍정적 이야기 확장을 위한 격려와 질문의 결합

- 고객의 긍정 스토리에는 왜라는 질문으로 자신의 정보 공유에 날개를 달아 더 많은 이야기를 할 수 있도록 응원과 추임새를 피드백에 접목하여 전달한다.

⑧ 상황에 맞는 유연하고 창의적인 질문의 필요성

- 질문은 고객의 단어를 사용하되 조금은 엉뚱하고 또 조금은 파격적이며, 또 때로는 직접적인 정보를 요구하는 질문으로 상황에 따라 적절히 진행되어야 한다.
- 코칭에서 질문은 단순히 고객에게 무언가에 관한 답을 하게 하고 답에 대한 대안을 제시하는 것이 아닌 고객 스스로 답을 생각하고 해결책을 찾아가는 과정에 고객의 거울이 되어 중요 이슈에 대한 단어를 포착하여 질문이라는 매개로 전달하여 바라보게 하는 과정이다.

⑨ 고객 스스로 답을 찾게 하는 되돌리는 질문 기법

- 코칭에서 고객이 코치에게 하는 질문과 토로하는 문제 또는 장애에 대하여 코치가 해결책이 아닌 고객 스스로 질문에 대한 답이나 대안을 찾을 수 있도록 질문을 되돌리는 고도의 질문을 활용한다.

⑩ 질문 전 고객의 상태를 확인하고 동의를 구하는 코치의 태도

- 코치는 고객의 표정과 어조, 시선 등에 평정을 유지하고 온전히 관심과 궁금증 그리고 깊은 호기심을 가득 담아 고객이 질문을 받을 준비가 되어있는지 확인하고 질문을 해도 되는지 질문하고 질문에 대한 답변을 요청하고 동의를 구한다.

⑪ 효과적인 질문을 위한 코칭의 현재 위치와 방향성 인지

- 고객에게 강력하고 영향력이 있으며 효과적인 질문을 생각해 내기 위해서는 지금 코치와 고객의 상태가 어느 위치이며, 무엇이 우선되어야 하고 현재 코칭 상황이 어떻게 진행되어 가고 있는지에 대한 방향성을 인지하고 있어야 한다.

⑫ 코칭 성과를 위한 과정 전반에 대한 코치의 지속적인 인식

- 코치는 코칭 대화가 어떻게 전개되어 가는지에 대해 의식하고 코칭 과정 중에서 고객의 변화와 성장을 위한 어느 특정 시점에서(신뢰 형성, 목표 발견, 가능성과 잠재력, 실행 계획, 점검 등) 어디쯤 와 있는지 또 어느 방향으로 나아가고 있는지 매 순간 인지하고 있어야 하며, 이것은 코칭의 성과에 영향을 미치는 중요하고도 필수적인 요소다.

이처럼 코칭에서 질문은 단순한 정보 파악을 넘어 고객이 스스로 답을 찾도록 돕는 핵심적인 도구로 효과적인 질문은 단순하면서도 깊이가 있어야 하며, 고객의 언어를 사용하여 그들의 사고 패턴을 객관적으로 보게 해야 한다.

코치는 상황에 맞는 다양한 질문들을 창조하게 되는데 코칭 전반에 가장 많이 두드러지게 사용되는 신뢰 형성을 위한 질문들은 일상적이고, 누구나 yes할 수 있는 질문, 그러면서도 가볍고 재치 있는 질문과 고객에 대한 느낌, 기분 등을 가볍게 들어낼 수 있는 질문의 형태로 접근하는 것이 단계적 신뢰를 쌓아가는 질문으로 용이하다.

질문은 생각의 틀을 확장하게 하고 자신을 다시 한번 돌아보게 하는 것은 물론이고 적절한 질문은 고객의 자신감을 상승시키고 동기를 찾게 하며, 스스로 창의적이고, 긍정적인 생각으로 목표를 이루겠다는 결심으로 방향을 설정하고 변화를 위한 도전을 하게 한다.

(2) 상황에 따른 질문

① 관계 형성을 위한 질문

- 일상적이고 일반적인 질문으로 시작하여 고객에게서 나오는 답변을 바탕으로 코칭을 진행하게 된다.
- 코치 스스로 고객을 위하여 무엇을 할 것인지 전달하고 코칭 관계 내의 모든 대화는 비밀 보장을 원칙으로 함을 전재하고 있음을 알리는 것은 코칭에 있어 매우 중요하게 작용한다.
- 고객에게 코칭 관계의 신뢰 정도에 관한 근간이 되고 고객 스스로 자신의 오픈 범위를 조절하게 한다.
- 코칭의 과정을 부드럽게 이어가기 위해서는 고객의 답변에 간단한 피드백을 하고 질문 전에는 물어봐도 될까요? 말해 줄 수 있나요? 등의 제가 당신에게 ~해도 될까요? 라는 동의가 늘 기본 질문에 따라오도록 진행하는 것이 중요하다.
- 친밀한 관계를 위해 일정 부분 맞추는 것으로 자세, 바디 랭귀지, 제스처, 표

정, 눈 맞춤뿐만 아니라 말투, 말의 속도, 감정, 열정 수준까지도 자연스럽게 맞추어가는 것은 상대방과 정신적, 신체적, 감정적 연결로 에너지를 공유하고 이를 통하여 서로 신뢰하고 존중하는 우호적인 분위기를 형성하게 한다.

② 안건 및 주제 발견을 위한 질문

- 고객 스스로 자신이 나누고 싶은 이야기를 정하여 선별할 수 있도록 하여 주제에 대한 애착과 중요성을 부각하는 것이 중요하다.
- 코치는 고객에 대해 아는 것이 별로 많지 않으며, 고객 또한 자신에 대해 아는 것이 없다고 또는 잘 모르겠다고 생각하고 있을 수 있다. 이때 반복적 질문을 하기보다는 자유롭게 주제를 찾아 움직일 수 있도록 융통성 있는 질문을 찾아 적용한다.
- 앞서 논한 것처럼 고객이 사용한 단어를 넣어 질문하고 질문 뒤 고객 답변에 대해서는 백트레킹 또는 피드백을 통하여 고객이 선정한 주제를 코치가 명확히 인지하고 있는지에 대한 공유와 함께 고객 스스로 자신의 주제에 대하여 정확히 포착할 수 있도록 한다. 주제가 모호할 경우 코치와 고객이 서로 다른 해석과 이해충돌로 인하여 주제에 대한 명확성이 흐려지고 다음 진행의 방향성에 혼란이 야기될 수 있다.

③ 잠재력과 가능성을 찾기 위한 질문

- 코치가 보이는 고객에 대한 호기심과 관심을 통하여 고객도 자신에 대한 잠재된 호기심과 궁금증을 증폭시켜 고객의 진정한 강점과 열정, 진정한 성취감과 행복을 위해 얻고자 하는 결과 이상의 결과를 낳으려면 고객 자신이 어떤 가능성과 잠재력을 동원할 수 있는지에 대하여 스스로 탐색하게 한다.
- 탐색의 과정은 고객의 주변을 바탕으로 특정 인물이나 상황을 중심점으로 다양한 시각에서 자신을 바라보고 새로운 통찰력을 경험하게 하여 고객이 가지고 있는 의도, 계획, 영향, 강점, 기회 요소 등을 창의적으로 탐구하여

시뮬레이션을 통해 실제로 변화를 시도하기 전에 제공되는 질문은 고객의 창의적인 생각을 활성화하게 한다.

④ 열정과 동기 에너지 동원을 위한 질문

- 주제를 해결하기하고 고객에게 진정한 가치와 의미를 부여하여 필요한 동기를 만들어내고 스스로 자신이 원하는 방향으로 나가게 하기 위한 질문으로 고객이 자신의 주제에 몰입하게 하는 가능성과 잠재 능력을 찾아 에너지를 동원하게 하는 것이 중요하다.
- 인간은 자신의 동기와 열정에 의해 움직이고 동기와 열정은 유기체와 주변의 에너지를 긍정적으로 전환하는 힘을 가지고 있다.
- 자동차가 연료를 충전하고 목적지를 향해 달려가듯이 고객에게 열정과 동기라는 에너지를 먼저 주입하여 움직이게 하는 원동력을 만드는 질문의 활용은 고객이 자신의 가능성과 창의성 및 잠재 능력을 찾는데 강하게 작용하게 된다.

⑤ 구체적 실행 계획을 위한 질문

- 선택된 주제를 해결하기 위하여 어떠한 행동을 선택하게 되며 그 행동의 가치와 중요성의 인식을 통해 실행의 가치와 필요성을 깨닫도록 하는 것이 중요하다.
- 그 어떤 위대한 목표도 실천으로 연결되어야 실현이 가능하고 실행은 말 그대로 실현할 수 있는 범위를 정하여 단계적으로 진행할 때 최종 목표에 닫게 된다.
- 진심으로 원하는 것을 이루기 위한 잠재력과 가능성을 찾아 실행의 동력으로 에너지를 동원하고 자신의 주제와 목표에 집중하여 헌신하는 과정에 가장 중요한 것이 무엇인지 깨닫도록 도우며, 크고 작은 성공 경험을 통해 큰 만족감과 지속적인 성취감으로 자신의 행위에 대한 중요성에 의미를 부여하

게 한다.
- 코칭 목표에 도달하기 위해 고객이 직접적으로 참여하고 행동을 설계하여 실천에 옮기고 계획에 대한 기한을 설정해 보고 추진하면서 고객의 의지와 노력 그리고 참여와 헌신에 응원과 지지 및 격려로 더 많은 계획과 방안을 창출하게 한다.
- 계획된 실행의 내용은 고객이 스스로 실행에 대한 의지와 가능성의 정도를 측정할 수 있도록 하여 실현 가능 확률을 높일 수 있도록 보완과 수정의 과정을 통해 명료하고 단순하며, 최대한 구체화하는 것이 중요하다.

⑥ 실행 점검을 위한 질문
- 목표를 추구하여 실행에 옮기는 과정에서 고객의 장점과 가능성을 최대로 발휘할 수 있도록 지금과는 다른, 나 스스로 자족을 경험하게 되는 나를 만들어 주어 목표 자체만으로도 스스로에게 커다란 도전이 되게 하고 경험의 과정을 통하여 고객은 성장 지향적인 방향으로 나가게 한다.
- 모호한 실행 계획은 모호한 행동반경을 만들 수 있으므로 자신의 실행을 분명하고 명확하게 체크리스트 등을 만들거나 단위나 수치화하여 자신의 계획에 진행 과정을 한눈에 알아볼 수 있게 하는 것도 효과적이다.
- 자신이 실행하고 있는 내용들을 점검하면서 실천에 추진력이 생기고 자신감이 향상되며, 목표에 이르고자 하는 동기가 강화되고 자신이 원하는 상태를 만들어 줄 목표를 이루는 실천 과제에 더 몰입하고 헌신하는 방안을 만들어 낼 수 있는 열정을 불러일으켜 준다.
- 실행 점검 질문에 있어서 잊지 말아야 할 것은 실현 가능성에 집중하고 장애를 역량 강화의 요소로 전환하여 목표 달성 계획의 이행만으로도 동기가 충분히 부여될 수 있게 한다.

⑦ 상호 책임과 완수를 위한 질문

- 개인이나 팀이 목표를 설정하고, 그것을 성공적으로 완수하기까지의 과정을 돕는 질문은 무엇을 할 것인가를 넘어, 어떻게 동기를 부여하고, 과정을 점검하며, 책임을 다할 것인가에 초점을 맞춘다.
- 추상적인 목표를 구체적이고 측정이 가능한 행동 지표로 바꾸어 눈에 보이는 행동으로 정의하게 만들어 목표를 향해 제대로 나아가고 있는지 스스로 명확하게 판단할 수 있게 하고 구체적인 행동 지표를 만들어 시각화하는 것은 자신의 실행 여부를 객관적으로 확인할 수 있어 책임감을 높인다.
- 실행에 대한 강력한 이유의 서술과 다짐을 통하여, 과정이 힘들고 지칠 때 포기하지 않도록 돕는 원동력을 만드는 것으로 감정적인 동기 부여에서 시작하여 구체적인 실행 계획 수립, 전략적인 자원 활용, 그리고 성찰을 위한 기록에 이르기까지, 목표 달성의 전 과정을 유기적으로 연결하는 하나의 시스템으로 작동하게 한다.

⑧ 코칭 정리와 마무리를 위한 질문

- 코칭의 회기별 마무리는 고객의 생각과 말로 정리하고 메모할 수 있도록 하고 메모한 내용은 다음 회기에 새로운 동기로 작용함은 물론이고 다음 회기의 코칭을 이어 나가는 교두보 역할을 하는 정보가 된다.
- 코칭의 마무리 질문과 피드백의 경험을 통해 배우고 알게 된 것을 바탕으로 그다음은 어떻게 더 잘할 수 있을지에 대한 목표의 상향화가 가능해지고 코치와의 공유를 통하여 함께한 과정들은 성공에 대한 충분한 가능성과 단서를 고객에게 제공하게 된다.
- 성공을 위해 나아가는 과정에서 마무리를 위한 정리와 요약은 다음 과정으로의 진입과 도전을 가능하게 하고 코칭 세션에서 고객이 알아차리고 학습된 내용은 미래에 자신에게 도움이 될 것들에 대한 새로운 정보의 획득과 자신의 모습에 대한 통찰의 시간을 만나게 된다(구은미, 2017).

(3) 질문의 종류

① 직접적인 질문
- 문제의 핵심을 직접적으로 집어내는 질문으로 복잡하게 얽힌 상황에서 어떠한 결정을 내려야 할 때 유용하다.

② 개방적인 질문
- 고객이 마음의 문을 열어 더 많은 답을 하게 하는 질문으로 고객이 자신을 자유롭게 표현할 수 있도록 기회를 제공해 주는 질문이며, 고객은 편하고 자유로운 대답을 할 수 있고 코치는 고객에 대한 정보를 더 많이 얻을 수 있다는 이점이 있다.

③ 소유권 질문
- 고객 스스로 주인의식과 책임 의식을 갖게 하는 질문이며, 고객이 책임 의식을 가지고 주도적으로 행동할 수 있도록 하는 질문이다.

④ 관점 전환 질문
- 고객으로 하여금 자신의 상황을 전혀 다른 방향에서 볼 수 있도록 하여 신선한 충격을 받도록 하는 질문으로 고객이 현재 직면한 부분에서 자신이 누구이며, 어떤 의식을 가졌는지를 깨닫게 하고 깨달은 방향으로 나아가도록 돕는 질문이다.

⑤ 구체적 질문
- 어떠한 문제나 해결 과제에 더욱더 깊이가 있고 실증적인 핵심을 자극하게 하는 효과가 있다.

⑥ 가설적 질문
- 고객의 행동과 언어 뒤에 숨은 의도, 가치, 신념의 정보를 얻는 데 효과적이며, 고객이 가진 어떠한 대안에 대해 끊임없이 사고하는 과정에서 새로운 시각을 얻도록 하는 데 효과적이다.

⑦ 강력한 질문
- 놀라운 효과를 만들어내는 강력한 질문에는 기적 질문 등을 활용하여 고객의 의식과 욕구를 확장하거나 명료화할 수 있다.

⑧ 호기심 질문
- 고객의 새롭고 신비한 것에 대하여 고객 스스로 알고 싶고 말하고자 하는 것을 생각해 보고 말할 수 있도록 할 수 있으며, 최종 목적에 도달해 보는 경험을 할 수 있다.

⑨ 명료화 질문
- 자신의 현실과 감정 그리고 의도를 더 명확하게 할 수 있다.

⑩ 직면 질문
- 다양한 종류의 모순과 불일치의 의도를 찾을 수 있으며, 고객 스스로 자신을 객관화할 수 있다. 말과 말 사이의 불일치 말과 행동 간의 불일치, 감정과 감정 사이의 불일치, 관념과 행동 사이의 불일치 등을 질문을 통해 인식할 수 있도록 한다.

단 질문은 개방형 질문, 미래 지향적 질문, 긍정 질문으로 고객이 생각의 폭을 넓혀 다양한 답을 얻을 수 있도록 하고 사고를 보다 긍정적으로 전환하여 자신의 가능성을 찾을 수 있도록 도우며, 더 많은 미래를 설계하도록 하여야 한다.

또한 상황에 따라 과거 질문을 통해 교훈을 얻을 수 있도록 하고 자원 활용 질문을 통해 자신의 걸림돌을 찾아 해결하도록 한다.

(3) 질문의 효과

① 정보 탐색
- 코치의 탁월한 질문을 통해 고객은 더욱 깊이 있는 생각을 하게 되고 고객의 해결 과제나 현재 상태 및 다양한 정보를 탐색하게 된다.

② 관계 형성
- 질문을 통해 코치와 고객 간에 의미 있고 특별한 관계 형성을 수립할 수 있게 된다.

③ 사고의 지원
- 고객이 좀 더 창의적이고 구체적으로 생각하게 돕는다.

④ 열정의 경험
- 내면의 열정을 찾아 끌어올리는 과정을 경험하게 된다.

⑤ 변화 가능성
- 생활에 중요한 변화의 가능성을 생각하게 한다.

⑥ 숨겨진 가능성
- 고객의 숨겨지거나 알아차리지 못한 가능성을 찾게 돕는다.

⑦ 초점의 변화

- 고객이 가지는 변화에 대한 높은 효과에 초점을 맞출 수 있게 한다.

⑧ 창조적 힘과 자원의 표출

- 새로운 선택을 위해 고객의 창조적 힘과 자원을 끌어낼 수 있게 한다.

⑨ 효과에 초점

- 고객이 가지는 변화에 대한 높은 효과에 초점을 맞출 수 있도록 한다.

⑩ 직·간접적 고객 정보

- 고객에 대한 다양한 정보를 직접 또는 간접적으로 탐색할 수 있게 한다.

⑪ 의식의 확장

- 스스로 걸림에 대한 해결과 새로움을 찾아갈 수 있도록 의식의 확장을 돕는다.

4. 피드백

- **코칭에서 피드백의 역할과 핵심 기능:** 코칭에 있어 피드백은 고객의 성장과 변화를 이끄는 가장 핵심적인 동력이 되며, 옳고 그름의 평가나 비판이 아닌, 목표 달성을 향한 과정에서 현재 위치를 명확히 인식하고 나아갈 방향을 설정하도록 돕는다.
- **효과적인 피드백의 촉매적 기능과 역할:** 효과적인 피드백은 고객이 자신의 행동과 결과에 대한 통찰을 얻고, 잠재력을 최대한 발휘할 수 있도록 지원하는 촉매제 역할을 한다.
- **코칭 피드백의 정의와 구체적인 목적:** 코칭에서 피드백이란 고객의 특정 행동이나 성과에 대한 관찰을 바탕으로, 그것이 미친 영향에 대한 정보를 객관적

이고 건설적으로 전달하는 의사소통 과정이며 고객이 스스로 돌아보고, 강점을 강화하며, 개선이 필요한 영역을 발견하여 긍정적인 변화를 모색하도록 돕는 데 목적이 있다.
- **사회조직의 발전에 있어 피드백 시스템의 필요성**: 인간이 만들어낸 사회조직에서는 언제나 발전하는 새로운 모습 갖추기를 원하는데, 이때 가장 필요한 시스템이 바로 피드백이다.
- **긍정적 경험을 바탕으로 한 피드백의 발전 원리**: 한번 일어난 긍정적 경험과 사고 및 행동을 바탕으로 하여 앞으로 할 행동이나 일에 참고함으로써 더욱 발전된 결과를 얻을 수 있게 되기 때문이다.

(1) 코칭에 있어 피드백

① 반응에 피드백
- 고객에 대한 코치의 언어적 비언어적 반응으로 코치는 코칭 중 어떠한 형태로든 고객에게 피드백한다.

② 행동의 동기와 과정에 피드백
- 피드백은 코치의 주관적 형태보다는 사실 중심으로 객관적 행동을 관찰하고 그 행동 뒤에 숨은 의도가 있음을 알아차려 고객이 행동하는 결과만이 아닌 행동의 동기와 과정을 관찰하여 판단 없이 전달하여야 한다.

③ 피드백의 분류
- 우리는 다양한 방법을 동원하여 언어적이든 비언어적이든 피드백을 하게 되며 이러한 피드백을 리처드 윌리엄스의 피드백 이야기에서는 4가지로 분류하고 있다.

일, 지지적 피드백: 반복되기를 원하는 행동을 독려하는 것이다.

지지적 피드백 4단계: 구체적 행동을 설명 → 행동 결과를 설명 → 행동에 대한 느낌 설명 → 느낌의 원천 즉 왜 그렇게 느꼈는지 설명한다.

이, 교정적 피드백: 행동의 변화를 의도하는 것으로 훈련과 연습이 없이는 교정적 피드백을 주기 어렵다. (단 전달반응 양식에 따라 질책하는 대화가 될 수 있음)

삼, 무의미한 피드백: 중요하지도 않고 의미도 없으며, 상대에게 거의 영향을 미치지 못하는 피드백이다.

사. 학대적 피드백: 상대에게 모멸을 느끼게 한다. (부정적 상황에서 주로 사용)

④ 긍정적 단어 피드백
- 긍정적 단어를 통한 피드백 자체만으로도 충분히 지지적 피드백으로써의 역할을 해준다.

⑤ 과정의 공감
- 결과보다는 과정에 그 과정에 숨은 노력과 인내를 인정하고 칭찬하고 격려하며 진의와 의도를 공감하고 지지한다(구은미, 2017).

(2) 효과적 피드백

① 피드백의 기본 원리 삼청
- 삼청(三聽)을 바탕으로 서로의 상태를 전달할 수 있으며, 피드백에도 파도를 타듯 너와 나의 감정, 욕구, 의도 및 칭찬과 격려에도 3단계의 상태가 필요하다.
- 효과적인 피드백의 가장 기본이 되는 것은 '삼청(三聽)', 즉 세 가지 차원의 듣기이며 이는 상대방의 말뿐만 아니라, 그 말에 담긴 감정과 그 감정의 근원이 되는 의도까지 깊이 있게 듣고 이해하여 반응하는 것을 의미한다.

② **효과적인 피드백의 기반 삼청**

- 효과적 피드백을 위해 커뮤니케이션 스킬을 병행하면 보다 효과적이고 진실한 표현과 깊이 있는 공감이 수반된다.
- 따뜻하고 지지적인 태도로 공감하며 고객의 이야기를 들어줄 때, 고객은 마음을 열고 코치의 피드백을 자신을 위한 조언으로 받아들일 가능성이 높아진다.
- 피드백 기법과 커뮤니케이션 스킬을 병행한 피드백은 피상적인 대화를 넘어 서로의 진심을 나누는 깊이 있는 공감으로 더욱 진실하고 건설적인 변화를 만들어내는 원동력으로 작용한다.

③ **효과적인 피드백의 4단계 과정**

일, 사실(사건을 통한 행동의 경험): 개인적인 해석이나 판단을 배제하고, 관찰한 사실이나 구체적인 행동만을 객관적으로 전달하는 것으로 코칭의 시작점에서 불필요한 오해나 갈등을 줄이고, 논의의 초점을 명확히 하는 역할을 한다.

이, 감정(사건을 통해 일어난 느낌): 그 사실(행동)로 인해 내가 느낀 솔직한 감정을 전달하는 것으로 자기 감정을 주어로 표현하며 상대방을 비난하지 않으면서 자신의 상태를 진솔하게 알려주어 공감대를 형성하는 데 도움을 준다.

삼, 진의(의도와 욕구를 포함): 감정의 원인을 찾는 것으로 그러한 감정을 느끼게 된 근본적인 이유, 즉 자신의 진정한 의도나 욕구를 설명하는 것이다. 자신의 긍정적인 의도와 바람을 이야기하면, 고객은 피드백을 자신의 성장을 위한 건설적인 제안으로 받아들이게 된다.

사, 원하는 상태: 앞으로 어떤 변화와 성장을 원하고 바라는지 구체적으로 원하는 바를 명확하게 요청하는 것으로 이를 통해 미래 지향적인 해결책을 함께 모색하게 된다. 긍정적이고 구체적인 행동을 제안하며, 상대방의 의견을 묻는 열린 질문으로 마무리한다.

④ 피드백의 목적과 효과적인 전달 조건
- 피드백은 원하는 상태와 현재 상태의 갭을 줄이거나 늘려나가는 것이 목적이며 효과적인 피드백을 위해서는 시기가 적절하게 제공되어야 하고 시간, 장소, 적절성, 그리고 자주 반복적으로 제공될 때보다 효과적이다.

⑤ 효과적인 피드백의 내용 구성과 전달 방식
- 고객의 성장과 발전을 위한 의미 있고 건설적인 내용으로 구성되어야 하며, 고객의 동의가 이루어질 수 있는 내용의 피드백일 때에 더 효과적이며, 간결하고 구체적이며 명확하게 언행이 일치되도록 제공해야 한다.

⑥ 부정적·교정적 피드백 전달 시 유의 사항
- 부정적 내용이 포함되거나 교정 조언 등의 피드백은 충분한 신뢰 형성이 뒷받침되고 편안하고 개방적 관계 속에서 고객이 충분히 받아들일 준비가 되어있는지 질문을 통하여 동의를 구하고 전달한다.

⑦ 긍정적 피드백의 효과와 전달 방법
- 긍정적 내용의 피드백은 자주 수시로 전달함으로 인하여 고객이 자신에 대한 바람직한 이미지를 강하게 인지하여 자신의 긍정적이고 발전적인 행동을 강화하고 앞으로 할 행동에 동기로 작용하여 더욱 발전된 결과를 얻을 수 있게 한다.

(3) 인정

① 인간의 존재가치 확신과 인정의 필요성
- 인간은 본능적으로 자신의 존재 이유에 대해 확신을 얻고자 하며 그 확신은

자신의 존재가치에 대한 믿음으로 이어지며, 이러한 믿음은 자신과 타인으로부터 능력과 가능성에 대한 인정을 통해 획득된다.

② **인정이 자부심과 삶의 태도에 미치는 긍정적 영향**
- 인정을 통해 자신의 사고와 행위 감정에 대한 자부심과 자존감을 가지게 되어 삶 전반에 더 적극적이고 긍정적으로 참여하게 된다.

③ **코칭에서 '인정'의 의미(존재 자체에 대한 무조건적 존중)**
- 코칭에서 인정은 존재 그 자체로서의 인정을 의미하며, 연령, 성별, 출신, 외모, 국적 등 그것이 무엇이건 오로지 한 인간이라는 존재로 충분히 존중받을 기본 권리를 가지고 있음을 의미한다. 진정한 인간으로서의 존중과 인정을 받은 후에 더욱 똑바로 자신을 바라볼 용기가 생기며, 자신의 변화에 주도적으로 참여하고 자신의 삶을 책임지고자 하는 의지가 바로 서게 된다.

④ **인정의 본질(내적 성품과 의도에 대한 공감)**
- 누군가를 인정한다는 것은 인간이 가지고 있는 참신한 의도가 살아있는 그 사람의 내적 성품을 인정하는 것으로 인정은 인간이 가지고 있는 내부의 깊은 감정을 칭찬하고 공감하는 것이다.

⑤ **인정이 고객의 변화와 성장에 미치는 강력한 효과**
- 분명하고 강력한 인정의 효과는 고객이 변화하고 시도하고자 하는 부분 그리고 이미 성장하고 있는 부분과 함께 스스로 변화하고 적응하고 있는 부분, 나아가 스스로 자신의 행위나 감정과 사고에 확신이 필요한 부분에까지 에너지를 불어 넣는다.

⑥ 코치의 객관적 인정(개인적 가치관을 배제한 고객 경험의 존중)
- 코치 개인의 삶에서 학습된 경험을 바탕으로 한 신념이나 가치관과는 전혀 무관하게 한 사람의 경험과 경험의 과정 자체를 완전하게 존중해주는 것으로 고객이 전달하는 라이프 스토리를 통하여 고객이 경험하는 과정에 주의를 기울이고 그 상황 속에 사람을 인정한다.

⑦ 상황과 관계없이 고객의 고유한 강점을 찾아 인정하기
- 고객이 어떤 행동을 취했든지, 어떤 성공을 거두었든지 또는 어떤 실패의 경험을 하고 있든 상관없이 그 상황 속에서 고객이 노력해야 했던 부분, 좌절했던 부분 그리고 성공을 이루었던 부분 등 그 안에 든 고유의 강점을 찾아 인정한다.

⑧ 코치의 인정 표현 의무와 그 영향력에 대한 고려
- 코칭 과정 내에서 코치는 고객의 존재에 대하여 인정한다는 사실을 표현하고 전달하여야 하며, 그것이 고객에게 어떤 영향을 미칠 수 있는지를 고려하고 살핀다.

⑨ 인정 기법을 통한 피드백의 기능(고객의 가치 발견과 자신감 획득)
- 인정 기법을 통한 피드백은 고객이 스스로 가치를 발견하게 하고 한 인간으로서의 존재감과 자신감을 얻게 하여 자신의 존재가치에 대한 새로운 전환점을 만나게 한다.

⑩ 인정을 통한 관점 전환과 긍정적 자기표현의 강화
- 고객이 경험하게 된 자신에 대한 관점의 전환은 자기를 표현하고 자신의 의사를 전달하는 데 더욱더 적극적이고 긍정적이며, 명료화하게 한다.

(4) 칭찬과 격려

① 명확한 근거를 가진 행동에 대한 인정
- 칭찬은 눈으로 직접 확인하고 측정이 가능하며 분명한 근거를 가지고 있는 행동에 초점을 맞추어 그 행동의 탁월함을 공감하고 칭찬한다.

② 근거 없는 칭찬의 부작용과 진정성의 중요성
- 칭찬은 근거를 분명히 하여 전달하는 것이 중요하며, 근거 없는 칭찬이나 칭찬의 내용이 지나치거나 과하면 비난이나 비아냥거림 또는 놀림으로 받아들일 수 있다.

③ 확인되지 않은 사실에 대한 섣부른 칭찬의 위험성
- 보지 못한 것, 알지 못한 것, 듣지 못한 것, 확인이 안 된 사실에 대하여 섣부르게 칭찬하는 것은 고객을 위축시키거나 오히려 반감과 부담감을 일으키는 결과를 초래한다.

④ 고객 이야기에 기반한 반복적 강화
- 코칭에서 피드백으로의 칭찬은 분명하고 명확한 근거와 고객이 서술한 내용을 바탕으로 전달할 수 있도록 고객의 스토리에 전적으로 몰입하고 집중하여 관심을 쏟아야 하며, 크고 작은 결과에 반복적이고 수시로 전달할 때 성장을 위한 행위에 강화 효과를 얻는다.

⑤ 과정과 노력, 가능성에 대한 지지
- 격려는 조금은 부족할 수 있는 부분, 고객이 힘들어하면서도 계속 진행되기를 원하고 있는 부분, 고객 스스로 자신에 대해서 의심하고 있는 부분에 대한 응원이다.

⑥ 격려를 통한 코치의 역할 – 도전 행위를 강화하는 지지자

- 고객의 상태를 지극히 객관적으로 관찰하고 바라보며, 코치는 늘 지지와 지원자로서 고객 스스로 자신의 문제에 직면할 수 있도록 용기와 의욕을 불러일으키게 하는 피드백으로 고객이 자기 삶에 긍정적으로 적응해 나가기 위해 도전하는 행위를 강화하고 돕는다.

⑦ 잠재력과 강점 부각을 통한 격려의 구체적 방법

- 코치는 고객이 자신이 생각하는 것보다 더 많은 능력을 갖추고 있다는 잠재 가능성에 확신을 주고 강점을 부각해 고객이 내재한 다양한 잠재력과 개발 요소들을 긍정적으로 바라보고 받아들일 수 있도록 강화한다.

이처럼 코칭에서 칭찬과 격려는 고객의 성장을 돕는 핵심적인 피드백이지만 명확히 구분하여 사용해야 한다.

칭찬은 눈으로 확인할 수 있고 명확한 근거가 있는 행동과 결과에 초점을 맞추어야 하며, 근거가 없거나 과장된 칭찬은 오히려 반감을 살 수 있으므로, 코치는 고객의 이야기에 깊이 몰입하여 사실을 바탕으로 크고 작은 성공에 대해 반복적으로 칭찬함으로써 긍정적 행동을 강화한다.

반면 격려는 결과가 아닌 과정과 가능성에 대한 지지이며 코치는 고객이 힘들어하거나 스스로 의심할 때, 객관적인 지지자로서 그들의 잠재력과 강점을 부각해 도전을 계속할 용기와 의욕을 불어넣는 기능을 한다.

(5) 좋은 피드백과 나쁜 피드백

① 코칭 피드백의 근본 자세

- 피드백은 서로 주고받는 것으로 코치가 고객에게 전달하는 피드백은 전적으

로 고객의 발전과 긍정적인 변화에 대한 믿음과 진실한 언행에서 비롯한다.

② 고객의 감정 에너지 조절을 위한 피드백의 역할

- 코치가 고객에게 전달하는 피드백은 고객의 부정 반응은 긍정에너지로 전환하여 전달하며 긍정 반응에는 긍정에너지로 받아 에너지를 유지할 수 있도록 하는 것이 중요하다.

③ 과도한 긍정에너지에 대한 코치의 안정화 역할

- 지나치게 긍정적이거나 흥분되고 상기된 정도가 높은 에너지를 고객이 방출하고 있을 때는 코치가 고객의 반응을 받아들여 고객이 의식에 평정을 유지할 수 있도록 에너지의 안정화를 위하여 침착하게 에너지를 완화한다.

이처럼 좋은 피드백은 고객의 상태 조절을 통한 긍정적 결과 창출로 고객의 상태를 적절히 조절하여 전달하고 그로 인한 바람직한 결과를 창출해 내는 피드백이다.

나쁜 피드백은 고객의 에너지 순환을 저해하는 소통의 양상으로 고객의 상태를 점검하지 않은 상태에서 고객의 에너지가 충분히 순환되지 못하도록 막는 피드백이다(2017, 구은미).

15 전환 사고(의식)

1. 전환 사고의 기본 개념

전환 사고는 인간이 세상을 해석하며 형성된 부정적 신념과 실패에 집중하는 에너지의 흐름을 바꾸는 과정으로 핵심 원리는 '에너지의 흐름에 집중하는 것으로, 약점이 아닌 강점과 목표에 의식적으로 집중함으로써 변화를 위한 실질적인 행동을 끌어낸다.

이 과정에서 코치는 고객의 부정적 사고 패턴을 전환하도록 돕는 조력자 역할을 하게 되고 특히, 긍정적인 코칭 언어와 고객의 무한한 가능성에 대한 굳건한 믿음을 전달하는 것이 중요하다(2017, 구은미).

궁극적으로 전환 사고는 코치가 고객의 본질적인 의도가 선하고 긍정적이라는 깊은 신뢰 관계를 바탕으로, 고객이 자신의 미래를 긍정적으로 재구조화하는 과정에 동행한다.

(1) 전환 사고의 핵심 원리

① **인간의 고유한 인식 패턴과 정보 해석 과정**
- 인간은 세상에 대한 정보와 경험을 받아들이고 해석하는 과정에서 자기 고유의 인식 패턴을 작동시켜 받아들이고 있으며 그 인식 과정에서 정보의 구성과 자기 해석의 단계를 거친다.

② 부정적 신념이 자기 인식과 삶의 태도에 미치는 영향
- 이 과정에서 자신이 인식한 정보의 내용에 부정적 피드백, 부정적 신념이 자리하기 시작하면서 스스로 존재 가치에 대한 의심이 생겨나고 자신에 대한 의심은 자신이 원하는 것, 자신의 가능성, 자신의 목표에 대한 실현 가능성, 변화에 대한 도전 등 삶 전반에 성공 확률 보다 실패 확률에 더 많은 에너지를 할애하게 한다.

③ 사고 전환을 통한 자기 재구조화와 미래의 변화
- 에너지를 전환하고 지금까지 자신을 지배하고 있는 사고를 전환할 수 있도록 하는 것은 앞으로 살아갈 미래에 자신을 재구조화하여 자신이 바라고 원하는 삶으로 진입하게 한다.

④ 부정적 패턴 전환을 위한 코치의 역할과 개입
- 코치는 고객의 삶에 바람직하지 못한 영향을 끼치는 요소들을 찾아보고 함께 변화를 시도하고 부정적인 사고에서 비롯되는 감정과 인식의 패턴을 전환하여 풍요와 원하는 목표를 향해 나아갈 가능성과 방안에 집중하고 긍정적인 감정을 일으키는 새로운 전환점을 기획해 나간다.

⑤ 집중을 통한 문제 해결 동력 확보
- 에너지는 집중하는 곳으로 흐른다. 에너지의 흐름을 조절하고 통제할 수 있다면 고객은 자신이 처한 현실의 장애물과 문제들을 더 의욕적이고 열정적으로 다루게 된다.

⑥ 강점과 목표에 집중하는 것의 중요성과 변화의 시작
- 고객의 실수나 약점보다는 강점과 목표에 집중할 때 목표를 위한 행동을 수반하게 되고 이러한 행동의 시작이 자신의 발전을 위한 변화의 시작이 된다.

⑦ 긍정적 코칭 언어와 믿음이 고객의 가능성에 미치는 영향

- 대화 즉 언어는 사고를 전달하는 주요 매체이다. 코칭 언어를 긍정적으로 전환하는 스킬과 전문성을 가지고 전달할 수 있는지가 코칭의 결과에 엄청난 영향을 미치게 되며, 고객에 대한 코치의 믿음의 전달은 고객의 사고와 자기 표현 과정에 추임새가 되어 고객이 자신의 가능성에 도전하고자 하는 의식을 움직이게 만든다. 즉 고객의 무한한 가능성을 열어 자신의 창의적인 사고를 자유롭게 표현하게 된다.

⑧ 고객의 긍정적 의도에 대한 신뢰 관계

- 인간의 내면에 자리하고 있는 본연의 의도는 긍정적이고 지극히 바람직하다. 다만 표현 양식에 따라 다르게 전달될 수 있으므로 고객의 진정한 의도는 선하고 바람직하다는 존재에 대한 끊임없는 신뢰와 믿음을 전제로 하는 관계의 성립이 우선 될 때 고객의 전환 사고가 이루어진다.

⑨ 고객의 에너지 흐름을 이용

- 전환 사고의 가장 근본적인 전제는 에너지의 흐름을 이용하는 것으로 문제에 집중하면 인간의 뇌와 감정 그리고 행동은 온통 그 문제를 해결하거나 회피하는 데 초점을 맞추게 된다.

⑩ 문제를 만드는 문제

- 문제의 심각성, 원인, 그로 인한 고통에 대해 생각할수록 부정적인 감정은 증폭되고, 상황을 타개할 창의적인 해결책을 떠올릴 여유는 사라진다. 이는 신경과학의 '신경 가소성(Neuroplasticity)' 원리와도 맞닿아 있다.

⑪ 부정적 사고 회로의 작용

- 사람은 특정 생각을 반복하면, 그 생각과 관련된 뇌의 신경 회로(시냅스 연결)

가 물리적으로 강화된다. 부정적인 생각을 자주 할수록 부정적 사고 회로는 더욱 견고해져 자동으로 활성화되는 반면, 긍정적인 생각을 저해하거나 차단한다.

⑫ **전환 사고의 활용**
- 전환 사고는 의식적인 노력을 통해 사용하지 못하고 있거나 차단된 긍정적인 의식의 부분을 꾸준히 사용하여 전환적인 사고를 확장하게 하는 과정이다.

이처럼 고객이 자신의 에너지(상황, 상태, 감정)를 어디에 투자하고 있는지 자각하게 하고, 그 에너지의 방향을 문제에서 해결로, 결핍에서 풍요로, 과거의 실패에서 미래의 가능성으로 전환하도록 코치가 고객의 에너지를 관리하는 것이 사고 전환의 핵심이다.

(2) 전환 사고를 위한 표현 언어의 전환

건전한 의도를 활성화하는 사고 패턴에 영향이 되는 언어를 사용한다.

① **표현 언어 뒤의 의도**
- 전환 사고를 위해서는 같은 의도를 지닌 다른 언어를 표현하는 것으로 사는 것이 싫은 것이라기보다는 잘 살고 싶은데 방법을 모른다는 것을 의미하고 있으며, 사람들과 안 어울리고 싶은 것이라기보다는 사람들과 잘 어울리고 싶은데 방법을 모른다는 것을 의미하고 있을 수 있다.
이처럼 사람들이 부지불식간에 사용하는 일반적 언어 패턴은 의식에 각인돼 주변에 부정적인 정보를 더 빠르게 인지하게 된다.

표 2-1. 언어 표현의 전환

일반적 언어 표현	사고 전환 언어 표현
사는 것이 싫어	잘 살기를 원해
사람들과 안 어울리고 싶어	사람들과 잘 어울리기를 원해
시끄러운 건 싫어	조용한 것을 원해
나는 필요 없는 존재야	나는 필요한 존재이기를 원해
공부하기 싫어	공부가 잘되기를 원해
나는 다치고 싶지 않아	나는 안전한 상태를 원해
빚이 있는 게 너무 싫어	재정적으로 자유롭기를 원해

(2014, 구은미 재인용)

② **자기 언어 표현**

- 언어 전환은 단순히 부정문을 긍정문으로 바꾸는 기계적인 과정이 아닌 고객 스스로가 자신의 내면을 탐색하여 진정한 의도를 발견하고, 그것을 자신의 언어로 표현하도록 돕는 과정이다.

③ **전환 언어**

- 코치는 고객의 일반적인 언어 표현을 찾아 사고 전환 언어 표현으로 고객 스스로 전환하여 표현할 수 있도록 한다.

④ **주도적 표현의 전환**

- 언어 표현 양식의 전환은 고객이 자신의 사고 안에 숨은 진정한 의도를 발견하여 진술하게 함으로 변화를 준비하고 스스로 변화하고자 하는 강한 동기로 작용하여 자신의 변화에 주도적으로 참여하게 한다.

표 2-2. 언어 표현의 중심 접근

일반적 언어 표현 (문제 중심)	숨겨진 긍정적 의도 (욕구/가치)	사고 전환 언어 표현 (해결/목표 중심)
아무도 나를 이해 못 해.	깊은 수준의 이해와 인정을 받고 싶은 욕구. 소속감과 연결에 대한 갈망.	나는 내 생각과 감정을 온전히 이해받고, 사람들과 깊이 연결되기를 원해.
맨날 나한테만 뭐라고 해.	부당함에 대한 저항. 공정하게 대우받고 존중받고 싶은 욕구.	나는 나의 노력과 존재를 공정하게 인정받고, 존중 속에서 소통하기를 원해.
뭘 해야 할지 전혀 모르겠어.	불확실성에 대한 불안감. 명확한 방향과 의미를 찾고 싶은 욕구.	나는 나의 미래에 대해 명확한 방향을 설정하고, 의미 있는 목표를 향해 나아가기를 원해.
다 그만두고 싶어.	극심한 스트레스와 소진 상태. 압박감에서 벗어나 휴식과 재충전을 원하는 욕구.	나는 지금의 압박감에서 벗어나, 내면의 에너지를 회복하고 새롭게 시작할 힘 얻기를 원해.

⑤ **진의 안에 존재 가치**
- 코치는 고객의 일반적인 언어 표현 안에 담긴 욕구와 가치를 찾아 진의를 표현하게 하여 고객이 발견하지 못한 자기 내면의 바람직한 존재가치를 인지하게 한다.

(3) 의식의 긍정 전환

인간의 행동은 욕구 충족을 위한 동기에서 비롯되며, 욕구 좌절은 부정적인 에너지와 부적절한 행동의 악순환으로 이어지며. 이러한 악순환을 끊고 의식의 긍정 전환을 이루는 핵심은 전환 사고이다.

전환 사고는 부정적인 생각을 긍정적으로 바꾸어 감정과 행동까지 유기적으로 변화시키는 과정으로, 그 자체만으로도 자존감과 의욕을 회복시키는 긍정적 에너지(Rebound Energy)가 생성된다. 코치는 스스로 의식의 평정을 유지하여 고객에게 긍정적인 영향을 미치고, 질문을 통해 고객이 자신의 선한 의도를 인지하고 그에 맞는 행동을 선택하도록 돕는다.

의식의 긍정 전환은 개인이 파괴적인 행동양식에서 벗어나 사회 협력적인 방향으로 나아가도록 이끄는 근본적인 변화 과정이다.

① 코치의 의식 평정과 고객의 에너지 전환
- 코치는 자신의 의식을 매 순간 점검과 훈련을 일상화하여 균형 잡힌 상태를 유지하고 고객의 의식에도 영향을 미칠 수 있는 최상의 컨디션 상태를 만드는 코치의 의식 평정은 고객에게 안정된 환경을 제공하여 에너지를 전환할 수 있게 한다.

② 부정적 상태의 긍정 전환
- 코치는 자신과 고객의 상태 점검을 통하여 그 내용이 부정이라면 긍정으로 전환하여 전환 사고를 위한 언어 표현의 key-word를 찾아 질문을 통해 전달하고 확인한다.

③ 진정한 의도의 인지와 실천
- 코칭 중 코치는 고객이 자신의 진정한 의도를 인지하게 함으로 실행 과정에서도 고객의 의도가 반영된 행동 방법을 선택하여 실천에 옮기는 것에 집중하게 한다.

④ 실천을 통한 긍정적 인지 패턴 강화
- 선한 의도의 내용을 자신의 사고와 삶에 적용하여 실천을 통한 자신과 주변에 변화를 경험하게 되면 인지 패턴의 전환에 적극적으로 참여하게 되고 주어진 환경과 상황의 긍정적 전환 가능성이 높아진다.

⑤ 사고가 감정과 행동에 미치는 영향
- 사고를 전환하는 것은 감정과 행동의 선택에도 영향을 미치며 사고와 감정

그리고 행위와 맞물려 유기적으로 서로에게 영향을 미치게 되어 부정적 사고의 반복은 부정 감정을 일으키게 하고 그에 따르는 행위도 사회 적응적인 행동보다는 사회와 조직에 반하는 행위로 표현될 확률이 높다. 반면 긍정적 사고의 반복은 긍정적인 감정을 일으켜 사회에 통용되는 또는 부합하는 사회 협력적인 행위로 표현할 확률과 가능성을 높인다.

⑥ 전환 사고를 통한 긍정에너지 생성

- 전환 사고를 통한 긍정에너지 생성전환 사고는 의식 전환학습만으로도 현재의 부정 상태를 긍정적으로 전환하여 동기와 의욕의 저하, 자존감의 저하 등을 상승시키는 rebound energy를 생성하게 만든다.

⑦ 욕구 충족과 행동 패턴의 학습

- 인간은 욕구로 가득한 욕구 덩어리로 어떤 형태로든 그 욕구를 채우거나 해소하기 위해 움직이는 에너지를 만들게 되며, 욕구가 충족되면 일단은 만족을 경험하게 되고 그 욕구 충족의 방법이 바람직하든 바람직하지 않든 자신에게 해소의 경험을 주었다면 그 방법은 학습이 되어 유사 환경에서도 성공을 이루게 한 충족의 방법을 또 사용하게 된다.

⑧ 욕구 좌절과 부정적 행동의 발생

- 욕구가 충족되지 않거나 욕구 충족의 좌절을 경험하게 되면 불만족으로 인하여 정서적으로 불안정하며 부정적인 감정과 부정 에너지가 만들어지고 쌓이게 되어 어느 시점이 되면 폭파하게 되는데 이때의 행위는 부적절한 행위로 이어지고 주변으로부터 수용되기 어려운 상황에 노출되기 시작하면서 사고가 정리되지 않고 사고, 감정, 행위가 엇갈리게 표출된다.

⑨ 긍정 전환 실패와 부정적 행동의 악순환

- 전환 사고를 통한 의식의 긍정 전환을 이루지 못하면 자신의 진정한 의도에 대한 확신을 잃어 욕구 해결과는 점점 더 멀어지게 되고 욕구 해결을 위한 행동양식은 더 강해지거나 자기 파괴적이고, 위선적이고, 소심해지고 위축되는 다양한 형태의 부정적이고 부적절한 행동양식으로 이어지게 될 가능성이 높아진다.

(4) 전환 사고의 방향

전환 사고를 끌어내는 코칭의 핵심은 고객을 자기 삶의 유일한 전문가로 존중하고, 모든 문제의 답과 해결 자원이 고객 내면에 있다는 확고한 믿음에서 출발하며 코치는 경청과 정중한 질문을 통해 고객이 자기 생각을 정리하게 한다.

코치는 고객의 부정적인 감정 상태의 전환을 위해 고객의 전환 키워드를 찾아 질문을 통해 고객이 자신감을 회복하고 사고, 감정, 행위를 긍정적으로 재구성하여 스스로 변화를 만들게 한다.

① 코치의 지속적인 학습과 훈련

- 어떻게 고객의 부정적인 사고 패턴을 전환하여 긍정적으로 바꾸고 그것이 행위로 이어지게 하려면 무엇이 필요한지에 대하여 코치는 더 많은 시간을 할애하여 학습하고 훈련해야 한다.

② 고객 중심 코치의 자세

- 고객의 성장과 발전에 걸림돌이 되는 사고를 전환하기 위해서는 먼저 고객의 정보를 고객의 양식으로 받아들일 준비가 되어있어야 하며, 코치는 사람을 조정하거나 개선하는 전문가가 아니며 특히 고객의 삶에 있어서 전문가는 전적으로 고객임을 잊지 말아야 한다.

③ 문제 해결의 주체 고객

- 문제 안에 있는 사람도, 문제에 대한 해결의 자원을 가지고 있는 사람도 그리고 문제의 원인을 찾을 수 있는 사람도, 문제를 해결의 방향으로 전환할 수 있는 사람도 오롯이 고객이다.

④ 고객의 믿음과 자신감

- 코치는 고객의 전환 사고를 위해 고객 안에 답이 있음을 확신하고 고객은 건강한 사람이며, 현명한 자기 전문가임을 인정하고 존중하는 코칭 과정을 통하여 자신감을 가지게 한다.

⑤ 자존감 회복을 돕는 코칭

- 코치는 고객이 자존감을 가질 수 있도록 모든 과정에 동의와 협력을 구하고 정중한 질문으로 고객의 반응에 깊이 몰입하여 경청하고 고객이 자신의 삶을 답이 없고, 빈약하며, 어리석고, 수치스럽다고 느끼는 데서 오는 자괴에서 벗어나게 한다.

⑥ 질문을 통한 부정적 상태 전환

- 지금 고객이 원하지 않는 불안, 두려움, 힘겨움, 어려움, 억울함, 우울함, 답답함 등의 부정 상황을 호소하고 있을 때 코치는 질문을 통하여 사고와 상태를 전환한다.

⑦ 전환 키워드 질문이 만드는 사고와 행위의 재구성

- 사람마다 상황을 해석하고 문제를 해석하고 해결의 방안을 찾는 것은 각기 다르다. 코치는 고객과의 대화를 통해 얻은 고객의 정보를 그대로 전달하고 전달된 내용을 바탕으로 고객이 스스로 생각을 정리하여 구체화해 나가도록 전환 key-word를 찾는 질문으로 사고를 전환하고 전환된 사고를 통해 감정

과 행위를 재구성한다.

(6) 전환 사고의 목적

① 자기 재구조화와 주도적 삶

전환 사고는 일시적인 기분 전환이나 긍정적 자기 암시가 아니며 궁극적인 목표는 고객이 자기 삶을 바라보는 근본적인 프레임을 수정하거나 보완하게 하는 자기 재구조화(Self-Restructuring)를 통해, 외부 환경이나 과거의 경험에 휘둘리는 수동적인 존재에서 벗어나 자신의 삶을 스스로 설계하고 이끌어가는 주도적인 존재로 거듭나게 하는 것이다.

- **자각(Awareness):** 자신이 어떤 부정적 신념과 언어 패턴을 가지고 있는지 그리고 그것이 자신의 감정과 행동에 어떤 영향을 미치는지 객관적으로 인지하게 하는 과정이다.
- **분리(Separation):** 부정적인 생각이 '나 자신'과 동일하지 않음을 깨닫고 생각과 자신이 존재 사이에 공간을 만들어 생각의 지배에서 벗어나게 한다.
- **전환(Conversion):** 부정적 언어 뒤에 숨은 진정한 욕구와 긍정적 의도를 발견하고, 이를 새로운 관점과 언어로 재구성하게 한다.
- **통합(Integration):** 전환된 사고를 바탕으로 새로운 감정을 느끼고, 구체적인 행동 계획을 세워 실천하며, 긍정적인 경험을 축적하여 이러한 경험의 축적을 통하여 다시 새로운 긍정적 신념을 강화하는 선순환 구조를 만든다.

이 과정을 통해 고객은 더 이상 자신의 실수나 약점에 매몰되지 않고, 그것을 성장의 발판으로 삼는 지혜를 배우게 된다.

② 언어, 사고를 지배하는 프레임의 인지

"언어의 한계는 곧 세계의 한계다"라는 철학자 비트겐슈타인의 말처럼, 우리가 사용하는 언어는 단순히 생각을 전달하는 수단을 넘어 우리의 사고방식과 현실 인식을 규정하는 강력한 프레임(Frame)이다. 어떤 단어를 선택하느냐에 따라 동일한 현상도 전혀 다르게 해석되고 경험될 수 있다.

어떤 과제를 '문제(Problem)'로 또는 '도전(Challenge)'이나 '프로젝트(Project)'로 해석하는 순간 무의식적으로 우리의 감정과 행동의 방향을 결정하게 한다.

따라서 코칭에서 언어의 전환은 단순한 말 바꾸기가 아니라, 내면의 에너지가 흐르는 방향을 바꾸는 개입이다.

코치는 고객이 사용하는 단어 하나에 귀를 기울이며, 그 언어가 어떤 프레임을 만들고 있는지를 탐색하고 그 프레임의 내용에 가능성을 여는 방향으로 전환한다.

③ 부정적 언어의 이면에 '긍정적 의도' 발견

모든 부정적 표현의 이면에는 긍정적이고 선한 의도가 숨어있다. 인간의 내면 깊은 곳에는 성장하고, 사랑받고, 안전하고, 행복해지고자 하는 보편적인 욕구가 자리하고 있다. 다만, 그 욕구를 표현하는 방식이 미숙하거나 왜곡될 때 부정적인 언어나 행동으로 나타난다.

따라서 코치는 이러한 부정적 표현 안에 숨겨진 긍정적 의도를 발견하고 질문을 통해, 고객은 자신의 저항과 회피가 사실은 소중한 가치를 지키기 위한 미숙한 노력임을 깨닫게 되고 이 발견은 고객의 자기 수용과 변화의 동기로 작용하여 자신이 문제적 존재가 아니라, 단지 자신의 진정한 의도와 욕구를 표현하는 더 나은 방법을 찾고 있는 존재임을 자각하게 한다.

고객의 일반화되고 습관적이며 고정화된 프레임을 탐색하고 고객과 협력을 통하여 고객의 원하는 삶의 방향으로 리-프레임하는 과정에 의식과 무의식 그리고 사고와 행동, 인지와 진의의 통합에 동의를 만드는 과정이 전환 사고이다.

16 코칭 모델

 코칭이 효과를 발휘하기 위해서는 체계적인 접근이 필요하며 이러한 코칭 시스템의 체계화 역할을 하는 것이 코칭 모델이다. 코칭 모델은 코칭 대화의 방향성과 구조를 제공하여, 대화가 막연한 격려나 조언에 그치지 않고 구체적인 목표가 실행의 과정을 거쳐 성공의 기회와 경험을 만들게 한다.

 코칭 모델은 개인의 성장과 조직의 발전을 끌어내는 핵심적인 소통 시스템이자 성장을 위한 전략을 체계적으로 담고 있는 긍정적인 변화를 창출하는 구조화된 시스템이다.

 코치는 기본적으로 다양한 코칭 모델의 프로세스를 인지하여 코칭에 효과적으로 활용하고 있으며, 코치 자신만의 체계화된 모델을 개발하고 연구하여 적용하기도 한다. 코칭 모델은 구조가 있어야 하며 코칭 모델에 적용되는 기본 원리 또한 인간의 삶 전반에 필요한 적응과 역량 개발이라는 토대 위에 구성되어야 한다.

1. 코칭 모델 개발의 기본 원리

(1) 코칭 모델의 구성을 위한 전제

① **주체성과 자기실현의 원리: "모든 해답은 내 안에 있다"**
- 코칭의 중심에는 코치와 고객이라는 사람이 존재하며 코치는 고객을 문제 중심의 해결 대상이 아니라, 해결의 모든 자원과 환경, 그리고 방법을 찾아

나는 '주체'임을 인지하고 있어야 한다.
- 인본주의 심리학의 대가인 칼 로저스(Carl Rogers)가 강조했듯, 모든 인간은 스스로 성장하고 잠재력을 실현하려는 실현 경향성(Actualizing Tendency)을 내재하고 있음을 전제로 한다.

② **내 삶의 전문가**
- 코치는 고객의 답을 알지 못하며 고객은 이미 자신의 문제와 해결책에 대한 최적의 전문가임을 인정하고 고객이 자기 내면을 탐색하고 스스로 답을 찾을 수 있다는 믿음을 전제로 한다.

③ **환경의 창조자**
- 고객은 환경에 의해 지배받는 존재가 아니라, 자신의 인식과 선택을 통해 긍정적인 환경을 창조하고 필요한 자원을 발견할 수 있는 능동적인 존재에 대한 믿음을 전제로 한다.

(2) 통합적 자아의 원리: "모든 '나'는 존중받을 가치가 있다"

겉으로 보이는 모습 뒤에는 본능적, 현실적, 사회문화적 환경 내에 다양한 모습의 자아들이 역동적으로 존재하며 그 깊은 곳에는 외부 환경으로 인해 숨겨져 있지만 자신의 존재 가치를 인정받고 싶어 하는 진정한 '나'(True Self)의 존재에 관한 갈망이 있다.

① **다양한 나의 수용**
- 내면에서 일어나고 있는 역동을 갈등의 원인으로 해석하는 것이 아닌 개인을 구성하는 소중한 부분으로 여기고 자기 내면의 역동을 대화와 통합을 위하여 억압된 욕구나 감정을 포함한 내면에 모든 소리와 외침에 귀 기울이고 무조건적이며 긍정적으로 존중하는 태도와 방향성을 바탕으로 한다.

② 진정한 자기와의 만남

- 코칭 과정은 사회적 기대나 역할(페르소나)에 가려져 기능하지 못하고 있는 진정한 자기를 발견하고, 그대로의 자기 모습을 수용하며 자기 안에 다양한 역동들이 서로 협력하고 통합될 때, 개인은 내면의 평안과 함께 강력한 문제해결 에너지를 창출한다.

(3) 성장과 알아차림의 원리: "자각이 곧 변화의 시작이다."

코칭 모델은 인본주의적 성장의 과정을 명확히 하여 외부의 압력이나 지시가 아닌, 내면의 자각(알아차림)을 통해 스스로 변화를 만들어가는 유기적 과정에 대한 인지에서 출발한다.

① 알아차림(Awareness)

- 성장의 첫 단계는 '지금, 여기(Here and Now)'에서 자신의 감정, 욕구, 생각, 그리고 주변 환경과 그 안에 자기 자원을 명확히 인지하는 것으로 코치의 강력하고, 효과적이며 의미 있는 질문을 통해 고객 스스로 탐색하고 알아차리도록 하는 시스템의 제공이다.

② 선택과 실행(Choice & Action)

- 알아차림을 통해 얻은 통찰은 실행이 가능한 행동의 방안을 탐색하게 하고 수없이 많은 가능성에서 자신에게 가장 의미 있는 방안을 선택하여 구체적인 시스템으로 만들어 실행할 의지를 강화하게 한다.

③ 의식과 무의식의 통합

- 코칭 모델의 모든 과정은 의식적인 노력과 무의식적인 잠재력이 조화롭게 협력할 때 가장 강력한 힘을 발휘하게 되며 코칭은 억지로 무언가를 바꾸려는 것이 아니라, 자연스러운 알아차림을 통해 내면의 힘이 발현되도록 돕는 여정으로 개

인의 진정한 평안과 성장의 경험을 제공한다.

2. 코칭 모델 개발 시스템의 원리

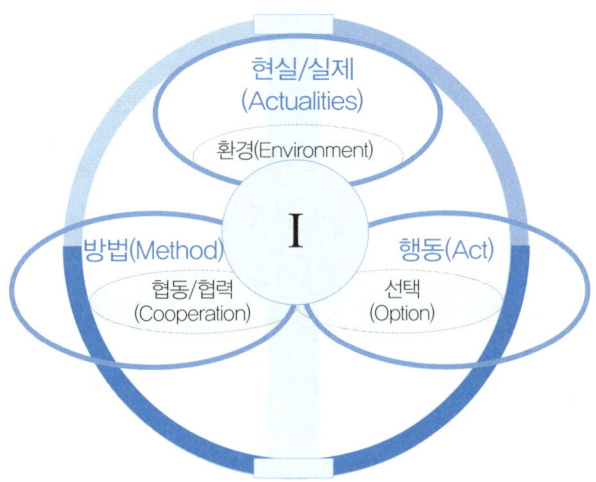

그림 3. 코칭 모델 벤다이어그램(구은미, 2014 재인용)

(1) 벤다이어그램의 구성

① 현실/실제(Actualities)와 환경(Environment) 영역

- 이 영역은 고객의 현재 상태와 그를 둘러싼 환경을 탐색하는 단계로 코칭 모델 개발에 있어서 고객이 처한 환경(시간/공간, 물리적/정신적, 내적/외적)과 현재 상태에 대한 면밀한 점검 단계의 반영이다.
- 벤다이어그램의 환경(Environment)은 현실/실제(Actualities) 상태의 정보를 탐색하고 현실을 인식하는 과정으로 고객과의 친밀감과 래포를 형성하고, 고객의 현재 상태에 대한 정보를 깊이 있게 이해하고 공유하여, 해결해야 할 문제가 무엇인지, 그리고 그 문제가 어떤 환경적 요인과 연관되어 있는지를 파악하는 코칭 진행 전반의 요소이다.

② 방법(Method)과 협동/협력(Cooperation) 영역
- 이 영역은 고객이 필요로 하는 것을 찾고 해결 방안을 모색하는 단계로 코치와 고객이 협력하여 고객의 욕구와 관련된 목표를 찾아 구체화하여 자원의 활용 방안을 모색하는 점검과 실행을 위한 고객의 다양한 가능성을 찾는 단계의 반영이다.
- 벤다이어그램의 협동/협력(Cooperation)은 고객 자신의 자원을 활용하고 환경과 협력하여 최적의 상태를 찾아 조성하는 것으로 주요 과제는 고객 내외의 다양한 자원과의 협력을 모색하여 현재 상태와 원하는 상태 간의 간극(Gap)을 최소화하고, 고객의 강점과 잠재력을 극대화하여 코칭의 주제 및 목표 설정을 통하여 실행력을 높일 수 있는 최적의 방안을 선택하고 실천 계획을 수립하는 코칭 모델 구성의 요소이다.

③ 행동(Act)과 선택(Option) 영역
- 이 영역은 목표 달성을 위한 구체적인 행동 전략을 수립하고 실행하는 단계로 목표 달성을 위한 다양한 행동 전략의 수립과 현실적으로 실행이 가능한 실천 계획을 세워 실행하고 점검하는 과정의 반영이다. 벤다이어그램의 선택(Option)은 코칭의 결과로 고객이 원하는 상태를 구축하고 만들어가기 위한 실천의 점검과 확인을 통해 성공의 경험을 쌓고 고객의 발전을 도모하는 코칭 모델의 구성 요소이다.
- 코칭 모델의 구성에 있어 각 과제는 고객과의 신뢰 형성을 기반으로 고객이 처한 현재 상태와 해결 과제를 탐색하고 고객의 자원과 환경 내에서 활용할 수 있는 옵션들을 고객의 변화와 성장을 위한 정보로 활용하여, 고객의 긍정적 변화를 위한 적응력을 강화하고 실행을 통해 실질적인 성과를 얻을 수 있도록 지지하고 격려하여 상호 책임과 점검을 통해 긍정적인 변화 경험의 획득이 목적이다.
- 코칭 모델은 고객의 상태를 중심으로 심리적 내면과 학습과 성장이라는 외

적 환경이 어떻게 상호작용하여 문제 해결과 성장을 위한 변화와 촉진을 다차원적으로 구성한다(구은미, 2014 재인용).

3. 벤다이어그램 구성 의미

(1) 큰 원: '나'라는 우주와 그 안의 시스템

- 이 큰 원은 개인의 총체적인 자아(Total Self) 또는 심리적 장(Psychological Field)을 상징하며 고객의 의식적, 무의식적 경험, 성격, 가치관, 그리고 그를 둘러싼 사회문화적 맥락을 모두 포함하는 광범위한 개념이다.
- 칼 로저스(Carl Rogers)의 인본주의 심리학에서 말하는 유기체(organism)가 처한 현실적 경험 세계로 개인의 고유한 현상학적 장(phenomenological field)을 의미한다. 이는 자기 자신과 외부 세계에 대한 지각과 해석이 이루어지는 심리적 공간이다.
- 학습자로서의 개인이 처한 전체적인 학습 환경(Total Learning Environment) 또는 학습 생태계(Learning Ecosystem)로 이는 물리적 학습 공간과 사회적 관계, 문화적 배경, 이전 학습 경험 등 학습에 영향을 미치는 모든 요소를 포괄하며 듀이(John Dewey)의 경험주의에서 강조하는 '경험의 연속성'과 '상호작용'이 일어나는 총체적인 장(場)으로 학습자가 문제를 인식하고 해결하며 성장하는 모든 과정을 포함한다.

(2) 작은 원들: '나'의 다양한 측면과 역동

- 작은 원들은 개인 내부의 다중 자아(Multiple Selves) 또는 내면의 부분들을 나타내는 것으로 "본능적인 나, 현실적인 나, 사회문화적인 나"는 프로이드((Freud)의 정신분석학적 관점의 원초아/자아/초자아, 융(Jung)의 분석 심리학적 관점의 페르소나(Persona)/그림자(Shadow)/아니마/아니무스(Anima & Animus)

와 같은 개념적 분리 또는 자기 심리학(Self Psychology)에서의 다양한 자기 표상으로 고객의 욕구, 가치, 신념, 동기 등이 서로 갈등(conflict)하거나 협력(cooperation)하며 역동적으로 상호작용을 하는 모습을 나타낸다.
- 이는 동기 부여(motivation) 이론, 인지 부조화(cognitive dissonance), 자아 일관성(self-consistency) 등 다양한 심리적 현상으로 학습자가 지닌 다양한 학습 주체(Diverse Learning Agents) 또는 선행 조직자(Advance Organizer)의 집합으로 볼 수 있다.
- 학습자의 인지적, 정서적, 사회적 발달 수준에 따라 학습에 임하는 태도, 정보 처리 방식, 문제 해결 전략 등이 달라지는데, 이 작은 원들은 이러한 학습자 내부의 다양한 인지 구조와 정의적 특성들로 이러한 요소들은 새로운 학습 목표를 설정하고, 필요한 학습 자원을 동원하며, 최종적인 학습 성과를 도출하는 과정에서 서로 영향을 미치게 된다.
- 피아제(Piaget)의 인지 발달 이론이나 비고츠키(Vygotsky)의 사회문화적 인지 이론에서 개인 내부의 심리적 도구들이 학습에 미치는 영향이 이 영역에서 이루어진다.

(3) 작은 원 안의 'I': 진정한 '나'의 존재가치

- 벤다이어그램의 중심에 있는 'I'는 개인의 핵심 자아(Core Self) 또는 진정한 자기(True Self)를 상징하며 이는 외부의 기대나 역할, 가면 뒤에 숨겨져 있지만, 끊임없이 존재가치를 인정받고자 갈망하는 개인의 본질적인 정체성으로 로저스의 자기실현 경향성(actualizing tendency)과 연결된다.
- 개인의 잠재력을 발현하고 온전한 자기 자신으로 살아가려는 내재적 추진력을 의미하며, 진정한 'I'를 찾아 인정하는 것은 자기 수용(self-acceptance)과 자기 이해(self-understanding)의 핵심이며, 정신 건강과 웰빙의 중요한 지표가 된다.

- 학습자의 내재적 동기(Intrinsic Motivation)와 자기주도학습 능력(Self-Directed Learning Capability)의 원천으로 'I'는 학습자 스스로 의미를 찾고, 내용을 구성하며, 자기의 잠재력을 최대한 발휘하려는 본질적인 욕구와 연결된다.
- 코칭의 목표는 이 'I'가 자율적으로 학습 목표를 설정하고, 책임감을 가지고 학습 과정을 이끌어가도록 하며, 궁극적으로 자아 효능감(Self-Efficacy)을 높여 성공 경험을 통해 성장하도록 하는 학습자의 진정한 흥미와 목적을 발견하여 삶의 의미를 부여하게 한다.
- 우주(세상) 중심에 있는 나(I)는 깊은 곳에서 역동하고 있으나 겉으로 보이는 나와는 다른 모습을 하고 있을 수 있다. 외부 환경에서 요구하는 모습으로 인하여 나의 진의는 숨어 있거나 숨겨져 있다. 인간은 누구나 자신의 진정한 존재가치를 인정받고자 갈망하고 있다. 이 갈망의 해결에 시스템을 적용한 것이 코칭 모델이다(2014, 구은미).

4. 코칭 모델의 역할과 활용

단순한 대화가 아닌 '성과를 내는 코칭'을 위해 모델의 역할은 매우 중요하다.

(1) 코칭 모델의 역할

① 구조와 방향성 제공
- 코칭 모델은 대화의 시작부터 끝까지 명확한 단계를 제시하고 이를 통해 코치는 대화의 흐름을 놓치지 않고, 고객이 현재 어느 단계에 있는지를 인지하게 하여 대화에 집중하게 한다. 이는 대화가 산만해지거나 코칭의 흐름에서 벗어나지 않고 목표를 향해 나아가게 한다.

② 고객의 주도적 참여 유도

- 효과적인 코칭 모델은 상황별 효과적인 질문을 통해 고객 스스로 생각하고 답을 찾도록 설계되어 이 과정에서 고객은 자신의 문제와 목표에 대한 주인 의식을 갖게 되며, 해결책에 대한 더 강한 실행 의지를 다지게 된다.

③ 객관적이고 깊이 있는 탐색 가능

- 모델의 각 단계는 현재 상황을 객관적으로 분석하고, 다양한 가능성을 탐색하며, 잠재적인 장애물을 미리 파악하는 과정을 포함한다. 이는 겉으로 드러난 문제뿐만 아니라 근본적인 원인과 해결책까지 깊이 있게 탐색하게 한다.

④ 일관성 및 신뢰 확보

- 코치는 코칭 모델을 활용하여 매 세션마다 일관된 수준의 코칭을 제공하게 되며 이러한 일관성은 고객과 코치의 상호 신뢰를 높이고, 코칭 관계를 더욱 견고하게 한다.

(2) 코칭 모델의 활용

코칭은 개인과 조직의 성장을 이끄는 강력한 도구로 자리매김했으며, 효과적인 코칭의 핵심에는 코칭 대화의 구조를 잡아주고 방향을 제시하는 '코칭 모델'이 있다. 코칭 모델은 코치와 고객이 목표를 명확히 하고, 현실을 파악하며, 성공적인 해결책을 찾아 실행에 옮기게 하는 체계적인 프레임워크로 코칭 프로세스를 안내하는 단계별 지도와 같으며, 잘 기획된 코칭 모델의 활용은 다음과 같은 유익을 얻게 한다.

① 명확성과 방향성 제시

- 코칭 대화의 각 단계에서 무엇에 집중해야 할지 명확하게 알려주어 목표와

목적으로 향하는 대화의 노선을 잃지 않게 한다.

② **체계적인 접근**
- 문제 해결과 목표 달성을 위한 논리적이며 단계적인 접근을 가능하게 한다.

③ **고객 중심의 대화 촉진**
- 고객 스스로 답을 찾고 해결책을 개발하도록 질문을 통해 인도해 주어 주도적인 참여로 이끈다.

④ **일관성 유지**
- 코칭 세션의 일관된 서비스을 유지하여, 코칭의 효과를 높인다.

5. 세계적으로 적용되고 있는 주요 모델

다양한 코칭 모델이 존재하지만, 그중에서도 모델의 구성 원칙이 반영된 코칭 모델로 가장 널리 알려지고 활용되는 대표적인 모델 구성을 참고하여 코치의 특성과 전문성에 부합하는 코칭 모델의 개발은 코치로서의 역량을 강화하는 데 큰 의미가 있다.

(1) GROW 모델: 가장 기본적이고 강력한 프레임워크

GROW 모델은 존 휘트모어(John Whitmore) 경에 의해 대중화된, 가장 고전적이면서도 널리 사용되는 코칭 모델이다. 목표 설정부터 실행 계획까지, 4단계로 구성되어 있어 초보 코치부터 숙련된 코치까지 쉽게 적용이 가능하다(Whitmore, John, 2018).

① G(Goal: 목표 설정): 무엇을 원하는가?
- 코칭 대화를 통해 궁극적으로 달성하고자 하는 목표를 구체적이고 명확하게 설정하는 단계이다.
- 코칭 세션의 구체적인 목표와 장기적인 비전을 설정하는 것으로, 목표는 막연한 바람이 아닌, 구체적이고(Specific), 측정이 가능하며(Measurable), 달성 가능(Achievable), 관련 있으며(Relevant), 시간제한이 있는(Time-bound) **SMART** 원칙에 따라 설정하는 것이 효과적이다.

② R(Reality: 현실 파악): 현재 상황은 어떠한가?
- 목표와 관련하여 현재 상황을 객관적으로 진단하고, 강점과 약점, 기회와 위협 요인을 파악하는 단계이다.
- 설정한 목표와 관련하여 현재 상황을 객관적으로 진단하는 단계로 고객은 이 과정을 통해 자신이 처한 상황, 가용할 자원, 그리고 목표 달성을 가로막는 장애물 등을 명확히 인식하게 된다.

③ O(Options: 대안 탐색): 어떤 선택지가 있는가?
- 목표 달성을 위해 시도해 볼 수 있는 다양한 아이디어와 해결 방안을 브레인스토밍하는 단계로 창의적이고 폭넓은 사고를 확장한다.
- 현실과 목표 사이의 간극을 메우기 위한 모든 가능한 선택지와 전략을 탐색하고 비판이나 판단 없이 가능한 한 많은 아이디어를 자유롭게 브레인스토밍하는 것이 중요하다.

④ W(Will/Wrap-up: 실행 의지 및 계획 수립)
: 무엇을, 언제까지 실행할 것인가?
- 탐색한 대안 중 가장 효과적인 것을 선택하여 구체적인 실행 계획을 수립하고, 행동에 대한 강한 의지를 다지는 단계이다.

- '무엇을(What)', '언제(When)', '누구와(Whom)' 할 것인지 명확히 하고, 계획에 대한 고객의 실행 의지를 확인하고 지지하는 것이 핵심이다.
- GROW 모델은 명확한 목표 설정과 실행 계획 수립이 필요할 때, 비즈니스 코칭이나 성과 관리 등 다양한 상황에서 보편적으로 활용하기 유용하다.

(2) STEPPA 모델: 감정을 동력으로 삼는 접근법

STEPPA 모델은 앵거스 맥클라우드(Angus McLeod) 박사가 개발했으며, 특히 감정적인 요소가 중요한 상황에서 유용하게 사용될 수 있는 코칭 모델로 문제 해결 과정에서 감정을 인식하고 활용하는 데 중점을 둔다(McLeod, Angus, 2003).

① S(Subject: 주제)
- 대화의 주제를 명확히 한다.

② T(Target Identification: 목표 확인)
- 대화를 통해 달성하고자 하는 구체적인 목표를 설정하고 확인한다.

③ E(Emotion: 감정)
- 목표와 관련된 감정을 파악하고, 이 감정이 목표 달성에 긍정적인 동력이 되는지, 아니면 방해 요소로 작용하는지 파악한다.

④ P(Perception and Choice: 인식과 선택)
- 더 넓은 관점에서 상황을 바라보고, 다양한 선택지를 탐색하며 최선의 길을 모색한다. 현재의 인식이 어떻게 감정과 행동에 영향을 미치는지 탐색하고, 관점을 전환할 기회를 제공한다.

⑤ P(Plan and Pace: 계획과 속도)

- 목표 달성을 위한 구체적인 실행 계획을 수립하고, 각 단계를 실행할 현실적인 속도를 조절한다.

⑥ A(Action/Amend: 실행/수정)

- 계획을 행동으로 옮기고, 진행 상황을 검토하며 필요에 따라 계획을 유연하게 수정한다.

STEPPA 모델은 고객이 감정적인 어려움을 겪고 있거나, 변화에 대한 저항이 클 때 감정을 다루며 부드럽게 접근하는 데 효과적이다.

(3) OSKAR 모델: 해결책과 강점에 집중하는 긍정적 접근

OSKAR 모델은 폴 잭슨(Paul Jackson)과 마크 맥커고우(Mark McKergow)가 개발한 해결 중심 접근법(Solution-Focused Approach)에 기반한 코칭 모델로 문제의 원인보다는 해결책과 긍정적인 변화에 초점을 맞추는 것이 특징이다(Jackson, Paul Z, and Mark McKergow. 2004).

① O(Outcome: 결과)

- 코칭을 통해 얻고 싶은 긍정적인 결과, 즉 문제가 아닌 원하는 결과에 집중한다.

② S(Scaling: 척도화)

- 목표 달성 정도를 1부터 10까지의 척도로 표현하게 하여 현재 위치를 객관화하고 원하는 결과에 얼마나 근접해 있는지를 객관적으로 파악하고, 진전은 물론 시도까지도 성공으로 인지하도록 돕는다.

③ K(Know-how: 노하우)
- 현재의 점수를 가능하게 한 고객의 기술, 지식, 경험, 강점 등을 발견하고 인정해 주는 단계로 이를 통해 고객은 자신감을 얻고, 이미 가진 자원을 활용할 방법을 찾게 한다.

④ A(Affirm and Action: 긍정과 실행)
- 고객이 이미 가지고 있는 강점과 자원을 칭찬하고 인정해 주며, 목표를 향한 작지만, 구체적인 다음 행동 단계의 설정을 돕는다.

⑤ R(Review: 검토)
- 이전 행동의 결과를 검토하며 긍정적인 변화에 집중 진행 상황의 검토를 통하여 무엇이 효과적인지 확인하고 다음 단계는 무엇인지 성공 경험을 바탕으로 다음 단계를 계속 진행하도록 지속적인 발전을 지원한다.

OSKAR 모델은 고객이 문제에 깊이 빠져 있기보다 긍정적인 변화와 미래에 집중하도록 돕고 싶을 때, 강점을 기반으로 자신감을 높여주고 싶을 때 유용하다.

최고의 코칭 모델이란 존재하지 않는다. 가장 효과적인 모델은 코칭의 상황, 고객의 성향과 상태, 그리고 코칭의 목표에 따라 달라진다. 코칭 모델은 코칭의 성공을 보장하는 절대적인 공식은 아니나 잘 기획된 코칭 모델은 고객의 삶을 더 안전하고 효율적이며, 코치와 고객이 함께 성장하고 목표를 향해 나아가는 코칭 과정에 훌륭한 길잡이가 되어준다.

:: 맺음말

코칭은 단순히 기법이나 기술을 전달하는 활동을 넘어, 인간의 본질적 성장 욕구와 시대적 변화에 부응하며 발전해 온 실천적 학문이다. 그 출발은 개인의 내적 성장을 돕는 상담적 접근에서 비롯되었으나, 시간이 흐르며 교육학·심리학·경영학 등 다양한 학문과의 융합을 통해 독자적인 학문 영역으로 자리매김하였다. 코칭의 핵심 가치는 인간의 성장과 발전이며, 이는 개인의 잠재력을 존중하고 발휘하도록 이끄는 데 있다.

현대 사회에서 코칭은 증거 기반 연구를 통해 학문적 정당성을 확보하고, 인공지능(AI)과 같은 첨단 기술과 융합하며, 동시에 윤리적 기준을 정립함으로써 지속적으로 발전하고 있다. 이러한 발전은 코칭을 특정한 직종이나 분야에 국한되지 않게 만들었고, 오늘날 코칭은 기업 경영, 교육 현장, 스포츠 경기, 건강 관리, 개인의 자기 계발 등 삶의 전 영역에서 중요한 역할을 수행하고 있다. 코칭은 개인과 조직의 잠재력을 극대화하고 긍정적인 변화를 창출하는 핵심 도구로 기능하며, 이는 곧 건강한 사회 공동체 형성으로 이어진다.

다가오는 미래는 불확실성과 변화의 연속 속에 놓여 있다. 이러한 시대적 맥락에서 코칭은 개인이 스스로 삶의 방향을 설정하고, 내적 성장을 추구하며, 의미 있는 관계를 맺고 유지할 수 있도록 지원한다. 이는 단순히 외부 환경에 수동적으로 적응하는 것을 넘어, 능동적으로 가치를 창출하고 삶의 목적을 실현하는 주체적 적응을 가능하게 한다. 다양한 학문과의 융합을 통해 코칭학은 이론적 깊이와 실용성을 동시에 확장하며, 개인의 자율적 성장을 촉진하는 동시에 사회적 혁신의 원동력으로 기능한다.

　코칭의 본질은 고객 안에 이미 문제의 해답과 변화의 가능성이 내재되어 있다는 믿음에 있다. 코치는 깊이 있는 경청과 상황에 맞는 질문을 통해 고객이 스스로 자신의 잠재력을 발견하도록 돕는다. 더 나아가 이를 구체적인 행동 계획으로 전환해 실행하도록 지원함으로써 고객의 비전이 현실로 이어지도록 한다. 따라서 코칭은 단순한 기법이 아닌, 실천적 학문으로서의 위상을 갖는다. 코치가 전문성을 갖추기 위해서는 학문적 이론에 대한 충분한 이해와 꾸준한 실천 경험, 그리고 봉사와 헌신, 전문가로서의 윤리적 책임이 반드시 수반되어야 한다. 코칭이 인간의 삶과 조직 운영에 직접적 영향을 미친다는 점에서, 코치는 자신의 삶 속에서도 변화와 성장을 경험하며 전문성을 축적해야 한다.

　삶과 조직에 코칭의 원리와 가치를 적용할 때 우리는 위기를 극복하고 새로운 가능성을 열 수 있다. 코치는 고객이 스스로 답을 찾고 자기 삶을 주도적으로 이끌어가도록 돕는 든든한 동반자이자 전문가다. 이는 단순히 개인의 성취에 국한되지 않고, 조직과 사회 전체의 혁신과 발전으로 이어진다.
　이 책은 코칭학의 본질적 의미와 가치를 이해하는 출발점으로서, 독자들이 코칭을 학문적으로 연구하고 실제 현장에서 적용할 수 있도록 돕는다. 더 나아가 코칭이 개인의 성장뿐만 아니라 사회 공동체의 성숙과 발전에 기여하게 되기를 기대한다.
　코칭학은 앞으로도 학문적 연구와 실천적 경험이 긴밀히 맞물리며 그 깊이와 폭을 확장해 나갈 것이며, 시대가 요구하는 변화와 혁신의 흐름 속에서 더욱 중요한 학문적·실천적 자산이 될 것을 믿어 의심치 않으며, 무엇보다 이 책의 독자들은 물론 세상의 많은 사람들이 자신의 행복과 평안의 '여지(틈)'를 코칭을 통해 경험하기를 바란다.

:: 참고문헌

- 강철 (2014). 소크라테스에 있어서 앎과 덕의 관계. 『철학논총』, 75(1), 5–28. 새한철학회.
- 국제코치연맹. (2022). 『국제코치연맹 공식 웹사이트』.
- 국제코칭연맹 (2019). 윤리규정. https://coachfederation,org/code-of-ethics. 박호환 역.
- 국제코칭연맹 (2020). 핵심역량. https://coachfederation.org/icf-credential. ICF, Korea 역.
- 구은미 (2011). 『알고 하는 코칭』. 서울: 하이비전.
- 구은미 (2013). 청소년 코칭 사례에 기초한 청소년 적응 및 역량 강화프로그램 개발을 위한 탐색적 연구. 한국 코칭학회, 제6권 1호.
- 구은미 (2015). 청소년의 적응 역량, 사회성 및 생활 만족도가 진로 결정에 미치는 영향. 강남대학교 박사학위논문.
- 구은미 (2016). 청소년의 학교생활 적응에 필요한 역량에 대한 신뢰 타당도 분석 연구. 한국청소년학회(청소년학 연구) 23권 4호.
- 구은미 (2017). 대학 부설 평생교육원의 취업 지원을 위한 코칭 기반 교육 프로그램 수혜자의 요구도 분석. 한국 코칭학회 제10권 1호.
- 구은미 외 (2013). 『코칭 실전(누구나 쉽게 하는)』. 서울: 지식공감.
- 구은미 외 (2017). 『청소년 코칭』. 서울: 지식공감.
- 김경식 (2003). 『교육학 개론』. 파주: 교육 과학사.
- 김동환 (2018). 『시스템 사고』. 경기: 선학사.
- 김상환 (2018). 『왜 칸트인가: 칸트의 3대 비판서 입문』. 파주: 21세기북스.
- 김용민 (2014). 소크라테스의 &성찰하는 삶&의 현대적 의의. 『인문학연구』, 26, 37–64. 경희대학교 인문학연구원.
- 김진규 (2010). 『심리학 개론』. 서울: 학이당.
- 리버먼, M. D. (2015). 『사회적 뇌』(이경민 역). 서울: 시공사.
- 박종만 (2007). 『경영학 개론』. 고양: 범한.
- 박종현 (1993). 『희랍 사상』. 파주: 서광사.
- 박종현 (2012). 『플라톤 철학의 이해』. 파주: 서광사.
- 박희영 (2013). 소크라테스의 영혼 개념과 그 교육적 함의. 『윤리교육 연구』, 31, 1–22. 한국 윤리교육 학회.
- 아리스토텔레스 (1998). 『시학』. 천병희 (역). 서울: 문예 출판사.
- 아리스토텔레스 (2009). 『정치학』. 천병희 (역). 경기: 숲.

- 아리스토텔레스 (2013). 『니코마코스 윤리학』. 천병희 (역). 경기: 숲.
- 아리스토텔레스 (2014). 『영혼에 관하여』. 유원기 (역). 파주: 궁리.
- 심우진 (2025). 신중년 교육 참여자 요구도 분석을 통한 적응 필요 역량 탐색 연구. 국제 차세대 융합기술 학회. 하계 융합 학술 발표대회 자료집 201–205.
- 심우진 외 (2025). 신중년 코칭 교육 여성 참여자의 적응 필요 역량 탐색 연구. 한국 코칭학회. 코칭 연구. 17권 4호.
- 이종각 (2017). 『새로운 교육사회학』. 서울: 동문사.
- 이창우 (2007). 소크라테스의 산파술과 철학교육. 『교육 철학 연구』, 21(3), 209–231. 한국 교육 철학회.
- 정진우 (2005). 코칭리더십. 서울: 아시아코치센터.
- 정진우 (2005). 프로 라이프 코치. 서울: 아시아코치센터.
- 정진우 (2009). 폴정의 코칭 설명서. 서울: 아시아코치센터.
- 정준영 (2012). 소크라테스의 다이모니온에 대한 연구. 『서양 고전학 연구』, 47, 1–21. 한국 서양고전학회.
- 페트라르카, F. (2020). 『행운과 불운에 대처하는 법』 (임희근 역). 서울: 유유.
- 한국코치협회. (2022). 『한국코치협회 공식 웹사이트』.
- Bandura, Albert. (1997). Self-Efficacy: The Exercise of Control. W. H. Freeman.
- Bartlett, F. C. (1932). Remembering: A Study in Experimental and Social Psychology. Cambridge University Press.
- Berg, Insoo Kim, and Yvonne Dolan. (2002). 『해결중심 단기치료』 (최인숙, 전시숙 역). 서울: 시그마프레스.
- Bersin & Associates (2013). The Corporate Coaching Market: Trends and Best Practices for a New Generation of Leaders.
- Brackett, Marc. (2021). 『나의 까다로운 감정 사용법』 (정지호 역). 파주: 웅진지식하우스.
- Deci, E. L. & Ryan, R. M. (1985). Intrinsic motivation and self-determination in human behavior. Plenum.
- Dweck, Carol S. (2017). 『마인드셋』 (김준수 역). 파주: 스몰빅라이프.
- Edmondson, Amy C. (2018). The Fearless Organization: Creating Psychological Safety in the Workplace for Learning, Innovation, and Growth. John Wiley & Sons.
- Eisenstein, Jacob. (2021). 『자연어 처리의 정석』 (임희석 역). 파주: 에이콘출판.
- Gallwey, W. T. (1974). The Inner Game of Tennis. Random House.
- Gilligan, Carol. (1982). In a Different Voice: Psychological Theory and Women's

Development. Harvard University Press.

- Goldsmith, M. (2007). What got you here won't get you there: How successful people become even more successful. Hyperion.
- Gollwitzer, P. M., & Bargh, J. A. (Eds.). (1996). The psychology of action: Linking cognition and motivation to behavior. Guilford Press.
- Goleman, Daniel. (2020). 『정서지능』 (김선희 역). 파주: 웅진지식하우스.
- Grant, A. M. (2007). The state of play in coaching: What the literature tells us. Handbook of Coaching: A Guide to Creating a Sustainable Coaching Culture, 3–30.
- Jackson, Paul Z., and Mark McKergow. (2004). 『문제해결에 강한 조직』 (김미진 역). 파주: 물푸레.
- Jaspers, K. (1950). Einführung in die Philosophie. R. Piper & Co. Verlag.
- Jaspers, K. (2011). 『철학학교/비극론/철학입문/위대한 철학자들』 (전양범 역). 서울: 동서 문화사.
- Knowles, M. S., Holton III, E. F., & Swanson, R. A. (2018). 『성인학습 및 자기주도적 학습』 (권대봉 외 역). 서울: 학지사.
- Knowles, M. S. (2004). 『현대 성인교육의 실제: 교육학에서 성인교육학으로』 (이희제 역). 서울: 학지사.
- Kolb, David A. (1984). Experiential Learning: Experience as the Source of Learning and Development. Prentice-Hall.
- Lave, Jean, and Etienne Wenger. (1999). 『상황적 학습: 합법적 주변부 참여』 (박종임, 이현진 역). 서울: 교육과학사.
- Leonard, T. (1998). The Portable Coach: 28 Surefire Strategies for Business and Personal Success. Scribner.
- Locke, Edwin A., and Gary P. Latham. (1990). A Theory of Goal Setting & Task Performance. Prentice-Hall.
- Lopez, S. J., & Snyder, C. R. (Eds.). (2009). Oxford Handbook of Positive Psychology. Oxford University Press.
- Luft, J., & Ingham, H. (1955). The Johari window, a graphic model of interpersonal awareness. Proceedings of the Western Training Laboratory in Group Development. University of California, Los Angeles, Extension Office.
- McLeod, Angus. (2003). Performance Coaching: The Handbook for Managers, HR Professionals and Coaches. Crown House Publishing.
- Mead, G. H. (2017). 『마음, 자아, 그리고 사회』 (신용석 역). 파주: 한길사.
- Mezirow, Jack. (2014). 『삶의 의미와 성인학습: 변혁적 학습이론의 정수』 (김남숙 외 역). 서울:

- 서울: 학지사.
- Mills, C. W. (2004). 『사회학적 상상력』(이광일 역). 파주: 한길사.
- Northouse, P. G. (2018). 『리더십: 이론과 실제』(김영원 외 3인 역). 파주: 교문사.
- Oettingen, Gabriele. (2015). 『성공을 부르는 심리학』(이지연 역). 파주: 21세기북스.
- OECD (2003). The Definition and Selection of Key Competencies: Executive Summary. OECD Publishing.
- OECD (2019). OECD Future of Education and Skills 2030: OECD Learning Compass 2030. OECD Publishing.
- Perls, Frederick S., Ralph F. Hefferline, and Paul Goodman. (2005). 『게슈탈트 심리치료』(김정규 역). 서울: 학지사.
- Raven, J. (2018). 『현대 사회의 역량』(양은우 역). 서울: 학지사.
- Rogers, C. R. (1942). Counseling and psychotherapy: Newer concepts in practice. Houghton Mifflin.
- Satir, Virginia. (1988). The New Peoplemaking. Science and Behavior Books.
- Schön, Donald A. (2018). 『성찰적 실천가』(이용숙, 김영천 역). 서울: 교육 과학사.
- Seligman, M. E. P. (2002). Authentic Happiness: Using the New Positive Psychology to Realize Your Potential for Lasting Fulfillment. Free Press.
- Seligman, M. E. P. (2009). 『마틴 셀리그만의 긍정심리학』(김인자 역). 파주: 물푸레.
- Slavin, R. E. (2008). 『교육심리학: 이론과 실제』(강갑원 외 2인 역). 서울: 학지사.
- Spencer, L. M., & Spencer, S. M. (2011). 『역량의 모델화와 평가』(정영학 역). 서울: 학지사.
- Stout-Rostron, S. (2000). Coaching: A historical perspective. International Journal of Coaching in Organizations, 1(2), 65-74.
- Ulrich, D., & Jonston. (2013). 『HR 역량: HR 성공을 위한 새로운 법칙』(정권택 역). 서울: 시그마북스.
- Vygotsky, L. S. (2017). 『사회 속의 정신: 고등 심리 과정의 발달』(정희준 외 역). 서울: 교육 과학사.
- Whitmore, John. (2018). 『성과 향상을 위한 코칭 리더십』(김상복, 홍성민 역). 파주: 김앤김북스.
- Whittle, S. (2012). Coaching in organisations: A practical guide to creating an effective coaching culture. Kogan Page Publishers.

코칭학개론

초판 1쇄　2025년 11월 17일

지은이　구은미
발행인　김재홍
교정/교열　김혜린
디자인　박효은
마케팅　이연실

발행처　도서출판지식공감
등록번호　제2019-000164호
주소　서울특별시 영등포구 경인로82길 3-4 센터플러스 1117호(문래동1가)
전화　02-3141-2700
팩스　02-322-3089
홈페이지　www.bookdaum.com
이메일　jisikwon@naver.com

가격　24,000원
ISBN　979-11-5622-967-4　03320

ⓒ 구은미 2025, Printed in South Korea.

- 이 책은 저작권법에 따라 보호받는 저작물이므로 무단전재와 무단복제를 금지하며 이 책 내용의 전부 또는 일부를 이용하려면 반드시 저작권자와 도서출판지식공감의 서면 동의를 받아야 한다.
- 파본이나 잘못된 책은 구입처에서 교환해 드립니다.